POURQUOI LA GUERRE, COMMENT ELLE SE FAIT.

E. TOUTEY

HACHETTE & Cie PARIS

PRIX 4.00

POURQUOI LA GUERRE
COMMENT ELLE SE FAIT

MITRAILLEUSE MONTÉE SUR AVION.

[illegible]

[illegible]QUOI LA GU[illegible]
[illegible]ENT ELLE S'E[illegible]

[illegible]

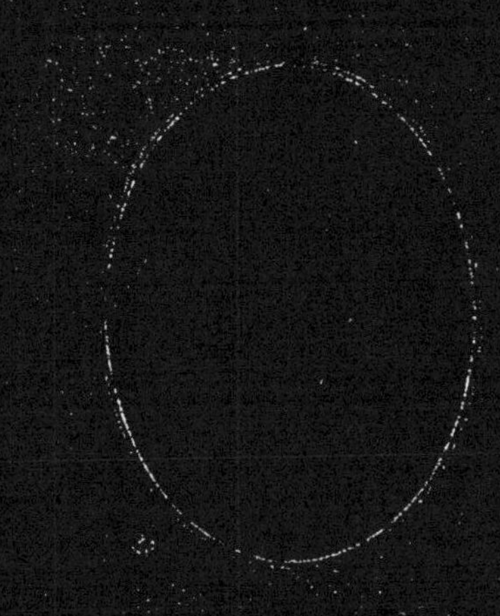

LIBRAIRIE HACHETTE ET C[illegible]

[illegible]SAINT-GERMAIN, PARIS[illegible]

LE ROI PIERRE DE SERBIE SUR LE FRONT.

L'ORIGINE DE LA GUERRE ◦ LA SERBIE

« ... Fiers de nous être trouvés avec vous dans la formidable lutte pour le droit et la liberté, nous formons des vœux pour que la France puisse toujours continuer son rôle de champion de la civilisation et de défenseur des petits et des faibles.... »

STANOYÉVITCH,
Recteur de l'Université Serbe.

L'AME D'UN PEUPLE

LA plus grande guerre que le monde ait connue est née sur les frontières d'un des États les plus petits et les plus faibles de l'Europe. La *Serbie*, avant 1912, ne comptait pas 3 millions d'habitants; elle n'avait pas de frontières, pas de débouché sur la mer; elle était sans industrie, sans une seule ville importante.

Et avec cela, étouffée entre deux très grands empires : au nord, celui des successeurs de Charles-Quint, cette maison d'Autriche, cet empire germanique contre lequel ont sans cesse combattu François Ier, Richelieu, Louis XIV et Napoléon; au sud, celui du Grand Turc, qui, pendant plusieurs siècles a fait trembler l'Europe entière, après s'être installé à Constantinople en 1453.

Ce terrible voisinage avait fait le malheur de la Serbie. Longtemps elle fut comprimée par les deux puissants bandits — d'abord par celui du sud, et plus tard par celui du nord — qui lui prirent le meilleur de son sang; mais la lutte inégale qu'elle a soutenue contre eux lui sera un éternel titre de gloire.

Sa destinée fut donc celle des petits, victimes des grands sans générosité et sans pitié.

Et cependant elle avait un noble passé qui lui donnait droit à la vie. Au temps des Croisades, au temps où naissaient les nationalités de l'Europe, elle avait formé un État slave et chrétien florissant, civilisé, meilleur que bien d'autres qui depuis ont pris tant de place au soleil.

Pendant que la France s'affirmait avec Philippe-Auguste, saint Louis, Philippe le Bel, et alors que la Prusse n'existait encore pas, la Serbie vivait paisiblement, de la Save à l'Adriatique, beaucoup plus grande qu'aujourd'hui, avec une façade sur la mer. Sa religion la plaçait dans la grande famille chrétienne; ses poètes disaient son charme et sa noblesse; ses commerçants étaient, par la Méditerranée, en relations constantes avec Venise, avec toutes les côtes italiennes, avec l'Espagne, avec la France.

Et, chose curieuse, déjà une certaine affinité nous liait à ce petit peuple, qui, comme nous, est modeste, idéaliste, héroïque, chevaleresque, d'esprit démocratique; nos modes et nos arts y étaient en honneur : on retrouve encore, en Serbie, des églises de notre beau style moyen âge, élevées par nos fameux maîtres maçons, et décorées par nos fins artistes, les frères de ceux à qui nous devons Notre-Dame de Paris et la cathédrale de Reims. Tout cela fut noyé dans le sang et figé dans l'horreur par le grand fléau qui venait d'Asie, le Turc.

Les Serbes se défendirent vaillamment; mais que pouvaient-ils contre la ruée innombrable?

Sur la haute plaine de Kossovo, ou *Champ des Merles*, ils succombèrent avec leur roi Lazar, en 1389, et de là, le deuil se répandit à travers le pays. Tout un peuple descendit dans l'esclavage et dans l'oubli, par un de ces crimes comme l'histoire en compte un si grand nombre contre ceux qui ne sont pas assez forts.

Pendant 415 ans, le couvercle du sépulcre se referma sur lui. L'Europe ne connut plus la Serbie ; elle-même, dans le malheur, au milieu du massacre, du pillage et du servage, dut donner au vainqueur ses hommes, ses femmes, ses enfants, et abjurer jusqu'à la religion de ses pères.

Elle ne garda que sa langue. Ce fut la petite étincelle de feu sacré qui, à travers les siècles, maintint vivante l'âme nationale.

DANS LES MONTAGNES DE SERBIE. — LES GORGES DE DEMIR KAPOU.

Une partie des vaincus, fuyant le bourreau, s'en alla au loin, en Italie, jusqu'en France, sur les confins de l'Autriche, où elle fournit de rudes soldats pour lutter contre le Turc. Une autre partie, sur les montagnes inviolées de la Tchernagora ou *Montagne Noire*, vécut à peu près indépendante, dans une fierté sauvage.

UNE RÉSURRECTION

Puis les siècles passèrent. Le Turc, paresseux et mauvais administrateur, déclina ; l'Europe chrétienne le refoula peu à peu. Et, un jour, la Serbie tressaillit de nouveau au souffle d'Occident.

C'était le souffle puissant de la Révolution. Les Français avaient proclamé les Droits de l'homme, et rejeté bien loin l'envahisseur étranger.

Les Serbes trouvent un chef, *Georges le Noir*; ils se retranchent parmi les rocs de la Tchernagora et de la Vieille-Serbie; ils s'y maintiennent, et les Turcs, après bien des épreuves, finissent par les y laisser. Dans ce retour à la vie civilisée, comme un malade qui prend des fortifiants, les premiers livres que traduit le peuple serbe sont des livres français : dès 1805, le *Télémaque*, livre bien simple, mais qui respire la patience, le courage jamais abattu, le triomphe final.

Pendant le XIXe siècle, encore toute meurtrie et tout étourdie d'un si long sommeil de mort, la pauvre Serbie se relève petit à petit, non sans heurts et sans accidents; elle trouve des amis; les cordiaux lui viennent de la France, champion du droit, et de la Russie qui aide ses frères slaves.

Mais à peine a-t-elle échappé au péril turc que le péril autrichien la menace.

Il faut se rappeler un peu de géographie pour bien suivre ce qui va se passer.

L'Autriche avait été tout d'abord une puissance germanique; sa capitale, Vienne, était tout allemande. Elle avait autour d'elle des peuples qui lui servaient de boucliers et de défenseurs contre ses ennemis, principalement contre les Turcs, et c'étaient surtout les Serbes et les Bosniaques. Mais elle ne leur eut aucune reconnaissance.

Peu à peu chassée de l'Allemagne, à partir de 1815, par la Prusse devenue plus forte qu'elle, l'Autriche voyait ses ambitions arrêtées au nord; elle se tourna vers le sud. Ne pouvant plus approcher du Rhin, elle voulut dominer tout le Danube et les mers.

Sur l'Adriatique elle avait déjà les pays italiens de la Lombardie, de la Vénétie, de l'Istrie, de la Dalmatie. La Lombardie lui échappa, revint à l'Italie en 1859, puis la Vénétie en 1866. Alors elle étendit sa domination sur la Bosnie-Herzégovine, pays de race et de langue serbes, quoique de religion musulmane. Et dès ce moment elle annonça l'intention de prendre le reste de la Serbie, qui venait si vaillamment et si péniblement de reconquérir son indépendance.

L'Autriche y tenait d'autant plus que la Serbie possède en son milieu la vallée de la March ou Morawa, la meilleure route pour aller vers la Méditerranée. Avec Trieste, l'Istrie, la Dalmatie, Salonique, l'Autriche eût occupé les meilleurs points de la Méditerranée.

La Serbie était petite, mais fortement trempée par les épreuves.

CARTE DES BALKANS EN 1914.

Pourquoi se serait-elle soumise à l'Autriche? Elle poursuivit son développement.

Elle construisait routes et chemins de fer, elle créait de bonnes écoles, elle avait une littérature naissante. Elle se donnait les lois de tout pays civilisé. A travers des révolutions, qui étaient le résultat d'intrigues autrichiennes, elle se donnait petit à petit un gouvernement régulier.

Son roi, Pierre, a fait ses études dans un lycée de Paris et à notre grande école militaire de Saint-Cyr. La plupart des officiers serbes sortent également de Saint-Cyr. L'armement des soldats, l'artillerie, les méthodes, sont françaises.

Une occasion se présenta en 1912 d'arracher à la Turquie les frères serbes qui n'étaient pas encore libérés du joug ottoman.

Roi et premier ministre formèrent une alliance féconde avec les Monténégrins, les Grecs, les Bulgares, et, dans cette même plaine de *Kossovo*, sur ce même *Champ des Merles*, qui avait vu leur désastre, ils remportèrent une victoire retentissante (1912).

Dans l'émotion du succès, ils se jetaient sur les canons français, leurs sauveurs, et les embrassaient en pleurant de joie.

Vers eux accouraient par bandes leurs frères à peine délivrés, méconnaissables de misère sous des haillons sordides; ils parlaient la même langue, ils leur baisaient les mains : « Frères, disaient-ils, nous vous attendions depuis cinq cents ans, il était temps que vous veniez; encore quelques années, vous n'auriez plus trouvé personne dans ce désert ».

Les épreuves n'étaient pas finies. Au moment de recueillir les fruits de cette guerre où Serbes et autres Balkaniques avaient fait des prodiges, l'Autriche leur signifia brutalement qu'à l'ouest ils n'iraient pas jusqu'à la mer, et elle les en sépara par le minuscule État de l'Albanie, créé là tout exprès pour amener d'autres guerres. A l'est, leurs alliés les Bulgares, poussés par l'Autriche et par l'Allemagne, les assaillirent en plein triomphe. Mais les troupes serbes étaient aguerries. Unies aux Grecs, elles eurent vite raison des Bulgares; elles conservèrent la Nouvelle-Serbie où tant de sang avait coulé.

LA GUERRE DE 1914

L'Autriche est définitivement exclue de Salonique : elle ne le pardonnera pas aux Serbes. Elle cherchera une occasion de les réduire.

Faut-il aller jusqu'à croire que cette occasion, elle la fit naître? Elle avait un complice, ou plutôt un maître : l'Allemagne qui, armée jusqu'aux dents, trouvait le moment favorable pour mettre le feu à l'Europe.

Rappelons des souvenirs gravés en traits de feu dans toutes les mémoires :

Le 23 juillet 1914, au matin, tous les Français apprirent que des événements graves se passaient en Orient. Le gouvernement impérial de l'Autriche-Hongrie avait fait remettre au ministre serbe une note par laquelle il exigeait que la Serbie se soumît à un certain nombre de conditions humiliantes qu'il indiquait.

Pourquoi cette note?

Un mois auparavant l'archiduc d'Autriche, l'héritier du vieil

BELGRADE. LA CITADELLE. VUE PRISE DU DANUBE.

empereur, avait été assassiné avec sa femme, et depuis cette époque, les relations étaient franchement mauvaises entre Vienne et Belgrade.

Le gouvernement serbe était-il donc responsable de cet assassinat?

Nullement! le crime avait été commis non pas en Serbie, mais à Sarajevo, sur le territoire autrichien. Il convient d'ajouter que Sarajevo se trouve dans une province d'Autriche dont la population est de race serbe, et l'on pouvait soupçonner des Serbes — soit d'Autriche, soit de Serbie proprement dite — d'être parmi les assassins ou leurs complices.

Mais en somme, il s'agissait d'un crime que tout le monde civilisé réprouvait. Le roi et les ministres serbes offraient d'aider à rechercher les coupables, s'il s'en trouvait chez eux.

La note autrichienne du 23 juillet ne donnait à la Serbie qu'un délai de quarante-huit heures pour s'exécuter. Le délai expirait le 25 juillet à six heures du soir.

La Serbie demanda conseil à sa grande sœur slave, la Russie, et la Russie, la mort dans l'âme, lui conseilla de céder, de s'humilier.

La Serbie céda sur tous les points où sa dignité le lui permettait. Sur deux seulement elle fit quelques réserves et demanda à négocier. L'Autriche répondit à cette bonne volonté en rappelant son ambassadeur. La guerre se levait à l'horizon.

En France, et ailleurs encore, une émotion considérable saisit tous les cœurs dès le matin du 25 juillet, et l'on suivit avec angoisse la marche si rapide de ce drame effrayant.

La guerre? sans véritable raison de la faire.

La guerre, que l'Autriche voulait de propos délibéré, et pour laquelle on sentait bien que le drame de Sarajevo n'était qu'un prétexte?

On restait stupide!

Mais il apparut bientôt que ce coup était préparé. Ceux qui greffaient la guerre sur un assassinat, n'avaient voulu que sauver les apparences. La machine qui se déclanchait avait été montée à Berlin; et elle était dirigée autant contre les Français et les Russes que contre les Serbes. Et pour mieux cacher ses plans infernaux, l'homme dont dépendait la décision fatale, Guillaume II, l'empereur allemand, avait fait semblant de se désintéresser des choses politiques : il prenait des vacances sur son yacht, dans les mers norvégiennes. Si loin, si tranquille, qui l'eût soupçonné?

Mais il savait bien que l'injustice exercée contre la Serbie vaudrait à celle-ci des défenseurs; que la Russie ne pourrait pas laisser écraser un vaillant petit peuple, innocent, et de même race qu'elle; que la France, alliée de la Russie, voudrait faire honneur à son passé chevaleresque et à ses devoirs d'amitié.

Et en effet, la Russie informa l'Autriche qu'elle était disposée à soutenir au moins moralement la Serbie; elle mobilisa quelques corps d'armée, elle demanda que cette affaire suivît les voies ordinaires de la justice. La France, l'Angleterre firent valoir des questions d'équité, d'humanité. L'Autriche se laissait aller petit à petit à écouter la raison. A la fin de cette semaine terrible, elle acceptait d'examiner la question, de concert avec les représentants des grandes puissances européennes. La paix pouvait encore être préservée.

Cela ne faisait plus l'affaire de l'Allemagne. Guillaume II était revenu de sa croisière; les acclamations qui l'accueillirent à Berlin étaient le triomphe du parti militaire qui poussait à la guerre immédiate. Pendant quelques jours Guillaume joua double jeu; il essaya de tromper le tsar, le roi d'Angleterre, les gouvernements français, italien. Il ne voulait pas avoir le rôle odieux d'agresseur.

Mais sitôt qu'il voit l'Autriche faiblir, il jette le masque. Son armée est prête et archiprête depuis longtemps, puisqu'il cherchait la guerre. Il a profité des huit derniers jours pour la rassembler aux frontières après avoir eu soin toutefois de couper, par le *Kriegsgefahrzustand* (péril de guerre), toutes les communications, pour cacher ses préparatifs aux voisins. Le 31 juillet, il adresse à la Russie un ultimatum lui enjoignant de désarmer avant le lendemain à midi. Ce même jour, le 31 juillet à sept heures du soir, son ambassadeur vient demander au gouvernement français quelle sera notre attitude dans le conflit.

Plus de doute, c'est la guerre, l'affreuse guerre que depuis quarante ans l'Allemagne tient suspendue sur l'Europe.

C'est la guerre, que l'Allemagne, après nous avoir déjà meurtris et pillés en 1870, vient nous faire au moment qu'elle a choisi, lorsqu'elle nous croit incapables de résister à son effroyable pression. Tout son peuple s'y rue avec une ivresse sauvage.

Guillaume sait que notre armée est moins forte que la sienne, moins préparée, puisque nous étions pacifiques; que les luttes entre partis politiques sont vives chez nous, et que, préoccupés de ces luttes, nous n'avons pas assez songé à l'extérieur.

Il croit même et fait croire à son peuple que parmi les Français dégénérés, les uns sont amollis par la richesse et le bien-être, les autres victimes de l'alcool et de la maladie, et que nos pauvres petits soldats, trop faibles, vont lâcher pied devant les vigoureux Germains.

Il sait que nos amis, les Anglais, ont en ce moment de graves soucis au sujet d'un commencement de guerre civile en Irlande, et que nos alliés, les Russes, sont paralysés par une grève formidable qui empêchera leur mobilisation. Il sait d'ailleurs qu'à cause de l'immensité de leur pays et du peu de chemins de fer qui s'y trouvent, il faudra plusieurs mois aux Russes pour être prêts à résister.

Avec ses millions d'hommes massés à notre frontière, Guillaume compte pouvoir en trois semaines prendre Paris et nous donner le coup de grâce. Ce coup de grâce, c'est l'écrasement définitif qui doit rayer la France du nombre des nations. « Il faut lui briser les os », répètent les journaux d'outre-Rhin. C'est la plus grande partie de notre pays dévastée, anéantie, livrée au maître, et le reste ruiné et courbé à tout jamais.

Par une dernière fourberie, c'est à la Russie que Guillaume déclare la guerre le 1er août, à sept heures du soir, mais en même temps, il fait attaquer la France sans déclaration de guerre, à un endroit où il pensait qu'elle ne pourrait se défendre, puisqu'elle était garantie par le Luxembourg neutre. Cependant, l'ambassadeur allemand restait à Paris, comme si l'on avait continué d'être en paix; nos troupes se tenaient à huit kilomètres de la frontière, afin d'éviter jusqu'à l'apparence de toute agression; l'Allemagne, une fois de plus, foulant aux pieds les droits des faibles, envahissait la Belgique, pour la subjuguer, pour avoir les ports de la mer du Nord, et pour tourner nos défenses de Belfort à Verdun.

Tant de mauvaise foi et de violence d'un côté, tant de patience et de dignité de l'autre, eurent un premier résultat heureux pour nous : l'Italie, qui était depuis longtemps l'alliée de l'Allemagne et de l'Autriche, ne voulut pas les suivre dans cet acte de brigandage, et elle se déclara neutre; l'Angleterre informa l'Allemagne qu'elle soutiendrait la cause de la Belgique et de la France.

LE PEUPLE SERBE

Ce petit peuple serbe, qui sans considérer la taille de l'ennemi, a osé se lever contre le colosse, véritable petit Poucet devant l'ogre, mérite que nous passions un instant chez lui. Nous le verrons allier le plus magnifique héroïsme à la vie la plus simple, aux vertus les plus humbles.

Comme celui de notre vieille France, le peuple de Serbie tient de toute son âme à son sol; chacun y possède son lopin de terre où croissent blé, fourrages, vignes, bois; ses animaux y paissent; il en tire son pain, celui des siens, toute sa richesse, toute sa vie. De là son amour de l'indépendance; en défendant sa patrie, il défend son avoir, son champ, sa famille.

Habitué à une vie âpre et rude, frugale, saine, chaque homme peut devenir un soldat résistant. Les enfants, les vieillards, les femmes même courent aux armes et savent mourir pour ce sol si chèrement acheté par des siècles de misère, de servitude, et par tant de sang versé, par le travail et l'effort constant de la race.

L'héroïsme est de tous les âges, de toutes les conditions.

MOEURS ET COUTUMES SERBES. UN RESTAURANT EN PLEIN AIR.

On lisait dans les journaux serbes du 2 novembre 1914 :

« Le prince héritier, Alexandre, vient de signer, sur la proposition du ministre de la Guerre, la nomination au grade de caporal, du jeune soldat Dragolioub Gélitch, âgé de *douze ans*.

« Le père de Dragolioub Gélitch a été tué à la bataille de Koumanovo, en novembre 1912. Élève de sixième au lycée de Chabatz et ne pouvant pas s'engager dans l'armée régulière, Dragolioub s'est joint à un corps de volontaires et il a pris part, avec eux, à sept combats contre les Autrichiens. Blessé à la bataille de Souva, il a refusé de quitter la ligne de feu et continué de tirer jusqu'au moment où ses forces le trahirent. Dans une expédition de nuit, il a pénétré avec quelques camarades dans les lignes autrichiennes et le succès de cette mission lui a valu la médaille militaire.... »

Après la bataille de Roudnik, en décembre 1914, le vieux roi

Pierre visitait une ambulance. On le conduisit à un moribond qui avait à la tête une effroyable blessure. Le blessé reconnut le roi.

« Où en sommes-nous Gospadar? (Sire), demanda-t-il.

— Nous avons battu les Autrichiens et repris Valievo. »

L'homme se soulevant cria : « Vive le roi, vive la nation serbe! »

Puis il se fit donner sa veste d'uniforme, en tira son portefeuille qu'il remit au roi.

« C'est pour l'armée! » dit-il en retombant. Il mourut. Le portefeuille contenait 700 francs, toutes les économies de ce paysan aisé [1].

LA MÉTROPOLE DE SERBIE.

VUE DE BELGRADE.

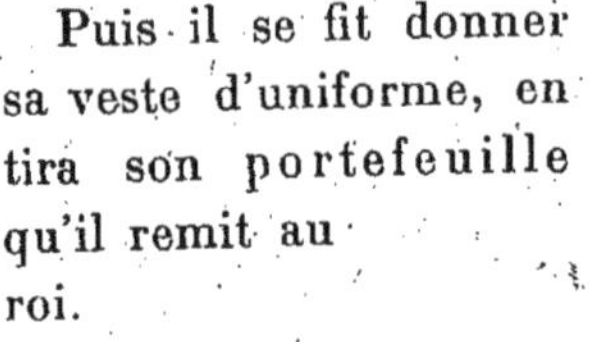

UNE ANCIENNE MOSQUÉE.

Une poésie populaire, humaine, fière, allant au cœur, a toujours soutenu la nation serbe, et pendant les guerres actuelles, les poètes sont aux premiers rangs des combattants. L'un d'eux, Marko Kralievitch, est célèbre par sa haine des tyrans et par sa bravoure.

Le champ de Kossovo est parsemé de pierres rondes, un peu roussâtres, qui de loin ressemblent à des portions de petites miches de pain; ce seraient, d'après la légende, les dernières provisions,

1. V. Bérard, *Bulletin* du Ministère de l'Instruction publique, mars 1915.

pétrifiées par le temps, des soldats morts en 1389; mais depuis cette bataille mémorable, la Serbie attendait son libérateur, qui la ramènerait manger « le pain de Kossovo ».

Lorsqu'en 1912, les troupes serbes y arrivèrent la nuit, sous une pluie battante, elles attendaient leur convoi de nourriture retardé par le mauvais temps; jusqu'au matin elles grelottèrent dans la boue, affamées, sachant l'ennemi tout proche. La première clarté du jour, le lendemain, leur fit apparaître une mosquée bien connue. Un mot courut dans toute l'armée : « Kossovo! » On était à Kossovo! En une minute tout le front dansait, chantait, et l'on reprenait la marche, comme si l'on avait dormi et mangé.

A la gare, où l'on arriva bientôt, évacuée par les Turcs, on trouva huit wagons de biscuits; les officiers serbes n'eurent qu'à distribuer aux troupes citoyennes le *pain de Kossovo* (V. Bérard).

Petit jusqu'alors par l'étendue de son domaine et le nombre de ses habitants, le peuple serbe est à la tête des nations par son amour des grandes choses. Aussi la France a-t-elle voulu, pendant cette guerre, lui consacrer une journée spéciale, qu'on a appelée la « Journée Serbe », comme il y avait eu la « Journée Belge ».

Véritable fête de pensée et d'héroïsme, où les Français ont communié avec leurs frères de là-bas, dont les journaux leur disaient les hauts faits. Fête de recueillement dans les écoles, et d'exaltation pour l'idéal patriotique, qui n'était pas, comme le disait le Ministre, « une diversion au travail scolaire, mais où toute la jeunesse française reconnaissait les traditions de ses classiques ».

Pareillement la France a tenu à honneur, lors de la grande épreuve du peuple serbe en 1915, de lui offrir tout le réconfort possible, soit en accueillant de grand cœur les réfugiés qui ont pu venir chez elle, soit en portant, de concert avec la Grande-Bretagne, l'aide de ses flottes et de ses armées jusqu'en Orient.

MOBILISATION A LA GARE DE L'EST.

L'AGRESSION CONTRE LA FRANCE
NOTRE MOBILISATION

Aux armes citoyens!

. . . .

La République nous appelle
Sachons vaincre, sachons périr.
Un Français doit vivre pour elle
Pour elle un Français doit mourir.

MOBILISATION GÉNÉRALE

C'EST le samedi 1er août, vers quatre heures du soir, que le tocsin sonna, dans toutes les communes de France, et que les affiches blanches furent placardées.

Mobilisation générale!

Certes on y avait songé déjà bien des fois depuis quarante-quatre ans. Mais c'est une chose de laisser flotter dans son imagination des pensées de guerre, et ç'en est une autre de voir réellement la guerre devant soi.

Ministère de la Guerre

RÉPUBLIQUE FRANÇAISE.

Le Président de la République Française,

Vu l'art.3 de la loi constitutionnelle du 25 Février 1875, relative à l'organisation des pouvoirs publics;

Vu les titres III et IV de la loi du 24 Juillet 1873 relative à l'organisation générale de l'Armée;

Vu la loi du 19 Mars 1875 relative à la mobilisation par voie d'affiches et de publication sur la voie publique;

Vu la loi du 3 Juillet 1877 sur les réquisitions militaires, modifiée par les lois des 5 Mars 1890; 27 Mars 1906 et 23 Juillet 1911;

Vu la loi du 22 Juillet 1909 relative à la réquisition des voitures automobiles;

Vu la loi du 28 Décembre 1888, modifiant les articles 22 à 27 (service militaire des chemins de fer) de la loi du 13 Mars 1875;

Vu la loi du 21 Mars 1905 modifiée par la loi du 7 Août 1913 sur le recrutement de l'Armée.

Vu l'avis du Conseil des Ministres.

DECRETE :

Article -Ier- La mobilisation des armées françaises de ter-

re...............

terre et de mer est ordonnée sur toute l'étendue du territoire Français, en Algérie, dans les autres colonies et dans les Pays de protectorat.

Article 2 - En France, en Corse, en Algérie et en Tunisie, la mobilisation sera portée à la connaissance des populations au moyen d'affiches qui seront immédiatement placardées sur la voie publique.

Tout Français soumis aux obligations militaires devra se conformer aux prescriptions contenues dans ces affiches sous peine d'être puni avec toute la rigueur des lois.

Article 3 - Dans les Colonies (autres que l'Algérie), la mobilisation sera portée à la connaissance des populations par les soins des Gouverneurs.

Dans les Pays de protectorat (autres que la Tunisie), elle sera portée à la connaissance des Français soumis aux obligations militaires par les soins des Résidents Généraux.

Article 4 - Le Présent décret entraîne l'appel à l'activité des hommes qui ont été désignés dès le temps de paix pour constituer les unités de douaniers ou de chasseurs forestiers ainsi que les services accessoires de l'Armée (Trésorerie et Postes, Télégraphie Militaire, sections de chemins de fer de campagne etc....) et qui ont reçu, en conséquence, une affectation spéciale.

Article -5- Le droit de réquisition est ouvert sur tout le ter-

ritoire...............

territoire Français, en Algérie et aux Colonies. Il s'exercera conformément aux lois et Décrets en vigueur.

Dans les Pays de protectorat, les réquisitions s'opéreront d'après les conventions arrêtées avec les Gouvernements de ces Pays de protectorat.

Article -6- Les autorités civiles, militaires, maritimes et coloniales sont chargées, sous leur responsabilité, de veiller à l'exécution des dispositions du présent Décret.

Fait à Paris, le 1er Août 1914

R. Poincaré

Par le Président de la République:

Messimy

Augagneur

Nº 38. — 9566-31-1913

ORDRE DE MOBILISATION AFFICHÉ DANS TOUTES LES COMMUNES DE FRANCE.

Chacun se dit : « Cette fois, ça y est ! »

Il y avait toujours eu, en France, des citoyens partisans de la guerre, de la revanche contre ces Allemands qui nous avaient pris l'Alsace et qui nous traitaient avec un orgueil intolérable. Et il y avait d'autres citoyens, en plus grand nombre, qui ne voulaient pas de guerre, à cause des horreurs qui l'accompagneraient.

D'un coup ils furent tous d'accord, puisque cette guerre nous était imposée et de si hypocrite et odieuse façon.

Sans doute, « mobilisation générale » ne signifie pas nécessairement « guerre ». Mais qui peut douter désormais? Stupeur chez tous. Angoisse au cœur des femmes qui pleurent; elles ne sont pas soutenues, comme les hommes, par l'enthousiasme de l'action; elles doivent rester au logis, seules avec les enfants !

Larmes vite séchées; il ne faut pas affaiblir, en les attristant, ceux qui s'en vont.

Cependant, autour de l'affiche blanche, jeunes et vieux sont groupés. Les jeunes lisent vite, d'une voix uniforme ; les vieux écoutent jusqu'au bout; puis quand la lecture est finie, ils s'approchent à leur tour pour être bien sûrs; ils relisent lentement, et s'en vont le dos courbé. Beaucoup d'entre eux ont « fait 70 » : ils se rappellent et ils savent.

Parmi les jeunes, les réflexions se croisent.

« Ça ne pouvait plus durer. Puisqu'il le faut, allons-y !

— On les aura. »

Quelques-uns ont sur eux leur carnet militaire. Ils le consultent à la hâte.

« Bon Dieu ! je pars demain.

— Moi le 5 !

— Moi le 10 ! »

Le travail est suspendu. On arrange hâtivement les affaires de famille, les travaux des champs, le commerce. Il faut penser à tout, au plus important du moins.

Et le lendemain matin déjà, par groupes ou isolément, le sac de toile à l'épaule, ou l'élégante valise à la main, les « mobilisés » arrivent à la gare.

On se reconnaît, on se salue, on se souhaite bonne chance. Nulle fanfaronnade. Ils partent joyeux, confiants, sûrs de la bonne cause et de la victoire. Les femmes, les enfants sont là, et aussi d'autres mobilisés que l'ordre d'appel réserve pour un peu plus tard. Oh! il y a des yeux rouges! Pourquoi le cacher? Mais au dernier moment, le visage se remet et le cœur est solide.

Voilà le train. Il est déjà presque plein de camarades pareillement équipés. Saluts cordiaux; paroles confiantes. Quelle large et belle fraternité règne tout de suite!

Puis, la réquisition atteint les voitures, les chevaux. A voir ces pauvres bêtes passer, la tête basse, on croirait qu'elles aussi comprennent qu'il se produit des choses extraordinaires, et qu'elles se demandent :

« Où me mène-t-on? Le soleil est encore haut à l'horizon, pourquoi suis-je dans les rues et non au travail des champs? »

Cependant toute la moisson reste à faire. Les beaux blés dorés, comment les rentrera-t-on, sans les hommes et sans les chevaux?

Pour les femmes, après l'angoisse de la séparation, c'est l'inquiétude de l'existence.

Bientôt le village privé d'hommes, sans le mouvement habituel des attelages, est morne, d'un aspect étrange. Ceux qui restent cherchent un peu de distraction en allant à la gare. Et c'est l'interminable passage des interminables trains militaires; ils se suivent d'une façon ininterrompue; le sémaphore ne lève même plus et n'abaisse plus son grand bras : il y en a trop! Tous ces trains sont bourrés d'hommes, assis pêle-mêle, qui causent gaîement, qui chantent, qui cassent la croûte, au petit bonheur, dans un wagon de marchandises ou dans une luxueuse voiture de première classe, et qui sont confondus, mais tous beaux d'enthousiasme. Quand ils passent, on leur jette des fleurs, du tabac, on court leur tendre une boisson rafraîchissante, car la chaleur est terrible. Ils remercient et s'éloignent avec un viril geste d'adieu, un cri, un refrain. Ils ne veulent surtout pas de regards anxieux; ils ne veulent pas qu'on les plaigne. Ce qu'ils demandent aux femmes, aux jeunes filles, c'est un sourire, un baiser de la main.

« A quand la fête du village?

— Fin septembre!

— Bon! je vous invite pour le premier quadrille. »

Sur tous les réseaux français, à toutes les gares, les mêmes scènes se reproduisent. Les trains roulent sans répit, la nuit et le jour. Ils sont couverts de fleurs, de verdure, de drapeaux; sur les locomotives, des caricatures de Guillaume à la craie, des inscriptions :

« Vive la France ! »
« Vive la Revanche ! »
« Vive l'Alsace ! »
« A Berlin ! »

Ils emportent leurs grappes de mobilisés, témérairement et pittoresquement juchés un peu partout, debout, couchés, assis sur les marchepieds. Ils emportent aussi des chevaux, des canons, des voitures d'ambulance. A la fin des trains, il y en a de très lourds, fermés, sinistres, qui ébranlent le sol de leur poids, tout chargés de munitions : la mort, que traînent avec eux les soldats qui chantent.

Au milieu de tous ces hommes, venus d'endroits et de milieux si différents, une admirable fraternité spontanée. Tous Français et défenseurs de la Patrie, cela suffit; pas besoin de se connaître autrement : les déshérités trouvent des frères, des amis; l'homme riche partage son repas avec celui dont la musette est trop plate. On se tutoie. Toutes les forces sont réunies, toutes les différences fondues, toutes les haines oubliées, toutes les âmes élevées vers le même idéal : c'est l'*Union sacrée* de tous les Français. Leur bravoure est saine et simple : ils ne songent même pas qu'ils seront des héros demain. Il y a des bien portants et des maladifs; il y a des sentimentaux et des bavards : beaucoup n'ont pas laissé la maison sans regret. Mais en cette heure tragique la blague et la gaîté française ne perdent pas leurs droits : des loustics mettent en joie tout un wagon avec leur verve inlassable et leur accent du faubourg.

Dans les grandes villes on a pu se grouper, s'organiser, et de bien belles manifestations ont eu lieu au départ. Les Parisiens n'oublieront jamais celle de la Concorde et le pieux pèlerinage à la statue de Strasbourg. Et c'est bien là le symbole de cette guerre : résistance à la force brutale, libération des opprimés.

Lorraine! Alsace! Enfin! après quarante-quatre ans! Votre heure a donc sonné? Et c'est le bourreau qui l'a sonnée lui-même !

Oui! nous voilà! un peu de patience encore. C'est nous qui sommes destinés à briser vos liens. O nos sœurs, combien vous avez souffert! Mais vous allez rentrer dans la grande famille. Comme on s'en aimera davantage après la terrible séparation !

LES LETTRES QU'ILS NOUS ÉCRIVENT

Veut-on savoir l'état d'âme de ceux qui partent? Lisons leurs lettres. Premièrement d'un écrivain qui est officier de réserve.

« Nous voici tous soldats. Cela s'est fait en une heure. Nous interrompons nos articles. La patrie chante en nous. Les vieux hymnes de gloire nous montent du cœur aux lèvres. A l'instant, j'avais en main un livre de mémoires, dont je comptais entretenir les lecteurs

LA MOBILISATION NOUS VAUT AUSSI LES FILS DE L'ALGÉRIE, CAVALIERS MAGNIFIQUES QUI VIENNENT OFFRIR LEUR SANG A LA FRANCE.

de *l'Illustration*. Je ferme le volume. Il ne s'agit pas de lire l'histoire. Il faut se préparer à la vivre. Deux de mes amis, un dragon et un artilleur, arrivent ensemble chez moi. Ils sont déjà en uniforme. Nous devons partir tous trois « sans délai », à peu près à la même heure, minuit cinq ou minuit dix, mais pour des directions différentes. L'un va à Maubeuge; l'autre à Nancy; le troisième, le moins favorisé pour l'instant — et c'est moi-même — se rend au Mans. Nous faisons sur un coin de table un repas de bivouac. Nous vidons une coupe de champagne, et nous voici dans la rue où l'on chante la *Marseillaise*. Ce sont des ouvriers qui passent, des terrassiers, que j'ai vus, ces jours derniers et ce matin même, occupés à un chantier de Passy, voisin de ma maison. A la dernière grève ils hurlaient l'*Internationale*. Maintenant, ils se souviennent des paroles de la *Marseillaise*. Et ils chantent gravement, religieusement, le cantique national. L'un d'eux salue nos uniformes....

« ... A chaque station du parcours montent des mobilisés, des ouvriers, des paysans, avec leur propre bagage. Ils s'entassent dans les couloirs, car il y a déjà une quinzaine d'hommes dans chaque compartiment de dix. Et voici encore, encore, de nouveaux appelés, à Maintenon, à Chartres, à Nogent, qui nous envahissent. Nous leur ouvrons nos compartiments de première; les braves gens s'installent parmi les officiers, respectueux, disciplinés, confiants, avec une affectueuse déférence. Ils parlent entre eux, et nous paraissent très intelligemment au courant des diverses phases de la crise. Ils ont beaucoup lu les journaux tous ces temps-ci. Ils comprennent parfaitement le véritable caractère de la crise. L'un dit : « Il fallait bien « que ça arrivât. Il y a quarante-quatre ans qu'ils nous insultent.... » Un autre ajoute : « Nous ne sommes pas tristes, nous sommes « graves ». Et c'est vrai. Ils ne chantent pas. Ils ne manifestent pas. Ils représentent, ces humbles, toute la dignité ferme du pays.... »

Voici d'un autre :

« ... Départ plein d'ordre, de calme. Un long train nous attend : de ces wagons à chevaux, qui sont des hangars roulants; on y a mis simplement des bancs.

« Tout de suite on sent la confiance, l'enthousiasme, mais pas un enthousiasme inquiétant. On sait que l'ennemi est fort et que ce sera dur. Mais quelle résolution!

« Camaraderie parfaite, spontanée. Des types : le loustic dont les saillies font rire; un homme qu'on appelle immédiatement le *matelot* parce qu'il a une blouse de marin; l'ouvrier socialiste qui est résolu à défendre son « patron », la France. Le train marche très régulièrement, et les convois se succèdent. On s'arrête parfois devant les gares; et on en profite pour arracher des fleurs des champs, des branchages qui maintenant jettent leurs fraîches couleurs sur le noir des wagons. Partout le long de la voie, aux ponts, aux postes, des territoriaux à belles mines graves. On les salue. « Bravo, les vieux! Au revoir! » Les femmes, au passage, agitent leurs mouchoirs. Les bons et doux visages! Elles ont un peu envie de pleurer, mais notre entrain, malgré elles, les fait sourire. L'union est touchante. On a vraiment l'impression qu'un peuple tout entier se dresse.

« Dans les wagons, on cause, on plaisante, les uns assis, les autres aux portières, et l'on traverse la belle France, vraiment si douce aux yeux et au cœur. Chaque fois que j'ai fait un voyage en France, je l'ai aimée davantage. Combien cette impression s'accuse aujourd'hui! On peut bien défendre avec cœur ce pays-là, cette terre séduisante.

« Chez tous, c'est la même haine des Allemands. On les déteste, non seulement pour des raisons générales que chacun, plus ou moins obscurément, comprend, mais parce qu'on les connaît pour les avoir vus en France. Quelle invasion ç'a été depuis dix ans! On s'en rend compte à la haine qu'ils allument. Et puis la France est une belle nation belliqueuse qui retrouve ses vieux instincts au premier appel.

M. POINCARÉ, PRÉSIDENT DE LA RÉPUBLIQUE FRANÇAISE.

« Dans les conversations, la famille, ceux qu'on a laissés derrière soi, tiennent une grande place. Mais on ne s'attendrit pas. On se montre des portraits d'enfants, de femmes. Il n'y a rien de tel qu'une image féminine, belle ou médiocre (car il y a de ces photographies qui font sourire), pour donner du courage. Quelques visages graves — ce ne seront pas les moins fiers au combat[1].... »

Jours d'épreuve, jours d'espoir! Tous les Français sentaient que notre cause était celle du droit et de la justice, de la liberté des nations. Aussi quelle sainte exaltation!

Les enrôlements volontaires se multiplièrent parmi les tout jeunes et les vieux que la loi militaire n'appelait pas. Il s'en produisit tant que l'on dut les arrêter par des formalités rigoureuses. Il y eut des jeunes gens de dix-huit ans, de dix-sept ans. Il y eut des enfants, qui refusés par l'autorité militaire, trouvèrent le moyen de suivre des détachements et de gagner la croix de guerre. Le jeune Gustave Chatain, de Fontainebleau, âgé de quinze ans, se battit sur la Marne et sur l'Aisne, fut blessé, fit deux prisonniers, reçut les galons de caporal, fut cité à l'ordre de l'armée avant d'être reconduit chez ses parents.

1. Lettres publiées par *l'Illustration*.

M. Bayet, ancien recteur, ancien directeur de l'Enseignement supérieur, s'engagea à soixante-six ans avec son grade de sous-lieutenant de 1870, et alla rejoindre ses quatre fils et gendres qui étaient au front.

M. Collignon, ancien préfet, ancien conseiller d'État, âgé de cinquante-six ans, voulut faire la campagne comme simple soldat; personne ne se battit avec plus de courage, et ses compagnons d'armes avaient pour lui une telle sympathie respectueuse, que quand il fut tué à l'ennemi, l'on répéta la cérémonie de La Tour d'Auvergne, premier grenadier de France : à l'appel, son nom était prononcé, et quelqu'un répondait :

« Mort au champ d'honneur! »

M. Surugue, maire d'Auxerre, ancien combattant de 1870, chevalier de la Légion d'honneur, s'engagea à soixante-seize ans comme sapeur mineur, participa de jour et de nuit à tous les travaux exécutés sous le feu de l'ennemi, et fut, dit la citation à l'ordre du jour, pour ses camarades plus jeunes, un modèle de discipline, d'entrain et d'énergie.

Mille autre traits semblables, qui dépassent les plus beaux de tous les temps anciens.

Mais ce qui fut le plus touchant, ce furent d'innombrables engagements étrangers : Italiens, Grecs, Tchèques et Polonais, Arméniens, Américains, accoururent défendre la France, en si grand nombre qu'on pouvait en faire un corps d'armée.

QUELQUES CHIFFRES

Si l'on veut se faire une idée de ce qu'il y a derrière ces simples mots : *mobilisation générale*, il faut se livrer à quelques calculs. Tout le monde appelé de vingt à quarante-huit ans, c'est un peu plus de 5 millions d'hommes qui vont du travail à l'armée; avec les classes 1914, 1915 et 1916, c'est environ 6 millions d'hommes à déplacer.

Les engagements volontaires que provoqua la Patrie en danger de 1792, ne donnèrent tout d'abord que 1 200 000 hommes, et en plusieurs mois.

Supposons un instant que tous ces hommes marchent sur une

grande route nationale, à quatre de front, et, en moyenne chaque rang à un mètre du rang précédent, ce qui est nécessaire pour que le pas puisse se développer. Chaque kilomètre donne 4 000 hommes sans aucun intervalle entre les groupes et 1 000 kilomètres donnent 4 000 000 d'hommes. 6 millions c'est donc une longueur de 1 500 kilo-

Cl. Chusseau-Flaviens.

JUSQU'AU CŒUR DE L'AFRIQUE, NOS BRAVES FRÈRES NOIRS RÉPONDENT A LA MOBILISATION. C'EST TOUTE LA FRANCE QUI SE LÈVE.

mètres, presque deux fois celle de la France entre Dunkerque et Perpignan, ou à peu près la distance de Paris aux frontières de la Russie.

Mettez-les dans des wagons de chemin de fer, à raison de 40 par wagon ; un train de 50 wagons en emporte 2 000 ; 1 000 trains en emportent 2 millions. Pour les contenir, 3 000 trains de 50 wagons chacun, bien remplis, bien complets, sont nécessaires.

Songez maintenant qu'il faut plus de place encore pour tout le matériel, et songez aussi que la mobilisation proprement dite n'est pas encore la *concentration*. Mobiliser les hommes, c'est les conduire de l'endroit où ils se trouvent jusqu'à leur dépôt. Depuis qu'ils ont fait leur service militaire, chacun d'eux est retourné au pays, a changé de place plusieurs fois. L'ordre d'appel le trouve chez lui, et de là, il rejoint, au jour et à l'heure fixés par son livret militaire, le dépôt où il a fait sa première instruction, où se trouvent ses armes, ses vêtements militaires, ses chefs.

Le dépôt reçoit pêle-mêle des cultivateurs et des vignerons, des terrassiers et des ouvriers d'art, des maçons et des peintres, des ingénieurs, des professeurs ; il doit rendre des soldats, des sous-officiers, des officiers, en ordre, chacun à son rang, chacun prêt à prendre une place désignée sur l'immense front de guerre.

Imaginez l'encombrement, l'arrivée successive de ces milliers et milliers d'hommes, toujours et sans cesse, que dégorgent les trains.

Comment retrouver sans erreur ce qui doit aller à chacun? Il faut des vêtements correspondant à la taille, à la grosseur, à la grandeur. Il faut savoir ce que l'on va faire de chacun. Tous les appelés ne sont pas bons pour le service. Les uns sont visiblement malades, d'autres le sont peut-être malgré leur apparence de santé. Il faut les examiner au point de vue médical et se rendre compte de ce qu'ils pourront faire.

Il faut mettre à part ceux qui doivent être utilisés pour les *services* de l'armée; car à partir du moment où la guerre commence, le matériel doit être entretenu et augmenté; dans toutes les usines militaires, on devra produire fusils et baïonnettes, fondre les canons, fabriquer les cartouches, les obus, les explosifs, les caissons, les voitures et les vêtements, les souliers, les harnais des chevaux, le pain, les conserves, assurer le ravitaillement. Combien de centaines de mille hommes vont être ainsi nécessaires, qu'il s'agit de trier avec soin, suivant leurs aptitudes, suivant le métier qu'ils ont appris! Un spécialiste de la chimie des explosifs, un bon ouvrier ajusteur sont plus utiles à la fabrique que sur le front.

Et il faut encore séparer ceux qui vont assurer cet immense service des chemins de fer, celui des postes et télégraphes, aussi nécessaires à l'armée que les plus actifs combattants. N'allez pas croire que n'importe qui suffit à n'importe quelle besogne! Dans des rouages si délicats, un homme mal placé peut causer un désastre. Autre chose encore. Pour que les trains roulent régulièrement et puissent emporter nos mobilisés vers le front, puis les conduire suivant les nécessités de la bataille, d'un point à l'autre du front, ne faut-il pas que les voies soient assurées? Pensez donc, il y a des tunnels, des ponts, des viaducs. Les espions allemands pullulent malgré toutes les précautions. En une minute, l'un d'eux peut détruire un viaduc, précipiter dans l'abîme nos braves avec

DÉPART D'UN TRAIN D'ARTILLERIE.

leurs munitions, et empêcher les trains qui viennent par derrière de rouler pendant quelques jours, juste au moment où le général a besoin d'eux; donc il faut assurer le service des garde-voies : pas un mètre de nos douze mille lieues de chemin de fer ne peut rester sans une attentive surveillance de jour et de nuit.

Commencez-vous à vous faire une idée de la formidable machine qu'est la mobilisation? Et voyez-vous comment vont se répartir les six millions de Français? Bien entendu on n'a pas besoin d'eux tous dès le début, on en renverra chez eux un certain nombre; mais il fallait les voir, être sûr qu'ils sont tous là, prêts à répondre au premier appel. Et ceux que l'on garde comme combattants, une fois recensés, équipés, passés en revue, il s'agit maintenant de les envoyer en face de l'ennemi.

CONCENTRATION. RÔLE DE LA COUVERTURE

CETTE fois, ce sera la *concentration*. De toute la France et de l'Afrique du Nord, de Brest et de Nice, de Bayonne et de Lille, de Lyon et de Constantine, les voilà de nouveau dans les chemins de fer, et les trains vont recommencer à rouler en sens inverse.

Ils ne transportent plus de civils. Des soldats, toujours des soldats. Des chevaux, du matériel. Des canons petits et gros, — les immortels 75, petits joujoux gris, groupés par batterie de quatre sur un wagon, et les autres — des caissons, des munitions.

Dès le deuxième jour de la mobilisation, c'est le service militaire qui a pris la direction entière des chemins de fer. Quatre jours suffisent à la mobilisation proprement dite. Pendant ces quatre jours, chacune de nos grandes compagnies a fait rouler 1 500 trains, soit près de 10 000 pour toute la France.

Du cinquième au dix-huitième jour, 20 à 25 000 trains militaires assurent la concentration, moitié conduisant les troupes vers le Nord et l'Est, moitié ramenant des wagons vides pour les remplir au dépôt. Quel travail représente cette immense préparation faite et mise au point longtemps à l'avance! Quelle précision et quelle sûreté au moment de l'exécution! Quel dévouement jour et nuit de la part du personnel des chemins de fer!

Et comment une si gigantesque opération peut-elle se faire sans qu'on soit dérangé et bousculé par l'ennemi? C'est grâce aux troupes de l'armée active du pied de paix chargées de *couvrir* la frontière, et que l'on appelle pour cette raison *troupes de couverture*, celles qui, en temps habituel, admirablement entraînées et toujours sur le qui-vive, sont prêtes à repousser les premiers coups de l'envahisseur; elles sont les premières à assurer le salut de la patrie, elles sont prêtes à tous les sacrifices, elles doivent tenir coûte que coûte, pendant que, protégé par elles, l'ensemble des forces du pays s'organise méthodiquement et sans précipitation dangereuse.

Ne croyons pas qu'au dix-huitième jour tout était fini.

La France était de bonne foi. Elle pouvait croire que les autres l'étaient aussi. La Belgique et le Luxembourg, pays neutres d'après de solennels traités, ne devaient pas recevoir un combattant, ni Français, ni Allemand. Notre concentration était donc faite vers le Nord-Est pour couvrir notre frontière qui s'étend du Luxembourg à la Suisse :

1re armée : entre Belfort et la ligne Remiremont-Lunéville;
2e armée : de cette ligne à la Moselle;
3e armée : de la Moselle à la ligne Verdun-Audun-le-Roman;
4e armée : de cette ligne à la frontière belge;
5e armée : en réserve à l'est de Commercy.

Lorsqu'on apprit que les troupes allemandes violaient la neutralité belge, et venaient par le Nord, il fallut changer le plan de concentration, et de nouveau faire voyager troupes et matériel.

C'est même à cause de ce respect scrupuleux des engagements que nous n'avons pas tout de suite fait front à l'attaque principale allemande.

Notre gouvernement connaissait les intentions de l'ennemi, et l'effroyable danger qui allait nous menacer par le Nord, mais il ne crut pas que les lois de la morale dussent fléchir devant ce danger, et il laissa à l'Empire allemand l'éternel opprobre de ce grand crime d'agression.

Le 30 juillet, il donna l'ordre aux troupes françaises de couverture de rester à dix kilomètres en deçà de la frontière, afin d'éviter toute hostilité aussi longtemps que possible.

Le 3 août il prescrivit d'une façon absolue d'éviter tout incident sur la frontière franco-belge.

Et ce n'est que le 5 août, alors que la Belgique était envahie depuis trois jours, et sur la demande formelle du gouvernement belge, que nos avions et dirigeables furent autorisés à aller faire des reconnaissances en Belgique. Nos troupes devaient suivre peu à peu, pour essayer de défendre la Belgique.

VIEILLE FEMME DE QUATRE-VINGT-DIX ANS DANS UNE FERME INCENDIÉE.

LA BELGIQUE HÉROÏQUE ET MARTYRE

« Rien ne nous rend si grands qu'une grande douleur. »

MUSSET.

« Faites votre devoir et laissez faire aux dieux. »

CORNEILLE.

LE PASSÉ DE LA BELGIQUE

LA Belgique, comme état indépendant, est née en 1831, et elle a eu depuis cette époque l'existence la plus tranquille. Pour son malheur actuel, et pour son éternel honneur, la guerre de 1914 la jette dans le drame le plus effroyable.

Mais si l'État Belge est tout récent, les Belges sont un des plus vieux peuples de l'Europe. Peuple voisin des Français, et peuple frère du nôtre. Les Belges et les Celtes étaient les deux principales familles des Gaulois; les anciens leur attribuaient à peu près le même caractère. Comme nous, ils subirent la conquête et reçurent la civilisation romaines; comme nous, ils souffrirent déjà, voici quinze siècles, les horreurs des invasions barbares; leur crime était alors le même qu'aujourd'hui, le même que le nôtre : habiter un beau et riche pays, convoité par les Germains. Le premier royaume frank y eut son centre de gravité. Charlemagne résida beaucoup à Aix-la-Chapelle, près de la frontière actuelle.

Après Charlemagne, les Belges eurent une noble histoire, mais ils ne connurent guère l'indépendance. Successivement sujets de l'Empire d'Allemagne, de la maison de Bourgogne, de l'Espagne, de l'Autriche, un court moment réunis à la France révolutionnaire et napoléonienne, puis rattachés malgré eux à la Hollande, ils virent d'innombrables querelles que les États voisins venaient vider sur leur territoire.

C'est en Belgique, qu'eurent lieu quelques-unes des plus glorieuses batailles de la Révolution, et c'est en Belgique que finit la fulgurante épopée napoléonienne, il y a juste cent ans, à Waterloo.

Pendant tout le moyen âge, le nom de Belgique avait disparu; on disait plutôt : les Flandres. Les Flamands parlent un dialecte apparenté à l'allemand, mais eux-mêmes n'ont jamais accepté aucune sujétion de ce chef, et d'ailleurs une grande partie du pays, toute la pointe de Liége et de Bruxelles ne connaît que le français.

Belges flamands, Belges français, ils avaient la réputation d'être de rudes travailleurs et d'habiles artisans, toujours épris de leur indépendance. Unis dès longtemps à l'Angleterre par leurs relations économiques, ils l'étaient à la France par le voisinage immédiat. Sans avoir à proprement parler la liberté d'un état autonome, ils ont su rester à peu près maîtres chez eux, et ils ont soutenu pour cela des combats héroïques. On disait : « avoir la tête dure comme un Flamand ».

Cet entêtement, ils l'ont mis à lutter contre les forces de la nature, contre la mer, qu'ils ont contenue par des digues, contre les marécages, qu'ils ont assainis par des canaux, et dont ils ont fait l'un des plus fertiles coins du monde. Si bien cultivée est la Belgique, que les champs y sont de véritables jardins; et les jardins, des serres admirables où l'on obtient, malgé froid et brume, tous les fruits des pays de soleil, en plein hiver.

La richesse des Flandres était proverbiale. Mais cette richesse, les ancêtres des Belges actuels en ont fait un bel usage, car à l'amour du travail et à la fière indépendance communale, ils allièrent l'amour et la culture des arts.

Les arts domestiques, dont le plus délicat est celui de la dentelle

Cl. Neurdein.

L'HÔTEL DE VILLE DE LOUVAIN.

(Malines); les études (Louvain a été une des cités institutrices du monde); l'architecture, la peinture, ont créé en Belgique quelques-uns de leurs plus admirables chefs-d'œuvre. Bruges et Anvers, Bruxelles, Ypres, Louvain, Courtrai sont des lieux de pèlerinage artistiques visités chaque année par des millions de fervents. La Belgique devint un véritable musée.

Avec cela, une activité industrielle extraordinaire, surtout depuis un siècle, depuis la découverte de la houille. Dix fois moins grande que la France, la Belgique extrait de son sol presque autant de houille. La possession d'une grande colonie, le Congo belge en Afrique, lui donne un débouché supplémentaire, et elle fait au total un commerce qui atteint la moitié du nôtre.

LA MER BELGE

Et puis, la Belgique possède l'estuaire de l'Escaut, qui vaut celui de la Tamise; en face de Londres, il y a Anvers, prodigieuse cité maritime, dont le chiffre d'échanges approche de celui de Londres. Anvers, qui est peut-être la cause la plus directe de la guerre.

Napoléon disait qu'Anvers est « un pistolet braqué au cœur de l'Angleterre ». Il avait tort si le pistolet est aux mains de la France. Pour nous, qui possédons Brest et Cherbourg, le Havre et Boulogne, Calais et Dunkerque, Anvers ne peut être qu'un port de plus, nullement nécessaire.

Mais l'Empire allemand s'est souvenu du mot de Napoléon, et pour lui, il était juste. La plus grande partie de ses côtes regardait une mer lointaine et presque fermée, la Baltique. Il avait bien un peu de la mer du Nord, avec l'embouchure de l'Elbe, Hambourg, Brême, Wilhelmshafen, mais il ne s'en contentait pas. Une partie de ce littoral est sableuse et triste. Et surtout les commerçants du bassin du Rhin n'y vont que par un long détour.

Tandis qu'Anvers! Bavière, Wurtemberg, Bade, Westphalie, tout cet immense district plein de mines, d'usines métallurgiques, de tissages, gagne 200 kilomètres à chercher la mer par Anvers. Et Anvers embusqué en eau profonde, derrière des îles faciles à défendre, voilà pour les Germains querelleurs le vrai port, à la fois militaire et commercial, contre l'Angleterre.

Anvers, et certainement aussi Rotterdam, mais pour un peu plus tard. Tous les bons Allemands convoitaient Anvers, la Belgique, la Hollande, la mer du Nord. Ils y étaient déjà en si grand nombre! 40 000, à Anvers seulement, et peut-être plus. Ils y tenaient les plus grosses affaires.

Or une fois installés quelque part en commerçants, les Germains ont vite fait d'appeler leurs armées. Témoin notre Congo. Et ainsi la Belgique était condamnée, et la Hollande également. Nombre de leurs écrivains ne se sont pas gênés pour le dire.

Après les Pays-Bas, c'eût été le tour de l'Angleterre.

LA BELGIQUE CONTEMPORAINE

Mais la Belgique était sous la sauvegarde de l'Europe tout entière. A peine né, le jeune royaume avait été déclaré neutre. C'était un moyen que les grandes puissances avaient imaginé pour sauvegarder la paix, pour se protéger contre leurs convoitises réciproques. La Belgique, la Suisse, les deux extrémités du Rhin, ne devaient plus être un objet de litige ni un lieu de passage pour des armées. Waterloo devait être impossible dans l'avenir. Le traité date de 1839; il porte la signature et la garantie de la Grande-Bretagne, de la France, de la Prusse, de l'Autriche, de la Hollande.

Une neutralité semblable fut assurée au Luxembourg en 1867.

Longtemps la Belgique crut à cette garantie; n'ayant point de part aux conseils où les diplomates étudient les questions de l'Europe, elle ne s'en préoccupait guère; elle possédait à peine une armée; elle n'appelait sous les drapeaux que juste le nombre de soldats nécessaires pour sa police intérieure.

Dans le grand choc de 1870, les belligérants passèrent à côté de son territoire, comme c'était la règle.

Mais des bruits inquiétants commencèrent à circuler. Il ne fallait pas être grand prophète pour comprendre que l'Empire allemand, débordant de population et de soldats, augmentant sans cesse son armée, chercherait un jour aventure, et que cette aventure il la chercherait à l'ouest. La France avait des raisons de craindre. L'Angleterre en eut du jour où Guillaume II proclama que l'avenir germanique était sur l'eau. Les gens avisés se remirent à examiner la situation de la Belgique et du Luxembourg au point de vue militaire. Les spécialistes allemands, dont le célèbre général Bernhardi, écrivirent brutalement que le territoire belge était en effet la meilleure voie pour aller en France. Le camp de Malmédy, aux portes mêmes de la Belgique, devint le plus vaste lieu de rassemblement pour les armées allemandes. Au nord de ce camp, Aix-la-Chapelle, et au sud les abords immédiats du Luxembourg, tout cela rempli de soldats et de matériel de guerre, relié à Cologne, Coblentz, Mayence, Strasbourg, à toute l'Allemagne par le plus complet réseau de chemins de fer stratégiques, ne laissait guère de doutes sur les projets de l'ennemi.

Le gouvernement belge, voyant s'amonceler l'orage, eut de graves inquiétudes. Il demanda à la France et à l'Angleterre de le soutenir au cas où il serait attaqué, c'est-à-dire de remplir leurs obligations stipulées au traité de 1839, et lui-même se disposa à remplir les siennes, en prenant quelques mesures de précaution. Ce ne fut toutefois pas sans difficulté. La Belgique est un pays libre et parlementaire. Rien d'important n'y peut être fait sans l'opinion publique. Et l'opinion se complaisait au mol oreiller de la paix. De plus, les Allemands avaient su endormir le parti flamand par des promesses et des flatteries; ils lui avaient fait croire que le véritable ennemi était à la frontière française. Il fallut un grand courage aux députés clairvoyants, aux ministres, au roi, pour reconstituer une armée sérieuse, et garnir de forteresses la frontière belge.

Avec ses 7 millions d'habitants, la Belgique, en faisant le même effort militaire que la Serbie, pouvait avoir une armée solide de 6 à 700 000 hommes; mais c'étaient là de grosses dépenses; c'était le service militaire obligatoire; on n'alla pas d'un seul coup aussi loin. On se contenta d'abord d'un bon noyau de 200 000 hommes environ, quitte à l'augmenter peu à peu les années suivantes, et grâce au génie du général Brialmont, l'on créa et l'on améliora les fortifications des trois points les plus menacés : Anvers, Liége, Namur.

Anvers garde l'embouchure de l'Escaut, c'est-à-dire l'approvisionnement de la Belgique ; Liége et Namur, commandent la vallée de la Meuse, chemin le plus direct pour aller en France : vallée de la Meuse, vallée de la Sambre, vallée de l'Oise, c'est la voie facile, en ligne droite, tracée par la nature même entre Cologne et Paris. Mais aucune fortification ne tient devant le canon et les explosifs modernes. L'empereur allemand voyant que l'on se mettait en garde, résolut de brusquer les choses, de garrotter la Belgique avant qu'elle eût achevé sa réorganisation militaire.

Comme les Belges, nous nous étions laissé bercer par l'espoir d'une paix éternelle — tout au moins par la pensée du respect des traités. Si Belfort et Épinal, Toul et Verdun assuraient une puissante ligne de défense sur la frontière franco-allemande, nous n'avions à peu près rien vers le Luxembourg et la Belgique. Les vieilles forteresses d'autrefois, Lille, Condé, ne pouvaient plus servir sans être remises à neuf. Maubeuge seule le fut en hâte parce qu'elle barre cette grande ligne de la Sambre, si bien indiquée à l'ennemi : îlot minuscule que l'océan d'une invasion aura vite fait de submerger.

L'ULTIMATUM ALLEMAND

Quand Guillaume II eut décidé la guerre, il fit immédiatement avancer ses troupes vers le Luxembourg et vers la Belgique. Le Luxembourg est moins grand qu'un département français. Il n'avait pas d'armée ; il ne pouvait rien contre l'envahisseur; d'ailleurs la grande-duchesse était d'origine allemande. Le Luxembourg protesta pour la forme auprès du gouvernement français et auprès des gouvernements étrangers.

La Belgique avait à peine 200 000 soldats contre les 2 millions qui s'avançaient; l'empereur demanda l'autorisation de traverser simplement le territoire pour conduire ses armées en France : on ne ferait aucun mal et tous les dommages causés seraient remboursés. La proclamation du général Emmich commandant l'avant-garde était flatteuse : « Belges, vous êtes un grand peuple, frère du nôtre.... Nous venons avec les intentions les plus amicales.... Nous respecterons scrupuleusement vos biens, vos propriétés, vos existences.... »

Accepter, c'était conserver la paix et la tranquillité. Refuser, c'était aller au-devant d'un désastre sans nom. Il y eut conseil toute la nuit. Le roi répondit : « Le gouvernement belge, en acceptant les propositions qui lui sont notifiées, sacrifierait l'honneur de la nation, en même temps qu'il trahirait ses devoirs vis-à-vis de l'Europe ». Le lendemain il dit au Parlement : « Nous pouvons être vaincus, jamais soumis ». Toute la nation pensait comme son roi.

Ainsi, à quelques jours d'intervalle, deux des plus petits États de l'Europe, la Serbie et la Belgique, avaient préféré l'honneur à la vie. C'est un des plus beaux traits de cette guerre — un des plus consolants pour l'humanité. Alors que ces colosses, l'Allemagne, l'Autriche, au comble de la puissance et de la prospérité matérielle, lâchent toute bride à leurs passions mauvaises, accomplissent, après l'avoir mûrement prémédité, le plus monstrueux crime de la force, ce sont les faibles qui se jettent en travers : « Mourir plutôt que vivre déshonorés ».

Que les ruines s'accumulent, que les souffrances, que les cadavres

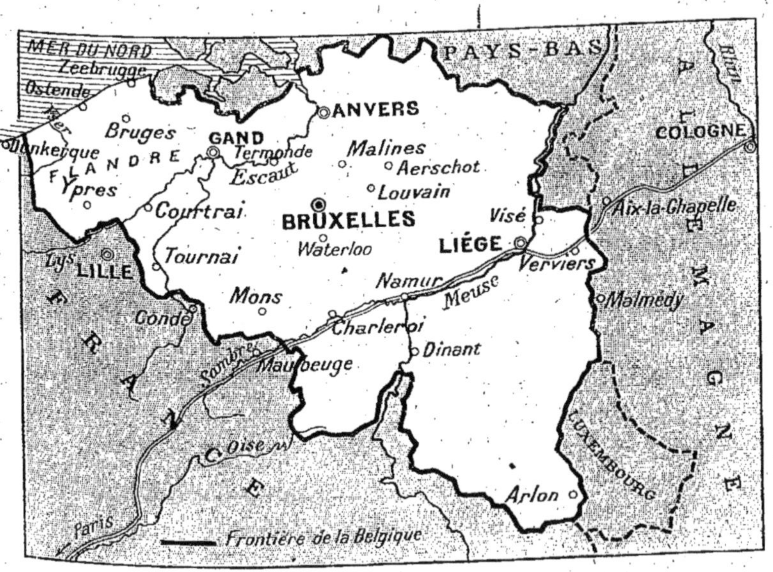

CARTE DE BELGIQUE.

s'ajoutent aux souffrances et aux cadavres, la noblesse de la nature humaine sera préservée, un germe de vie et de grandeur sera donné aux générations futures.

La France aussi, simplement, avait déclaré qu'elle tiendrait sa parole d'alliée envers la Russie, et l'Angleterre voulut également faire honneur à sa signature. Son ambassadeur alla trouver le chancelier allemand :

« Nous ne pouvons laisser attaquer la Belgique, nous nous sommes engagés à la défendre.

— Bah ! un traité, qu'est-ce que cela? Un chiffon de papier. On le déchire quand on n'en a plus besoin. »

Voilà l'honneur de l'Empire allemand qu'a créé Bismarck.

Comme la France et la Belgique, comme la Serbie et la Russie, la Grande-Bretagne pensa que sa signature n'était pas un « chiffon de papier ». Et elle entra dans la guerre.

L'Italie en fut révoltée. Alliée de l'Allemagne et de l'Autriche, elle s'enfuit aussitôt de cette bande de malfaiteurs. Les autres pays se contentèrent de proclamer leur neutralité. Plusieurs parmi eux avaient signé les traités de 1839 et 1867, avaient signé les conventions de la Haye qui allaient bientôt aussi être toutes violées; mais ils ne se soucièrent point de demander le respect des engagements solennellement pris, — beaucoup sans doute ne le pouvaient pas, — et ils s'abstinrent.

LA BELGIQUE ENVAHIE

Il est certain que la Belgique ne pouvait pas arrêter les armées allemandes. Elle fit de son mieux; sa résistance est digne des plus grandes pages de l'histoire. Ses soldats improvisés se conduisirent en héros; ses généraux et son roi en habiles capitaines. La résistance des places fortes, Liége, Namur, plus tard Anvers; la retraite triomphante de son armée, qui défendit le terrain pas à pas, ne cessant de combattre sans jamais se laisser envelopper, coûtèrent à l'ennemi des pertes énormes et retardèrent sa marche. Les Français et les Anglais purent s'organiser; peut-être le sacrifice de la Belgique sauva-t-il Paris et un tiers de la France. Nous aurons pour les Belges une reconnaissance éternelle.

Cl. Alexandre.
LE ROI DE BELGIQUE ALBERT Ier.

Leur calvaire commença dès le premier jour de l'invasion et il fut atroce.

Il fallut subir la peine cuisante de voir tout le sol national pendant de longs mois aux mains d'un vainqueur orgueilleux et arrogant, les postes, les chemins de fer, les écoles, tous les services dirigés par lui. Plus d'un million de Belges, fuyant devant l'invasion, dénués de tout, sans argent, sans vêtements, vinrent demander asile à la France, à la Hollande, à l'Angleterre. Oh! ces réfugiés! leurs yeux longtemps hagards des horreurs qu'ils avaient vu commettre! Ces longues théories de malheureux, hommes, femmes, enfants, vieillards impotents, allant devant eux, par les routes, hier heureux, riches, tranquilles, aujourd'hui misérables, sans linge et sans pain!

Le gouvernement et la famille royale durent quitter la capitale, Bruxelles, pour se retirer d'abord à Anvers, ensuite à Ostende, enfin en France, où le gouvernement de la République les installa en toute souveraineté au Havre. La reine Élisabeth conduisit ses enfants en Angleterre et revint prodiguer aux blessés ses soins, sa sympathie, sa douceur. Le roi Albert ne quitta pas l'armée, reformée à mesure qu'elle s'épuisait, et qui, elle du moins, put rester sur le sol belge, dont elle défendit victorieusement, appuyée à l'Yser, le dernier coin indépendant.

Cl. Alexandre.

LA REINE ÉLISABETH.

Albert Ier, par son courage tranquille et simple, par sa sollicitude envers ses hommes, se révéla comme un des plus beaux types de souverain et un des plus grands rois de l'histoire.

On le voyait partout où il y avait du danger, partout où il pouvait être utile, partout où sa présence pouvait apporter un réconfort aux troupes. Rencontrant une patrouille qui allait renforcer des sentinelles le long de la côte, il disait :

« Bonjour camarades. »

Les hommes répondaient simplement :

« Bonjour, Sire »; ceux qui n'étaient pas au courant de l'étiquette disaient même :

« Bonjour, Roi ».

Une fois, près de l'Yser, un officier français, percé de plusieurs coups de baïonnette, s'était évanoui une partie de la nuit. A son réveil, il vit deux officiers belges, une lanterne à la main, qui le soutenaient et lui faisaient avaler un cordial. Ils le pansèrent, et avec mille précautions le portèrent à une automobile voisine. L'un des officiers était le roi, et l'automobile était sa propre voiture.

LE MARTYRE D'UN PEUPLE

Les Allemands avaient prévu minutieusement pour cette guerre tout ce que le calcul peut déterminer; ils connaissaient le nombre de soldats, de fusils, de canons des Français et des Russes, toutes les routes par où l'on passe, tous les ponts, tous les viaducs, tous les tunnels, tous les dépôts d'armes. Mais, habitués à ne croire

RUINES DE LOUVAIN.

qu'à la force matérielle, ils n'avaient nulle idée des forces morales qui font l'âme des peuples.

Ils avaient cru que la Belgique se soumettrait sans combat. Quand ils la virent résister, ils entrèrent en fureur, et pour la terroriser, ils se livrèrent à d'abominables vengeances.

Les *prisonniers* qu'ils firent furent odieusement maltraités.

« Au château de M. Bauduin à Lubbeck, les Allemands ont brûlé vif un fantassin belge en l'enfournant dans un four à pain »; des débris d'équipement militaire restèrent longtemps sur la place. A Esneux, quatre Belges, fuyant devant les ennemis supérieurs en nombre, entrent dans une maison et agitent par la fenêtre un mouchoir blanc, en signe qu'ils se rendent; les Allemands se ruent dans la maison, profèrent des jurons affreux, prennent les armes que leur tendent les prisonniers, poussent ceux-ci dans un angle des murs et les massacrent à coup de fourches.

LES RUINES D'YPRES. LE VIEUX BEFFROI.

Les *populations civiles* virent avec stupeur ces hordes, pires que les Huns du ve siècle, tuer et supplicier avec des raffinements de cruauté les vieillards, les femmes et les enfants. Dès leur entrée en Belgique, à Visé, un peu plus tard à Aerschot, à Termonde, à Dinant, en cent endroits, ils fusillent, ils mitraillent, ils éventrent, ils mutilent; ils coupent les mains des enfants; ils font subir aux femmes et aux jeunes filles d'effroyables violences; ils se complaisent à voir les crispations de la souffrance, à entendre les hurlements de la douleur; ils insultent leurs victimes, ils ricanent au milieu des supplices. Ils pillent, volent, se saoulent, s'empiffrent de mangeaille. Ils poussent lâchement devant eux femmes et enfants, parfois tout nus, quand ils vont au combat, afin d'empêcher les soldats belges de tirer.

Un citoyen neutre hollandais, qui a vu les ruines d'Aerschot en pleine tourmente a raconté ainsi ses souvenirs : « Je sors dans la rue et j'entends derrière moi de déchirants sanglots de femmes. Je vois un groupe d'une trentaine de femmes, jeunes filles et enfants, conduits par des soldats allemands. Je m'approche et je leur adresse la parole : « Pourquoi pleurent ces pauvres gens? » Un soldat me répond : « Ces femmes sont parties avant le désastre. Elles viennent « de chercher leur maison et la trouvent incendiée. — Pourquoi « avez-vous incendié leurs maisons? Ces gens, absents, n'ont pas pu « tirer sur vous. — Ils auraient dû rester. S'ils nous avaient reçu « gentiment, rien de cela ne serait arrivé. — Où les conduisez-vous? « — Dans l'église; elles y coucheront cette nuit. — Où sont les « hommes? — On les emmène à part. — Où? — En Allemagne, je « crois. » Une partie de la population avait déjà été fusillée, parmi laquelle le bourgmestre et un prêtre. » (Grondrijs, *Louvain et Aerschot*, Berger-Levrault, édit.)

Les barbares s'acharnèrent particulièrement — en gens grossiers et jaloux de toute noblesse, de toute supériorité morale et artistique — contre ces admirables villes belges dont les monuments, le passé appartiennent au patrimoine commun de l'humanité.

Le sac de *Louvain* restera dans l'histoire comme un de leurs plus monstrueux attentats. Louvain avait un admirable Hôtel de Ville, une bibliothèque pleine d'ouvrages les plus rares. Louvain était le siège d'une vieille université catholique représentant des siècles de l'âme et de la civilisation belges. — Des soldats ivres, s'y étant pris de querelle dans l'après-midi du 25 août 1914, le général commandant fit chasser les habitants, et ensuite mettre le feu avec tout un savant appareil incendiaire préparé et apporté d'Allemagne à cet effet. Le sac et l'incendie, le vol et le massacre durèrent deux jours. Perte lamentable et irréparable! *Ypres*, très grande cité au moyen âge, conservait de sa splendeur passée des monuments incomparables, dont la célèbre Halle des Drapiers. Les Allemands ne purent y pénétrer comme à Louvain, parce qu'elle fut défendue par les alliés; mais ils en approchèrent assez pour détruire à coups de canon ces merveilles artistiques.

Les églises et ce qu'elles contiennent de choses sacrées furent partout profanées, saccagées; les prêtres furent cruellement torturés par les troupes de cet empereur qui n'ouvrait jamais la bouche sans dire :

« Dieu est avec nous ; nous avons l'aide de Dieu. »

Elles portèrent même une main sacrilège sur un prince de l'Église, le cardinal Mercier. Dans les siècles les plus mauvais, l'Église imposait le respect aux Huns. Attila se détournait de Paris sur les prières de sainte Geneviève ; les évêques arrêtaient les barbares du ve siècle en allant au-devant d'eux à la tête de leur clergé, et les papes mettaient fin aux pires violences par la menace de l'excommunication.

L'Allemagne de Guillaume II portera la honte du martyre sacrilège qu'elle a fait subir à la Belgique. Non par excès d'une soldatesque déchaînée ; l'armée germaine était disciplinée. Tout fut voulu, ordonné, préparé, pour montrer au monde épouvanté qu'on ne devait pas résister à la volonté de l'Empereur, et peut-être pour courber plus vite les Belges, pour les faire révolter contre leur roi, pour pouvoir accourir plus tôt à la grande curée de Paris.

Ce martyre s'ajoute à celui de la Pologne, de la Serbie, dû aux Austro-Bulgares, et à celui de l'Arménie, plus épouvantable encore, dû aux Turcs.

ESPION CAPTURÉ PAR DES SOLDATS BELGES.

ALLEMANDS ET KULTUR

> « Je prends d'abord ce qui me convient; il se trouvera bien ensuite quelques douzaines de pédants pour démontrer que cela m'appartient. »
>
> FRÉDÉRIC II, roi de Prusse.

L'IDÉAL GERMANIQUE

Chaque peuple aime à se regarder dans son passé, comme dans un miroir fidèle. Les vertus que nous voudrions avoir, nous les cherchons dans nos héros.

Ceux que nous citons volontiers, nous autres Français, c'est Vercingétorix, se dévouant noblement pour son peuple; Roland qui meurt comme un saint en pensant à la douce France; saint Louis, si juste qu'il rendit de lui-même aux Anglais des provinces dont l'acquisition ne lui semblait pas bien honnête; Bayard, le chevalier sans peur et sans reproche; Jeanne d'Arc, adoptée par le monde entier comme une héroïne de vaillance et de bonté, Turenne, Kléber et Desaix, Hoche et Marceau, types immortels d'héroïsme chevaleresque. Tels sont les miroirs dans lesquels nous aimons nous voir. Aucun peuple n'a une plus longue histoire militaire, et pourtant nous sommes plus fiers d'avoir semé par le monde les idées de justice et de liberté, que d'avoir gagné des batailles.

Sans doute, nous ne sommes pas tous, ni toujours, aussi parfaits que ces modèles. Nos ancêtres l'étaient encore moins. Mais c'est en tenant ainsi les yeux fixés sur un *idéal* que l'on s'en approche, et qu'une nation monte peu à peu, de siècle en siècle, le pénible chemin de la civilisation.

Voyons donc quel est l'idéal germanique, d'après les héros que nos voisins célèbrent le plus, en qui ils se reconnaissent et à qui ils s'efforcent de ressembler. Et d'abord, ce qu'ils veulent par-dessus tout, depuis cent ans, c'est d'être tenus pour de vrais et purs Germains. *Deutschland über Alles*! crie leur chant national ; « l'Allemagne au-dessus de tout ». La race germanique est la première, la race élue de Dieu pour dominer les autres et faire leur éducation. Il faut en expurger tout ce qui vient d'ailleurs et qui la gâterait. Elle se retrempe dans la communion avec ses premiers ancêtres, avec les sectateurs d'Odin et les farouches guerriers du Walhalla, les seuls vrais, les seuls purs, les seuls forts.

Arminius est leur premier héros national. Il a fait triompher le Germanisme en exterminant trois légions romaines surprises par trahison.

Mais sa légende n'approche pas des *Nibelungen*. Ce sont des récits héroïques rédigés vers l'époque de notre *Chanson de Roland*, sur des faits qui remontent au temps d'Attila. Les savants d'outre-Rhin y voient une épopée qui surpasse les plus belles; ils la lisent et l'enseignent avec une admiration toujours renouvelée; elle a formé des générations d'écoliers. Rappelons donc brièvement ce qu'on y trouve.

Le principal héros au début s'appelle Siegfried. Mais, dans la suite du poème, il est vaincu et remplacé par plus féroce que lui. Déjà apparaît l'avidité pour l'or ainsi que le désir de s'en procurer par la violence et la trahison. Siegfried, fils de roi, a été élevé en jeune guerrier parfait. Il est fort, invincible. Pour son premier exploit, il tue ses bienfaiteurs et ravit le trésor merveilleux des Nibelungen, s'empare d'un talisman qui le rend invisible et invincible. A partir de ce moment rien ne lui résiste plus. Loin dans l'Ouest, en Islande, il dompte une princesse qui est une espèce de virago mal dégrossie, Brunehild. C'est le même nom que la Brunehaut franque, de sanglante mémoire; il l'abandonne, puis il va chercher femme plus à l'Est, au centre du vrai germanisme d'alors, à Worms.

Il prête sa force, dans une expédition germanique, au roi Gunther qui le récompense en lui donnant la main de sa sœur, Kriemhild. Gunther lui-même, toujours avec l'aide de Siegfried, ira conquérir et épouser Brunehild.

Brunehild et Kriemhild, comme Frédégonde et Brunehaut, se jalousent et se haïssent.

A Worms, Brunehild persuade son mari Gunther d'inviter à une fête leur beau-frère Siegfried et sa femme, qui depuis dix ans vivent trop heureux dans leur royaume de Xante vers les embouchures du Rhin. Aussitôt qu'ils sont arrivés, la querelle éclate entre les deux femmes, d'abord cachée, hypocrite, puis violente. Il y a là un vrai Germain. Il s'appelle Hagen. Il est le chevalier servant de la reine Brunehild. Il est aussi rusé que fort. Il fait parler la femme de Siegfried, apprend d'elle — déjà l'espionnage! — quel est le point faible du héros; il le tue en trahison, lui prend son trésor. Désormais, lui et sa bande seront les *Nibelungen*.

La veuve, Kriemhild, laisse pendant treize ans fermenter en son cœur la rancune, et elle prépare sa revanche. Elle épouse Eitel, roi des Huns, celui que nous appelons Attila. Attila est pour nous un monstre d'horreur. Aux yeux des Germains, c'est une espèce de Charlemagne bonasse. Il commande à douze rois. Sa capitale est vers le Danube, dans l'Autriche actuelle; il est juste, généreux — en comparaison des Germains de Hagen.

Kriemhild emploie le stratagème dont elle a été victime. Elle fait inviter ses parents de Worms pour une grande fête à la cour d'Attila. Hagen a éventé le piège et se méfie. Il vient néanmoins avec Gunther et ses compagnons. La fête, c'est une orgie énorme, au milieu de laquelle Kriemhild essaie de faire tuer Hagen. Mais dans l'ivresse de la boisson et du sang, Hagen a conservé sa lucidité. Il se défend avec une énergie farouche; il oppose la ruse à la ruse. Il tue les jeunes enfants de Kriemhild. C'est un affreux carnage dans la salle de festin. Enfin il succombe sous le nombre; Kriemhild coupe elle-même la tête de Hagen à bout de forces, et de Gunther son propre frère. Mais Hagen a jeté dans le Rhin le trésor des Nibelungen : personne ne sait l'endroit; il emporte le secret avec lui. En vrai Germain, il a tué, détruit, massacré, et bravé ses ennemis jusqu'au dernier moment : hommes, femmes, enfants, palais, tout est anéanti.

Rappelons-nous les invasions des Vandales, des Huns. Rappelons-nous Frédégonde et Brunehaut, Chilpéric et toutes les tueries des ve et vi^{e} siècles.

Il n'y a dans tous ces récits qu'un sentiment qui relève un peu l'humanité : la fraternité d'armes, mais c'est de la fidélité et de la solidarité entre les plus affreux bandits.

Et voilà les exploits du vrai et pur Germain que depuis cent ans nos voisins proposent à l'admiration et à l'imitation de toute leur jeunesse. C'est avec ces visions dans l'esprit qu'ils se sont déchaînés contre la civilisation contemporaine.

Ce vieux poème fait allemands tous les pays alors connus, ou presque. Territoires actuels de Belgique et Hollande, des îles Britanniques et d'Islande, du Danemark et du nord de la France, et tout le bassin du Danube jusqu'aux confins de la mer Noire. Il faut au Germain tout cela; il doit le reprendre quand il en aura les moyens, et cela explique bien des choses du moment actuel.

Violence et cruauté, haine sournoise et longtemps cachée, besoin de l'orgie et du massacre, appétits grossiers, ambitions sans bornes; tel est le pur germanisme au début de l'histoire — tel nous le retrouvons, hélas, aujourd'hui qu'il faut nous défendre contre lui. Symbole bien caractéristique : un fils de l'empereur Guillaume II se pare encore du nom d'Attila, prince Eitel, et l'on sait qu'il a tâché de le mériter.

L'invasion barbare passa sur l'ancienne Gaule, sur l'Italie, sur l'Espagne, jusqu'en Afrique, et fit son œuvre de mort pendant plusieurs siècles. Personne ne peut dire aujourd'hui les crimes, les vols, les atrocités, les longs esclavages, l'affreuse soumission au vainqueur. « Des peuples innombrables ont envahi la Gaule, écrit tristement saint Jérôme; Mayence est prise et détruite. Reims, Arras.... » Ne croirait-on pas lire les journaux d'hier? Combien ont dû souffrir nos malheureux ancêtres!

LA PRUSSE EN ALLEMAGNE

Mais le ciel et le pays de France, le fond généreux des premiers habitants ont une étrange vertu apaisante et civilisatrice. Ceux des Germains qui sont venus chez nous ont imposé leur joug pendant un temps; puis ils ont été absorbés peu à peu et conquis par des mœurs plus douces. De ces sauvages, nous avons fait des chevaliers; nous avons mis en eux le germe du perfectionnement moral; s'ils sont brutaux et violents encore après plusieurs siècles, du moins ont-ils un idéal moral, une aspiration à des vertus plus hautes. A tel point qu'ils se retournent contre le pays d'où ils sont venus, et qu'ils y portent la civilisation : au moyen âge tout le bassin du Rhin nous prend notre poésie, nos romances de chevalerie, notre art des cathédrales chrétiennes. Le grand Empire allemand est une copie — d'ailleurs assez mal réussie — de l'Empire romain et de celui de Charlemagne.

Le germanisme est-il donc susceptible de civilisation? Hélas! si l'adoucissement des mœurs et les arts lui viennent de l'Occident, là-bas, dans les tristes sables de l'Est, se reforme une barbarie digne de la première, mais plus perfectionnée. C'est l'État de Prusse.

Des princes allemands ambitieux, sans scrupules, vrais Hagen, s'en vont conquérir le Brandebourg, dans la région où se trouve aujourd'hui Berlin. Conquérir, pour eux, c'est détruire, anéantir ce qui vivait avant eux. Sous prétexte de croisade, d'autres font la même chose au delà de la Vistule. Les uns et les autres étaient dignes de se réunir, et en effet ils se réunissent au xve siècle, vers le temps à peu près où finit notre guerre de Cent Ans.

Toute une population slave exterminée. Place nette! Il n'y a plus personne pour se souvenir, pour raconter le crime. Ainsi font les voleurs qui tuent leur victime pour n'être plus gênés ni dénoncés. Ils prirent aux Slaves jusqu'à leur nom. Car le mot Prussiens désignait les anciens habitants du pays. Après avoir détruit, ils repeuplent. Ils appellent des colons de tous les côtés. Mais le prince, bientôt roi, exige une obéissance absolue, de tous, partout. « Obéir sans raisonner. » Sinon les coups, la prison, les supplices. Il a une armée puissante, toujours sur pied, toujours prête. Dans ce gris et froid pays, on ne travaille que pour le prince et pour son armée.

De siècle en siècle, la Prusse grandit sans que les autres États de l'Europe soupçonnent le danger qui monte à l'horizon.

Le reste de l'Allemagne a des soldats aussi et fait la guerre, mais une guerre singulière. Sans idéal national. Des bandes s'organisent — comme autrefois — et pillent, volent, tuent, partout où elles le peuvent, partout où il y a guerre et violence. Chez nous, on appelle ces soldats des reîtres, et ils ont une sinistre réputation. En Allemagne, où aucun prince n'est assez fort pour les mater, ils s'en donnent à cœur joie, pendant cette guerre de Trente Ans, qui amoncellé les ruines et les horreurs. « Guerre à Dieu et aux hommes! » a fait écrire l'un d'eux sur son drapeau. C'est Hagen, pourvu de moyens de destruction plus puissants. Lorsque Schiller, l'un des plus grands poètes allemands, cherchera des héros caractérisant chaque nation, en Suisse, il trouvera Guillaume Tell, en France Jeanne d'Arc; en Allemagne, il ne trouvera que des *Brigands*, et c'est ce titre d'ailleurs bien mérité, qu'il donnera à son poème.

Au milieu de cette Allemagne anarchique, la Prusse fait des progrès continus. Son armée la rend redoutable. Il faut voir ce que sont ses rois, alors que nous avons chez nous Louis XIV et les grands hommes de son siècle! Le roi-sergent, gros, laid, contrefait, presque toujours ivre, bat sa femme, bat ses enfants, bat ses sujets. Il ne sort dans Berlin qu'avec un bâton, dont il frappe autour de lui. Il est d'une avarice sordide. Il porte un habit râpé; sa famille meurt de faim; mais il a de plus hauts soldats que nul autre prince d'Europe. Et il lègue à son fils de l'or, une armée, des maximes sans scrupule. Ce fils, qu'en un jour de colère, il avait condamné à mort, est d'ailleurs un homme de génie : Frédéric II. C'est le Richelieu et le Napoléon prussien. Il gagna des victoires étonnantes, développa toutes les forces vives du pays. Mais quel cynisme! Quelle fourberie! Il se parait des philosophes, des savants étrangers, et le soir, il se livrait aux orgies crapuleuses. Il appelait Voltaire par toute espèce de flatteries, apprenait de lui le français, l'art des vers, et le payait des plus mesquines ingratitudes : « Lorsqu'on a sucé l'orange, on en rejette la pulpe ». Pas plus que ses ancêtres il n'a jamais eu le moindre respect de l'humanité, de la foi jurée; il n'a jamais cru à la générosité, aux vertus désintéressées.

Le reste de l'Allemagne d'alors épanouissait une belle fleur de civilisation : elle eut au XVIIIe siècle des poètes, des artistes, des philosophes : Gœthe et Schiller se placent parmi les grands hommes de l'Europe. La Prusse ne produisit rien en ce sens ; elle travailla, mais aux seuls biens matériels ; elle fit de la politique et s'occupa de son armée.

Arrive la grande crise de la Révolution française. Jusqu'ici notre politique avait favorisé la Prusse. Comme récompense, le premier ennemi qui marcha contre nous en 1792 fut le roi de Prusse. Déjà il voulait prendre l'Alsace et la Lorraine. Battu à Valmy, il fut le premier à trahir ses alliés et à demander la paix. Battue à nouveau par Napoléon après une folle équipée en 1806, la Prusse se distingua par sa platitude. Toutes les villes se prosternaient aux pieds du vainqueur ; les populations l'acclamaient ; un savant découvrit au ciel son étoile, et baptisa une constellation du nom du grand homme, passé demi-dieu.

Il est vrai qu'en 1814 personne ne fut plus acharné contre nous que la Prusse : Blücher voulait anéantir Paris. Toujours ce besoin de destruction.

Aux traités de 1815, la Prusse trompa tout le monde, doubla son territoire, devint notre voisine en deçà du Rhin, et dès lors sa haine fermenta plus spécialement contre nous : haine de jaloux cupide contre plus riche et plus civilisé.

Pendant le XIXe siècle, le prestige de la Prusse s'étend à toute l'Allemagne, et les instincts matérialistes, ambitieux qu'il y a dans le fond germain, étouffent la vraie civilisation un instant apparue au siècle précédent. Les savants retrouvent les Nibelungen, remontent les âges pour chercher à l'Allemagne des titres de noblesse, s'enivrent à contempler la force qu'ils confondent avec la grandeur. Le Bismarck de 1864 et 1870 astucieux, cynique, brutal, mais puissant, est bien leur homme, celui qui les mène et avec qui ils prétendent mener le monde.

LA KULTUR

Les Germains ont appelé leur civilisation la « Kultur », qu'il faut prononcer : Koultour. Le nom lui restera comme un châtiment mérité.

La kultur se compose d'abord de prospérité matérielle. Jamais peut-être un pays ne s'est enrichi aussi vite que l'Allemagne depuis 1870. Favorisé par les milliards de rançon que nous lui avons donnés après la guerre, par les mines de houille et de fer, par les

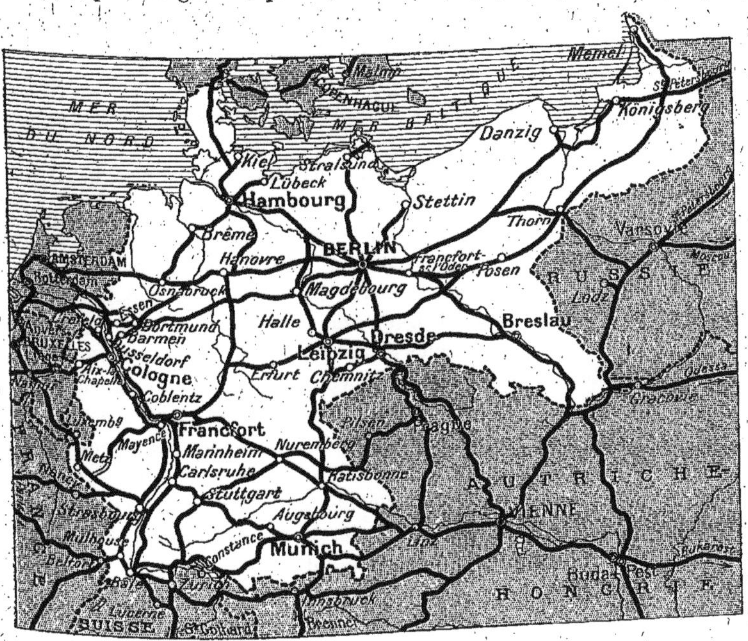

L'ALLEMAGNE. — CHEMINS DE FER STRATÉGIQUES ENTRE LES FRONTIÈRES DE L'EST ET DE L'OUEST.

forces accumulées grâce à l'instruction populaire et scientifique, par la discipline et l'esprit d'organisation, l'Empire allemand vit en 40 ans son commerce extérieur passer de 4 milliards à 24, la production de ses mines de houille de 30 millions de tonnes à 160; sa marine marchande, qui était presque nulle, dépasser celle de la France; ses colonies, qui n'existaient pas, couvrir 3 millions de kilomètres carrés, six fois notre territoire. Dans le même temps sa population passait de 40 à 67 millions d'habitants. En 1870, la France et l'Allemagne avaient à peu près le même nombre de conscrits, 300 000; en 1915, l'Allemagne pouvait en lever deux fois plus que nous.

L'Allemagne industrielle copie tout, frabrique tout. Elle a des usines innombrables, un outillage tout neuf et formidable. Ses commis-voyageurs sont partout, d'abord gueux, mais instruits, ayant jeuné, obséquieux, sachant se plier à tout; puis orgueilleux, d'un orgueil de parvenus. Ils prennent tous nos modèles, ils vendent des articles de Paris venant de Berlin, du cognac fabriqué à Cologne — et ils disent que c'est le seul vrai — du vin de Bordeaux fabriqué à Hambourg. Mais ils savent gagner le client et ils nous supplantent sur tous les marchés.

Cela n'est d'ailleurs qu'une façade. Ils ont pris l'extérieur, le côté matériel de la civilisation. Kultur. Voyez Berlin la ville du toc. Il y a de grandes maisons, mais la pierre est de stuc. Pas de monuments. Pas d'arts, Rien autre chose que la recherche de l'utilité, du profit, du plaisir matériel, et ambition sans bornes; il faut que tout soit kolossal. L'instruction est très développée. L'Allemagne vante partout ses écoles et ses professeurs, exalte ses progrès dans les sciences; mais l'école ne vit pas chez elle d'un idéal de beauté morale, elle ne cherche pas à élever l'âme, à affiner l'esprit; elle n'est qu'un moyen de rendre plus puissantes les usines, plus prospère le commerce. Les professeurs les plus fameux ne cultivent pas la science désintéressée, ils exploitent leurs découvertes pour gagner de l'argent. La notion du bien et du mal, du juste et de l'injuste, disparaît devant cette kolossale avidité.

Dès le commencement de la guerre, on voit les 93 savants les plus réputés de l'Allemagne, ceux que le monde avait appris à estimer à cause de leurs travaux, nier contre toute évidence les atrocités commises par leurs troupes en Belgique. Il s'agit de choses certaines, que l'on peut constater, vérifier. N'importe, tous répètent : « Ce n'est pas vrai! » Le mensonge aussi devient kolossal, lorsqu'on le croit utile. Kultur!

Ils accaparent même Dieu pour leur profit. L'empereur Guillaume parle de son « vieux Dieu allemand »; il le traite avec familiarité; il l'enrôle de force pour l'aider dans la réalisation de ses projets. A la vérité, quand il s'adresse aux Turcs, il met de côté pour un instant le vieux Dieu allemand, et il invoque Allah; il se fait appeler Hadj Mohammed Guilhoum. Ce serait d'un grotesque « kolossal », si l'on ne sentait tout autour l'œuvre de domination et de mort. Kultur! Et avec cela un pédantisme étonnant. Cette kultur, ils ont la prétention de l'imposer au monde; leurs philosophes le disent nettement. Fichte voit dans l'État prussien « l'éducateur du genre humain ». Scharnhorst se vante d'avoir « imprimé pour jamais à l'armée prussienne le caractère d'une véritable kultur ». « Le triomphe de cette kultur serait celui de Dieu sur la terre, et la défaite de la bande à Satan. » (Cette aimable désignation est pour nous.) Novalis enseigne que l'Allemagne devance tous les autres peuples dans la kultur; Schelling, que le destin de l'Allemand est l'immortel destin de l'homme; Frédéric Schlegel, que l'Allemand est l'éducateur providentiel de l'humanité; Th. Lange, que les Allemands sont destinés par Dieu à être la férule qui guérit tous les autres peuples dégénérés.

L'éducation à la prussienne; la férule du roi-sergent et de Bismarck; tous les autres peuples travaillant pour le peuple supérieur et élu de Dieu, qui est le Germain, et qui les dirige tous : voilà l'avenir réservé au monde! Le sort qu'auraient ces peuples esclaves, on le voit dès le commencement de la guerre par le traitement infligé aux pays envahis. Encore ici, on peut croire que les Allemands veulent se faire craindre, qu'ils veulent forcer les habitants à fuir, et les détruire pour mettre des leurs à la place; mais cette kultur, cette instruction militaire célébrée par Scharnhorst, voyons la dans la réalité. Le haut commandement allemand fait la guerre sans se soucier des pertes en hommes; il fait attaquer en masses profondes, qu'il croit irrésistibles, et qui sont fauchées par l'artillerie; comment obtient-il la marche en avant?

« Soudain nous vîmes apparaître, écrit un des nôtres, se dirigeant sur nous, une cinquantaine de soldats prussiens. Ils s'avançaient lentement, en rangs serrés. Les silhouettes se distinguaient à peine. Nous attendions pour tirer qu'ils fussent plus près. A un moment, l'un d'eux se détacha du groupe, les bras en l'air. Une détonation. Il tombe. « Feu! » commande notre lieutenant. Ils furent abattus jusqu'au dernier. Ils étaient restés immobiles, offrant leurs poitrines à nos balles. Cela était bien étrange! En passant près des cadavres, pour aller prendre la tranchée, nous sentîmes une odeur de pharmacie. C'était de l'éther. Ces soldats étaient sacrifiés. La veille, les Français leur avaient infligé une retraite. Les officiers du Kronprinz, voulant faire un exemple, en avaient choisi cinquante, qu'ils envoyèrent ainsi à la mort, après les avoir d'abord saoulés d'éther, pour qu'ils ne se révoltent pas! »

Bien souvent leur apparente bravoure fut due ainsi à l'éther ou à l'alcool.

Aux environs de Longwy, dès les premiers jours de la guerre, pendant l'occupation, quelques soldats allemands se présentent un jour chez un fermier. Ils se déshabillent jusqu'à la ceinture et commencent à se laver à l'eau fraîche. Survient un autre détache-

LES ANGLAIS FONT BONNE GARDE CONTRE LES ESPIONS : TOUTE AUTO QUI PÉNÈTRE DANS LEUR ZONE D'OPÉRATION EST ARRÊTÉE, LES CHAUFFEURS INTERROGÉS ET FOUILLÉS.

ment commandé par un sergent et qui avait un billet de logement pour cette ferme. Les premiers s'excusent. Le sergent, sans même leur répondre, saisit sa cravache, et en frappe jusqu'au sang leurs torses nus. Pas une plainte. C'est la discipline prussienne étendue à toute l'Allemagne. Kultur!

Ainsi courbés sous le fouet, ils amassent cette rancune que le Germain peut couver si longtemps; ils se vengent sur les gens sans défense, sur les prisonniers, sur les populations civiles. Ils ont du courage, ils savent organiser, la discipline donne à l'armée et à toute la nation une force énorme. Peut-être. Mais quelle grossièreté! Quelle arrogance des moindres chefs! Quel mépris de la vie et de la dignité humaines! Voici le texte d'une affiche posée à Reims en septembre :

« Afin d'assurer la sécurité des troupes, et afin de répondre du calme de la population, les personnes nommées ci-après ont été prises en otage ; elles seront pendues à la moindre tentative de désordre. La ville sera entièrement ou partiellement brûlée et les habitants pendus si une infraction quelconque est commise. »

Kultur!

Et ils s'étonnent ensuite qu'on ne les aime pas! « Une vague de haine s'est levée contre le peuple de kultur, gémissent leurs journaux. L'univers entier se ligue contre la grande Allemagne! » L'empereur Guillaume, dans un télégramme célèbre, parle de « l'universelle conspiration d'envie et de convoitise » contre la pauvre et sainte Allemagne!

Et en effet on ne les aime nulle part. On les redoute. Et on les déteste, même là où l'on n'a rien à craindre d'eux. Ils voudraient récolter l'amour, et ils ont semé la haine. Un de leurs principaux chants de guerre a pour refrain :

« Maintenant, ô Allemand, hais! »

Voici la traduction d'un autre :

Pour y prêter serment,
Les yeux dans les yeux,
Un serment de bronze
Que le souffle d'aucun vent n'emportera,
Un serment pour nos enfants et les enfants de nos enfants,
Entendez cette parole
Répétez cette parole.
Qu'elle roule au loin à travers toute l'Allemagne :
Nous ne voulons pas abandonner notre haine.
Ensemble nous aimons, ensemble nous haïssons.
Nous tous n'avons qu'un seul ennemi
Nous tous n'avons qu'un seul ennemi.
Angleterre! Angleterre! Angleterre!

Le Français est leur ennemi héréditaire.

Le Russe plus encore.

Où donc avaient-ils des amis?

PRÉPARATION, ESPIONNAGE

S'ILS veulent asservir le monde, reconnaissons qu'ils préparent soigneusement leurs moyens. Ils ont la plus formidable armée qui ait jamais existé, jusqu'à 900 000 hommes sur pied en temps de paix, dix fois plus en temps de guerre.

L'EMPEREUR GUILLAUME II.

LE CHANCELIER BETHMANN-HOLLWEG.

« C'est pour nous défendre», disent-ils, alors que personne ne songe à les attaquer. Cette armée est équipée et instruite supérieurement, toujours prête à entrer en ligne du jour au lendemain avec ses réserves. Quand les journalistes américains, venus à ce grand et terrible spectacle, la verront défiler sur les routes de Belgique et de France, ils seront saisis d'une admiration étrange devant ces innombrables bataillons vêtus et chaussés de neuf, qui marchent en cadence au pas de parade, droits, lourds, sûrs, accompagnés de chants et de musique. On dirait un monstrueux serpent gris-vert, déroulant ses anneaux sur la route pendant 80 kilomètres! C'est la grande invasion qui se renouvelle au bout de quinze siècles, irrésistible. Mais elle traîne cette fois l'armement moderne, les innombrables et effrayantes pièces d'artillerie de Krupp, l'infernal Vulcain allemand.

LE GÉNÉRAL KLUCK.

LE MARÉCHAL HINDENBURG.

Cette armée, Guillaume II la prépare de longue date, la couve avec amour, l'augmente chaque année. Il n'a pas manqué une occasion de lui rappeler qu'il faut « tenir sa poudre sèche, et son épée aiguisée ». Quand les amis de la paix — Russie, France, Angleterre en tête — ont proposé un congrès à la Haye, les Germains sont venus, mais ils ont déclaré qu'ils se trouvaient fort bien ainsi, qu'il n'y avait pas à diminuer les armements. Et même ils ont augmenté les leurs d'un tiers: ce fut leur réponse aux généreuses tentatives des peuples et des rois humains.

D'ailleurs, une armée de terre ne suffit pas.

« Notre avenir est sur l'eau », a déclaré Guillaume. L'armée, c'est pour écraser la France et la Russie; mais il faut aussi abattre l'Angleterre. Il faut posséder en face d'elle toutes les côtes de la mer du Nord, celles de la Hollande, de la Belgique, de la France

SI HABILES QUE SOIENT LES ESPIONS ALLEMANDS, ON LES DÉCOUVRE SOUVENT, ET NOS BRAVES TROUPIERS LES EMMÈNENT PRESTEMENT PAR UN CHEMIN QU'ILS NE DOIVENT PAS VOIR.

Nord-Ouest : Rotterdam, Anvers, Calais, et sans doute le Havre, marquent les grandes routes vers l'Amérique, vers le vaste monde; donc cela doit être allemand, et une puissante flotte de guerre s'organise. La plus grande armée, tout de suite; la plus grande flotte un peu plus tard : voilà les instruments. Pour faciliter la tâche, l'espionnage.

L'espionnage, c'est un des rares domaines où de lui-même le Germain atteint sans effort à la perfection. Partout ailleurs il n'invente pas, il imite, il copie. Ici, il est maître du premier coup, tant c'est dans son génie. Hagen ne s'est attaqué à Siegfried qu'après avoir tiré de sa femme le secret qui devait le perdre ; le héros était vulnérable à l'épaule. A frapper par derrière, on court bien moins de risque.

« Nous sommes invincibles, dira un grand chef allemand. Nous avons notre artillerie lourde et nos 18 000 espions. »

On sait, hélas! combien cet espionnage fut méthodiquement organisé avant 1870. Le premier fond est resté; mais il a été considérablement agrandi et perfectionné depuis. Certes, chaque peuple se renseigne sur les préparatifs militaires et les forces du voisin. Ce service de renseignements est important, et d'ailleurs dangereux pour ceux qui l'exercent. Mais il y a des usages que l'on observe entre gens honnêtes et civilisés. Aux Germains, tout est permis.

L'empereur Guillaume est invité par son cousin le roi d'Angleterre. Il vient, et amène avec lui son chef de l'espionnage, fort habile homme, qui sait mettre à profit l'hospitalité royale. Quand, pendant la guerre, les zeppelins voudront jeter des bombes, il ne se tromperont pas, et atteindront juste la résidence royale de Sandrigham, d'où, heureusement le roi et sa famille viennent de partir.

Contre la Belgique, la France, la Russie, bien entendu, l'espionnage est pain béni. Toutes nos usines, tous nos ponts de chemin de fer sont repérés avec soin.

Il faudra un jour prendre Maubeuge, place forte du Nord, Saint-Mihiel, autre place forte de l'Est, bombarder Paris. Les très gros canons ne peuvent fonctionner sur la terre, sur une route ordinaire : si lourds ils enfonceraient; on devra donc les placer sur une plate-forme de béton : les facilités de la paix conviennent pour cela.

Qui se méfierait de cet honnête et bonasse industriel allemand, qui achète pour un bon prix ce terrain sans grande valeur et veut y construire une usine? Il paye comptant. Il est doux, poli, convenable avec tout le monde. Il commence à construire. On se moque un peu de lui : « Une usine, ici? Pourquoi faire, grands Dieux! » Lui-même reconnaît que la place n'est pas bonne, et au bout de quelque temps, les travaux cessent. Du matériel inemployé, des gravats restent dans la cour. Mais l'Allemand ne se presse pas de revendre.

Dès les premières semaines de la guerre, l'armée allemande passera par là. Les gros canons Krupp s'installeront sur une belle plate-forme, solidement bétonnée que recouvraient les gravats de la cour, et d'où les positions et les distances des forts sont soigneusement repérées; conséquence, Maubeuge tombera d'une façon fou-

CE COLPORTEUR BIEN GRIMÉ N'EST AUTRE QU'UN OFFICIER DE L'ARMÉE ALLEMANDE.

droyante. Paris eût tombé de même s'ils avaient pu approcher.

Nul doute qu'une préparation semblable existait contre Amiens, Dunkerque, Calais, peut-être contre Rotterdam en Hollande, contre les villes de la côte anglaise où l'on eût pu débarquer.

Mille autres exemples seraient à citer. Et les terrassiers de nos forts, et les ouvriers électriciens ou chimistes qui se glissaient dans nos usines militaires, et les portiers ou garçons d'hôtel, et les gouvernantes dans les familles riches, dans les villes de garnison, qui flairaient et découvraient tous les secrets, aussitôt envoyés à Berlin. Des officiers allemands déguisés exercent les métiers en apparence les plus inoffensifs de colporteurs, bergers : vienne la guerre, ils signalent nos mouvements à leurs troupes.

Ce service était d'une perfection étonnante.

A Longwy, pendant l'occupation allemande, une petite fille va chercher de la viande à la boucherie. Le boucher peste contre son couteau qui ne coupe pas. L'enfant dit en plaisantant : « Il couperait assez pour la tête à Guillaume ». Personne n'a vu le mouchard, et cependant le propos est rapporté aux Allemands. Six mois de forteresse pour la petite imprudente!

L'espionnage ne s'arrête nullement aux pays ennemis. Il faut prévoir la guerre avec tout le monde. Il faut se préparer contre tous. Il sévit jusqu'aux États-Unis. Le consul allemand de New-York et son secrétaire Schultz sont convaincus d'avoir suborné un employé pour obtenir des documents secrets d'une compagnie maritime. Des diplomates! C'est-à-dire des représentants officiels du pays, qui, par nature, sont insoupçonnables!

Sur la côte de Hollande, pays garanti par la neutralité, un navire allemand, tranquille au port, fait des signaux de télégraphie sans fil aux dirigeables et aux sous-marins jusqu'à ce que les autorités l'obligent à cesser.

L'Allemagne se prépare même contre ses amis. Elle était, avant la guerre de 1914, alliée à l'Italie. D'innombrables Allemands en profitèrent pour monter des usines aux frontières, et des hôtels partout, pour s'établir aux bons endroits de Naples et de Venise.

La guerre venue, pour empêcher les Italiens de regarder de trop près ce qui se passe en Europe, ils leur créent des difficultés en faisant révolter leur récente colonie de Tripoli. Deux wagons de bière avaient été expédiés de Berlin à l'adresse d'un commissionnaire à Tripoli. En passant à Venise, les fûts sont transbordés du chemin de fer au bateau. Un employé s'étonne du bruit spécial qu'ils font en roulant. On écoute de plus près, on ouvre un fût. Il contenait 6 fusils avec leurs munitions. Il y avait 92 fûts semblables. C'était un cadeau fait aux Arabes de Tripoli pour les armer contre leurs nouveaux maîtres italiens.

LE PORT DE DAR-ES-SALAM EN AFRIQUE ORIENTALE ALLEMANDE.

LES COLONIES ALLEMANDES
LE PANGERMANISME

... « Aussi loin que résonne la langue allemande
Là est la patrie, ô Allemand. »
CHANT ALLEMAND.

« L'Empire n'est pas un corps politique enfermé dans des limites territoriales; il est partout où les intérêts économiques allemands étendent leurs tentacules. »
LAMPRECHT, célèbre historien allemand.

HISTOIRE DES COLONIES ALLEMANDES

Longtemps il avait paru que les seuls pays ayant une importance coloniale étaient la Grande-Bretagne, la France, la Russie, la Hollande. Bismarck dédaignait les colonies, pour lesquelles il ne voulait pas donner *les os d'un grenadier poméranien.*

Mais vers la fin du XIXe siècle, les Allemands acquirent au delà des mers des possessions qui méritent attention. Venus après les autres peuples, ils trouvèrent les meilleures terres déjà occupées, ils réclamèrent d'autant plus âprement ce qui restait, et ils profitèrent des expériences faites avant eux.

Quelques comptoirs allemands avaient été fondés autour de l'Afrique : 1° sur la côte Atlantique, vers le sud, Lüderitz, au fond de la baie du même nom; 2° le Cameroun, au nord de notre Gabon; 3° le Togo, à côté de notre Dahomey; 4° sur la côte de l'océan Indien, Dar-es-Salam, en face de l'île de Zanzibar; 5° dans l'océan Pacifique, quelques points de la Nouvelle-Guinée et les îles Marschall.

Ces comptoirs, l'Empire les prit sous sa protection en 1883 et 1884. Puis on fit dans toute l'Allemagne une propagande vigoureuse en faveur du développement colonial : soirées, conférences, brochures, journaux, écoles, tout fut utilisé, même la chanson et les cafés-concerts, pour mettre les colonies à la mode. Lorsque Bismarck, qui refusait de détourner les yeux de l'Europe, eut quitté le pouvoir, le mouvement colonial devint plus actif. En 1898, l'Empire allemand loua à bail pour quatre-vingt-dix-neuf ans la baie de Kiao-Tchéou en Chine; en 1899 il acheta à l'Espagne les îles Mariannes et Carolines de l'océan Pacifique; il obtint de l'Angleterre et des États-Unis la reconnaissance de sa domination sur la plus grande partie des îles Samoa.

Puis il jeta son dévolu sur le monde musulman : la Turquie, le Maroc.

Il y eut quelques révoltes en 1904 et 1905 dans le Sud-Ouest africain et dans l'Est africain; on dut envisager des expéditions assez coûteuses; l'opinion n'était pas encore acquise tout entière à la politique coloniale, et le Reichstag (Chambre des députés d'Allemagne) refusa de voter les sommes nécessaires; mais l'Empereur y tenait; son gouvernement fit dissoudre le Reichstag et créa un ministère spécial des colonies. Depuis lors, la grande majorité des Allemands approuva la politique coloniale et même la politique mondiale (Weltpolitik); des sommes très importantes y furent consacrées; la flotte de commerce et la flotte de guerre prirent un grand développement.

SITUATION ET VALEUR DES COLONIES ALLEMANDES

L'ENSEMBLE des colonies allemandes avait en 1914 une surface d'environ 3 000 000 de kilomètres carrés, six fois la surface de la France, ce qui est un beau domaine pour vingt années d'efforts seulement; le nôtre n'est que trois ou quatre fois plus grand au bout de plusieurs siècles.

Ces colonies étaient peuplées de 11 à 12 millions d'habitants, dont 25 000 Européens. Presque toutes étaient situées à des endroits où elles pouvaient provoquer des difficultés avec la France ou l'Angleterre :

Le Togo, 1 million d'habitants, touche à notre Dahomey; le Cameroun, 2 millions et demi d'habitants, est entre la Nigéria anglaise et l'Afrique équatoriale française sur laquelle l'Allemagne n'a pas manqué, à la première occasion, d'élever des prétentions; le Sud-Ouest africain borde la grande colonie britannique du Cap; l'Est africain allemand — la plus importante, 7 millions et demi d'habitants — s'enfonce comme un obstacle barrant la longue bande britannique qui va du Cap au Nil.

Les colonies océaniennes n'étaient pas autant sujet à querelles; mais Tsing-Tao ne pouvait que gêner la Chine, le Japon et même l'Angleterre.

A l'exception de Tsing-Tao, port de commerce entouré d'un petit territoire, tous ces pays sont situés dans la zone tropicale; les Européens ne peuvent guère s'y établir à demeure fixe. Mais elles ont néanmoins une réelle valeur, et les Allemands étaient en train de leur assurer un développement vigoureux depuis cinq ou six ans.

Le Sud-Est africain renferme d'importantes mines de cuivre, de diamant,

VUE DE LA VILLE DE TSING-TAO.

et il se prête bien à l'élève en grand du bétail gros et petit. Les autres colonies produisent surtout le caoutchouc, le coton, si importants pour l'industrie moderne, et le cacao, dont l'Allemagne consomme depuis quelque temps une très grande quantité.

Si l'on compte les dépenses faites par l'État et par les particuliers, celles des compagnies de navigation et de chemins de fer, on trouve au total que deux milliards de francs environ ont été employés en vingt ans pour la mise en valeur de ces colonies. Sauf pour les mines, il n'y avait pas encore de grands bénéfices, mais c'était un placement d'avenir.

Il est bien remarquable que la longueur des chemins de fer construits, qui était de 480 kilomètres seulement en 1904, ait passé à 5 000 kilomètres en 1913. C'est-à-dire qu'elle a plus de décuplé en neuf ans. Nos chemins de fer d'Afrique se développaient beaucoup moins vite, puisque dans le même temps, ils passaient de 4 200 kilomètres en 1904, à 7 600 en 1913.

Le commerce augmentait aussi très rapidement. Si l'on fait en 1914 une comparaison avec nos colonies les plus voisines, on obtient le tableau ci-dessous :

Afrique orientale allemande.	100	millions de francs par an.
Madagascar (Fr.).	110	—
Cameroun (All.).	70	—
Afrique équatoriale française.	50	—
Togo (All.).	27	—
Dahomey (Fr.).	42	—
Nouvelle-Guinée et dépendances (All.)..	27	—
Océanie (Fr.).	16	—

Enfin la plus petite des colonies allemandes, mais la mieux placée, Tsing-Tao, faisait un commerce annuel de 240 millions de francs. Au total, le chiffre des échanges était pour l'Allemagne de près de 600 millions, et pour la France de 3 200 millions.

APPÉTITS COLONIAUX ALLEMANDS

Cette supériorité que nous avions sur eux, les Allemands ne pouvaient nous la pardonner. Ils portent en tout leurs habitudes de gloutonnerie; ils ne connaissent pas la mesure; ils sont insatiables. Au lieu de se contenter de mettre en valeur leur jardin, ils étaient malheureux à la pensée que le voisin en avait un plus grand que le leur. Le voisin c'était l'Anglais, le Français, le Belge, le Hollandais.

« Un pays, répétaient-ils volontiers dans leurs journaux, doit

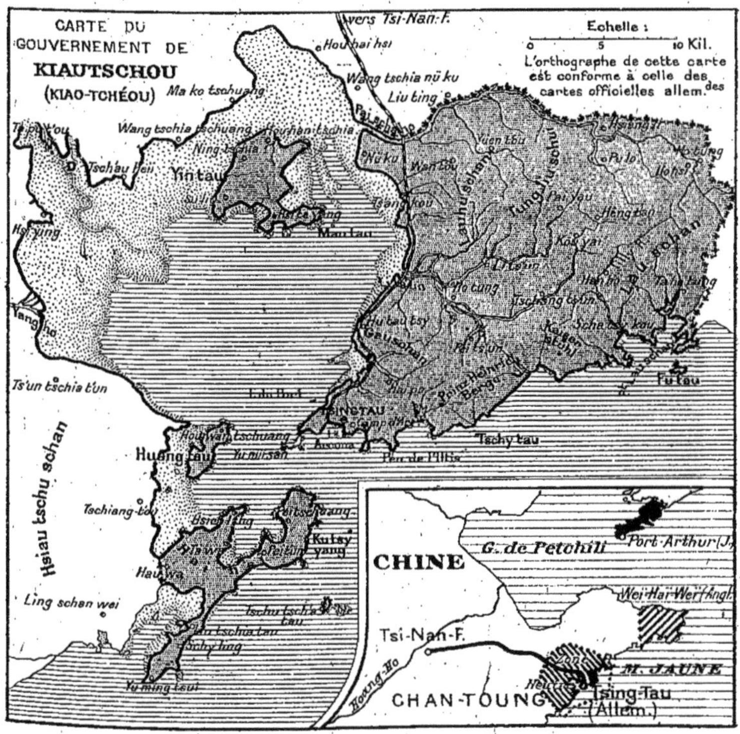

L'ALLEMAGNE EN CHINE.

avoir dans le monde des territoires correspondant à sa force, à sa puissance d'expansion, au chiffre de sa population. Or la France est moins peuplée que l'Allemagne; le nombre de ses habitants reste le même tandis que celui de l'Allemagne augmente très vite; il n'est donc pas juste que la France ait quatre fois plus de place au soleil que l'Allemagne. » De là à l'idée de nous prendre nos colonies, surtout celles de l'Afrique du nord, Algérie, Tunisie, Maroc, les plus belles, les plus riches, il n'y avait qu'un pas. L'idée, lancée depuis plus de vingt ans, avait fait son chemin. Ce fut la cause de la querelle que nous chercha l'Allemagne à propos du Maroc, à propos du Congo, dont elle exigea une partie importante en 1911, et ce fut encore pour beaucoup la cause de la grande guerre de 1914. Dès le début de cette guerre, un ambassadeur allemand aux États-Unis dévoila le plan : en Europe, annexer la Belgique et le nord-ouest de la France pour gagner d'amples débouchés sur la mer du Nord et la Manche; hors d'Europe, prendre à la France toutes ses colonies, et à la Belgique son Congo. Un peu plus tard, on se serait tourné contre l'Angleterre et la Hollande. Le rêve colonial allemand est aujourd'hui bien connu; il ne tendait à rien moins qu'à absorber la plus grande partie de l'Afrique : au nord, les régions fertiles de l'Atlas, Maroc, Algérie, Tunisie; au centre, une large bande allant de l'océan Atlantique à l'océan Indien par l'Est africain allemand et portugais, le Cameroun, le Congo, l'Angola portugais, la région des grands lacs vers les sources du Nil, du Congo et du Zambèze. Les plans étaient faits, les chemins de fer commencés; la guerre devait donner le terrain qui manquait encore.

Bien entendu, l'ambition germanique ne se bornait pas à l'Afrique. L'Asie était attaquée d'une façon méthodique et vigoureuse par les deux extrémités.

A l'est, Tsing-Tao était le point qui devait faire tache d'huile et gagner peu à peu le meilleur de la Chine à l'influence allemande, au commerce allemand, à la kultur allemande. L'endroit est bien choisi : à portée des grandes mines de charbon du Chantoung, que les Allemands devaient exploiter et utiliser pour leur flotte d'Extrême-Orient, entre les capitales du Nord et du Midi de la Chine, d'où il serait facile de surveiller et diriger les nouveaux chemins de fer à construire dans ce pays, d'ailleurs peu éloigné du Japon et même des possessions russes; cela assurait une expansion commerciale pour ainsi dire indéfinie.

A l'ouest de l'Asie, les Allemands étaient déjà plus avancés grâce au *Bagdad*. C'est une grande ligne de chemin de fer, de plus de 3 000 kilomètres de longueur, partant du Bosphore (à Haïdar-Pacha, en face de Constantinople), et devant aller à travers le Taurus, par les fertiles vallées du Tigre et de l'Euphrate, rejoindre le golfe Persique. La politique persévérante et audacieuse des agents allemands à Constantinople, mettait peu à peu l'Empire turc entre les mains du kaiser; et cela sans résistance; les ministres turcs, avides d'argent, incapables d'administrer, se faisaient les humbles valets de l'Allemagne; on l'a bien vu lorsque, pendant la guerre, celle-ci les a forcés, dès qu'elle l'a voulu, à jouer son jeu, sans aucun avantage possible pour leur pays qu'ils conduisaient à l'abîme.

PANGERMANISME

SOMMES-NOUS au bout des ambitions allemandes? Nous allons le savoir en regardant les autres parties du monde.

D'abord l'Europe. Guillaume II disposait à peu près de l'Autriche : l'empereur François-Joseph, âgé de quatre-vingt-cinq ans, sans héritier direct, se laissait depuis bien des années traîner à sa remorque; les ministres autrichiens et hongrois n'avaient guère, vis-à-vis du voisin du nord, plus d'indépendance que les ministres turcs. Là encore la guerre prouva que l'œuvre de conquête était presque achevée : au bout de peu de mois, Guillaume II se déclara généralissime des armées autrichiennes comme des armées allemandes, et il commanda en maître dans la double monarchie. Non seulement les 12 à 15 millions d'habitants qu'il y a en Autriche de race allemande formaient une sorte de colonie prenant le mot d'ordre dans la métropole du nord, mais ils entraînaient avec eux les Hongrois, atteints à ce moment d'une folle crise de germanisme et les autres peuples de la monarchie, Slaves, Roumains et Italiens, qui, soumis à un régime de fer, ne pouvaient se libérer.

Des princes allemands occupaient tous les trônes qui en Europe ont manqué de dynastie nationale : en Grèce[1], en Roumanie, en Bulgarie, en Albanie; en Hollande, en Suède le mari de la reine était allemand.

En Russie, le long de la mer Baltique et du golfe de Finlande, dans la Courlande, la Livonie, il y a des groupements allemands, restes d'une véritable colonisation qui remonte au XVIIIe siècle et même plus loin. L'Allemagne ne cachait pas son désir de les incorporer et d'y ajouter les populations slaves plus nombreuses au milieu desquelles ils vivaient.

Quant aux Scandinaves, que leur origine rattache aux ancêtres

1. Un monarque danois a succédé à un monarque allemand; il a fait ses études en Allemagne; la reine est la sœur de Guillaume II.

germaniques, personne ne doutait en Allemagne qu'ils ne fussent très heureux de se lier au grand Empire par des traités de commerce qui en eussent fait des vassaux obéissants.

Passons à l'Amérique. Au temps où l'Allemagne était pauvre, pendant plus de la moitié du XIXe siècle, plusieurs centaines de mille Allemands émigraient chaque année aux États-Unis. D'abord modestes et sans prétention, heureux de trouver à gagner leur vie, ils ne demandaient qu'à passer pour de paisibles citoyens de l'Union. Mais peu à peu, ils se groupèrent; ils ressentirent, eux aussi, l'orgueil germain; l'on a bien vu pendant la guerre que, moitié atavisme, moitié propagande effrénée venue de l'Allemagne, ils étaient plus Allemands qu'Américains. Quel en était le nombre? une quinzaine de millions environ, soit le sixième de la grande République. C'est évidemment assez peu. Mais groupés en colonie compacte et disciplinée, portant à un moment donné tous leurs efforts et toutes leurs voix d'un même côté, ils pouvaient déterminer la majorité dans les élections et faire marcher le pouvoir à leur volonté. La guerre les a surpris avant que leur organisation fût complète; mais elle a montré le danger pour l'avenir.

L'Amérique du Nord n'était pas seule menacée. Des colonies allemandes d'une certaine importance existaient dans l'Amérique du Sud, principalement au Brésil, et se groupaient comme celles des États-Unis, s'organisaient pour y constituer un foyer de germanisme.

Bon nombre de professeurs allemands enseignaient dans les écoles, dans les universités; d'autres dirigaient l'enseignement à l'allemande. Les commerçants allemands étaient partout; les banquiers allemands avaient trouvé un ingénieux moyen de faire servir l'argent français à leurs desseins : ils l'empruntaient à 3 p. 100 et le prêtaient à gros intérêts. Le Chili et même l'Argentine étaient également sous l'influence allemande, comme la guerre l'a prouvé : grâce aux relations qu'ils avaient nouées, les officiers de la flotte allemande purent se ravitailler au Chili, moitié par force, moitié par ruse, malgré le gouvernement chilien.

Notons que le germanisme, si envahissant, retenait de force en Europe bien des millions de populations qui n'avaient nulle envie d'être allemandes : des Alsaciens-Lorrains, des Belges, des Danois, des Polonais autour de l'Allemagne proprement dite; et autour de

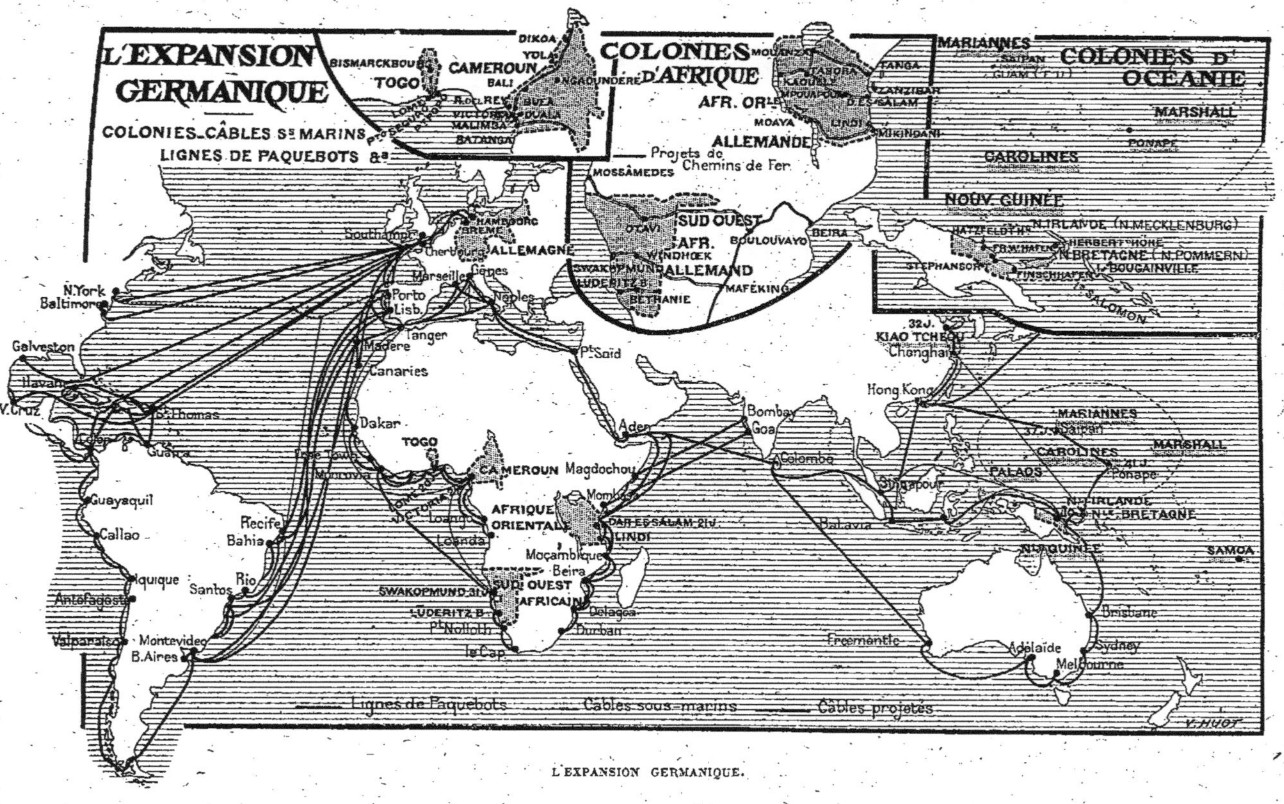

L'EXPANSION GERMANIQUE.

l'Autriche, des Slaves, des Roumains, des Italiens, au total 35 millions d'habitants environ gémissaient dans une servitude très dure.

Il voulait en retenir plus encore. Le Mémoire de la Ligue des Agriculteurs, de celle des Paysans, des Associations chrétiennes, des Industriels, etc., adressé en 1915 au Chancelier de l'Empire sur les conditions de la paix, réclame la Belgique tout entière, un cinquième de la France; il exige que les propriétés, les fortunes passent en des

Cl. Berthelomier.

CE QUI RESTE D'UNE COUPOLE CUIRASSÉE CONTENANT UN CANON ALLEMAND DU FORT DE TSING-TAO.

mains allemandes, et que l'on empêche les habitants ainsi dépouillés qui resteraient dans leur pays natal d'acquérir jamais aucune influence politique.

Le rêve pangermaniste était d'abord de subjuguer l'Europe par le militarisme prussien, très fortement constitué et étendu de la Baltique à la Méditerranée, des Karpathes à la mer du Nord et à la Manche. Cette puissance, prolongée par celles d'autres peuples asiatiques, Hongrois, Bulgares, Turcs, ayant mêmes instincts de violence que les Germains et devenus leurs vassaux, permettrait d'imposer la loi à l'ancien monde. Au delà, les colonies allemandes, le commerce allemand partout prépondérant, et la kultur devaient assurer la domination intellectuelle et matérielle du monde entier, pour le plus grand profit des Germains, qui sont la race élue de Dieu, la « race des maîtres ». Tant de flagorneurs lui ont répété, à ce pauvre peuple allemand, lourd, gourmand, convoiteux, qu'il était « une race de maîtres » : il a fini par le croire; dans l'espoir de le devenir réellement, il a accepté de son empereur et de la caste militaire la plus féroce discipline, espérant se rattraper bientôt aux dépens des vaincus.

Tel fut l'impérialisme germain qui résulta du triomphe de 1870 et qui s'est appelé « pangermanisme ». Au début, le mot pangermanisme signifiait réunion de tous les Allemands, et cela pouvait être légitime; mais chez cette race de proie, il n'y a nul respect du voisin; la force est employée à asservir d'autres peuples, pour les faire travailler à son profit et à la satisfaction de son orgueil. Pangermanisme était le mot, et, les moyens, le militarisme prussien, l'impérialisme allemand. Un « peuple de maîtres », comme conséquence tous les autres peuples sujets.

Sur le même sol, l'histoire a déjà vu un rêve semblable.

Il y a quatre siècles, Charles-Quint avait formé un empire sur lequel le soleil ne se couchait pas; ses desseins étaient aussi vastes que ceux de Guillaume II; ils étaient d'ailleurs plus humains parce que Charles-Quint n'était pas un pur Germain. Ses armées vinrent déjà, envahissant la France, jusque sur la Marne, et déjà sur la Marne, à vingt lieues de Paris, elles subirent une défaite qui préluda à l'écroulement du projet d'asservissement universel.

PAYSANS DE RETOUR A LEUR VILLAGE APRÈS LE PASSAGE DES ALLEMANDS.

SOUFFRANCES DES POPULATIONS CIVILES
L'INVASION

« Il faut que la population souffre. »
« ... Vous devez infliger aux habitants de villes envahies le maximum de souffrances et rendre la guerre si terrible aux populations civiles qu'elles-mêmes supplient en faveur de la paix. »

BISMARCK.

DESTRUCTION. MASSACRES. PILLAGE

UN grand artiste qui est mort pendant la guerre, Saint-Marceau, disait :

« Chaque bombe lancée contre la ville de Reims (c'était sa ville natale) me donne un coup là ».

Et douloureusement il mettait la main sur son cœur.

A tous les Français, le souvenir des cruautés allemandes fait saigner le cœur chaque fois qu'il revient en mémoire.

Il faut pourtant en parler. Il faut que la France se rappelle l'invasion. Elle doit à ses martyrs un pieux souvenir. Elle leur doit, et elle se doit à elle-même de se mettre en garde pour jamais contre de telles horreurs.

La guerre a toujours été considérée comme un des fléaux de l'humanité. Elle traîne avec elle des maux sans nombre. Du moins puisque l'on n'a pas encore l'espoir de la supprimer, a-t-on cherché à la rendre aussi loyale et humaine que possible. Deux adversaires peuvent être amenés à se combattre puisqu'ils représentent des intérêts opposés; mais ils devraient pouvoir continuer de s'estimer, et ils ne devraient faire que le mal inévitable, ne s'en prendre qu'aux guerriers et aux forces militaires de l'ennemi.

A mesure donc que la civilisation s'élevait, il s'est formé une sorte de code de la guerre, code non écrit jusqu'à ces dernières années, bien réel pourtant, que l'on appelait d'un nom vague : « le droit des peuples ».

Les vrais conquérants, César, Alexandre ont fondé plus que détruit. Henri IV laissait passer des vivres à une ville assiégée. Nos grands ancêtres de 1793 se firent aimer presque partout où ils portèrent la victoire. Napoléon ne détruisait rien sans nécessité absolue. Il cherchait l'armée de l'ennemi, non les habitants. Il est entré dans toutes les capitales, dans toutes les grandes villes de l'Europe. Toutes portent le témoignage qu'il les a respectées.

Il était réservé aux Prussiens de déshonorer la guerre. C'est ce qu'ils firent autrefois dans des luttes proprement allemandes; la Saxe en sut quelque chose au XVIIIe siècle. Et ils le firent surtout contre nous. En 1815, sans le czar, Blücher eût détruit Paris. Bismarck a dit cette parole cruelle : « Il faut que la population civile souffre ».

La population civile, c'est-à-dire ceux qui n'ont pas d'armes, qui ne peuvent ni attaquer, ni se défendre : les vieillards, les infirmes, les femmes, les enfants.

Et pourquoi les faire souffrir? Parce que cela démoralise l'adversaire; cela l'oblige à se soumettre plus tôt. Bismarck appliqua férocement sa méthode en 1870 : les bombardements de Strasbourg et Paris en sont les exemples les plus connus, mais non les seuls.

Ces moyens soulevèrent la conscience universelle. On essaya d'empêcher le retour de ces cruautés inutiles. Tous les peuples civilisés se concertèrent, envoyèrent des délégués aux Congrès de la Haye, où certains esprits généreux croyaient même qu'alla s'élaborer la grande paix définitive. La paix, l'Allemagne s chargea de l'empêcher en refusant de diminuer son armée.

Mais son délégué donna solennellement sa parole que l'Allemagn ferait toujours une guerre loyale, humaine, et saurait épargner le non-combattants. Il se plut même à relever cette assurance d'u geste théâtral, à la façon de Guillaume II. Et au nom de celui-ci, signa en 1899, la déclaration de la Haye dont l'un des plus impor tants articles porte que, dans toute guerre à venir, les non-combat tants et leurs propriétés seraient respectés, que les puissances d guerre s'interdiraient de prendre des otages civils.

Hélas! « chiffons de papier » que les traités au bas desquels l'Alle magne a mis sa signature.

Dès le courant de juillet, avant la déclaration de guerre, les jour naux pangermanistes imprimaient que le moment était venu de « briser les os de la France », de la saigner à blanc, de la rayer du nombre des nations, d'en faire ce que les ancêtres Prussiens ont fai du Brandebourg et de la Prusse orientale.

Il s'agit d'un système voulu, préparé et exécuté avec méthode pour anéantir à jamais, précipiter dans le gouffre de l'oubli ce qu fut le peuple français, la civilisation et l'art français.

Voyons quelques exemples parmi les milliers qui sont connus.

D'abord ces Allemands qui se vantent d'être braves, ont trop souvent la lâcheté féroce du malfaiteur qui voudrait tuer sans danger. Ils s'abritent derrière des femmes et des civils pris dans le pays qu'ils viennent de traverser.

C'est un grand journal neutre, par conséquent non égaré par la rancune, qui nous le dit : le *New York Times*. Une attaque allemande était signalée. « Les Français en furent avertis par des cris de femmes. Une compagnie française s'avança alors et entendit les officiers allemands qui disaient : « Ne tirez pas, nous avons des « femmes avec nous ».

« Les Allemands avaient en effet rassemblé toutes les femmes du village, qu'encadrait, en tête de leur troupe, un petit déta-chement.

« Les Français, aussitôt, opérèrent une charge de flanc, déli-vrèrent les femmes et tuèrent les soldats qui les escortaient et qui s'étaient portés trop en avant de leurs colonnes. »

Mais combien de ces malheureuses furent percées de balles françaises!

Cette honteuse pratique de se cacher derrière des femmes et des enfants, d'en mettre aux endroits découverts afin d'empêcher l'ennemi de tirer, les Allemands l'employèrent couramment en

FAMILLES DE FUGITIFS RÉFUGIÉS DANS LA PLEINE FORÊT
ET COUCHÉS SUR UN LIT DE BRANCHAGES.

Belgique, en France, en Pologne, et les Autrichiens en Serbie. Ce ne fut pas le fait de quelques soldats poltrons; ce fut un système voulu par les officiers, donc recommandé ou accepté par le grand État-major et Guillaume II, par celui qui a cru que l'Histoire le placerait à côté d'Alexandre, de César, de Turenne, de Napoléon!

Un autre procédé de guerre consiste à terroriser les populations par les atrocités commises de propos délibéré.

Ils entrèrent à Gerbeviller (Meurthe-et-Moselle) le 24 août. Depuis plusieurs jours la bataille faisait rage, et nos soldats défendaient de leur mieux le sol de la Patrie, ne reculant que pied à pied, suivant les ordres qu'ils avaient.

Dès leur arrivée, les Bavarois mettent le feu aux premières maisons; puis ils font une entrée triomphale, avec chants et musique jusqu'à l'hôtel de ville. Tous les habitants sont cachés dans les caves. L'hôpital des sœurs, plein de blessés, reste ouvert.

Un officier y pénètre, furieux de ce que l'armée française se battait si bien. Arrivé au premier lit, il jette brutalement à terre les couvertures, découvrant un pauvre blessé qui agonisait, et qui tourne vers lui des yeux presque éteints. Il lui met le poignard à la gorge, et s'il ne l'achève pas, c'est que la supérieure de l'hôpital, la sœur Julie, se place fermement devant lui :

« Ici, c'est la maison du bon Dieu, lui dit-elle, on ne fait de mal à personne ».

De chaque lit, il arrache brutalement les couvertures, toujours escorté de soldats armés.

« Des civils ont tiré sur nous! crie-t-il écumant de colère.

— Non, monsieur, répond la sœur Julie, ce ne sont pas des civils, ce sont des soldats en défendant le pont. Si vous mettez chez nous vos blessés, ils seront sacrés; nous les soignerons comme les nôtres, mais promettez-moi d'arrêter ces incendies.... »

« Les Bavarois s'étaient rués partout dans la ville; ils tiraient au hasard, par les fenêtres, par les soupiraux de caves, des coups de fusil sur toutes les personnes qu'ils apercevaient. Ils pillaient tout, enfonçant les portes à coups de crosse. Les rues étaient jonchées de barriques et de bouteilles dont ils buvaient le contenu en poussant des hurlements épouvantables. Tout à coup, je m'aperçois qu'ils jetaient dans les maisons, par les fenêtres, une espèce de filasse enflammée qui faisait en brûlant un bruit de fusée. Bientôt toute la ville brûlait. Il était onze heures du soir. Cet incendie dégageait une chaleur insoutenable; les débris enflammés tombaient partout dans les rues, et la chair grillée des animaux surpris dans les étables répandait une odeur infecte. C'était vraiment une vision d'enfer.

« Les Allemands avaient pris comme otage quarante et un des principaux citoyens de Gerbeviller. Ils les torturèrent à qui mieux mieux. On leur fit planter des pieux après lesquels ils devaient être attachés pendant qu'on les fusillerait. Les soldats passaient devant eux, les insultaient, criant : « Français, capout! » Le curé fut jeté à terre et couvert de boue. » (Récit de la sœur Julie; elle a été décorée de la Légion d'honneur pour sa belle conduite devant l'ennemi.)

Ils pillèrent et volèrent tout ce qu'ils purent. Nombre d'habitants furent asphyxiés dans les caves, d'autres fusillés, éventrés à coups de baïonnette partout où les soldats ivres les trouvaient; les femmes, les enfants, les vieillards odieusement maltraités.

A Vanneroux (Meuse), les Allemands prirent au hasard cinq vieillards, les alignèrent contre un mur et les assommèrent à coups de crosse, sous les yeux des femmes qu'ils firent assister à cet horrible spectacle. Le 25 décembre, quand les Français rentrèrent à Vanneroux, les Allemands enfermèrent 35 jeunes filles dans une maison et ils y mirent le feu en lançant des grenades incendiaires dans le sous-sol. Une des jeunes filles se sauva en sautant par une fenêtre.

Vingt autres bourgs Nomeny, Clermont-en-Argonne, Sermaize, Revigny, etc., des centaines de villages subirent le même sort.

Malgré leur manque de scrupule, les Allemands, un peu plus tard, furent effrayés de la réprobation du monde civilisé, qu'ils sentaient peser désormais sur leur nation. Ils essayèrent de nier. C'est alors que leurs 93 principaux savants, poètes, écrivains, rédigèrent le manifeste où ils criaient à chaque paragraphe : « Ce n'est pas vrai, nous n'avons pas fait cela! »

Lâche mensonge, ajouté à tant de crimes : « Le manifeste des 93 », ou « le manifeste des Intellectuels allemands », comme on l'a appelé, restera un monument de honte pour leur pays tout entier.

Comment peuvent-ils nier? Les faits sont là, tristement éloquents. Ils ont parlé de représailles qu'ils exerçaient contre des francs-tireurs. Tout le monde sait bien qu'il n'y eut pas de francs-tireurs dans cette guerre, que tous les hommes valides étaient mobilisés à l'armée, qu'il ne restait pas un fusil aux mains de la population civile.

Non. Tout cela fut voulu, préparé, afin de jeter l'épouvante, afin qu'au loin devant ces nouveaux Huns, le bruit se répandît qu'il ne restait pas pierre sur pierre où ils avaient passé, qu'ils semaient sur leur route le deuil, la ruine, les tortures. De cette façon le pays serait vidé d'habitants et ils pourraient ensuite le distribuer à leurs soldats comme leurs ancêtres firent autrefois pour les terres du Brandebourg et de la Prusse orientale.

De cette façon tout fuirait devant eux; et les fuyards, cherchant protection dans les lignes françaises, encombreraient l'armée des combattants, paralysant ses mouvements, facilitant la marche allemande sur Paris.

Tout fut calculé. C'est la perfection dans la barbarie, dans l'odieux et la lâcheté.

La même œuvre abominable d'extermination fut poursuivie systématiquement en Belgique, en Pologne par les Allemands, et en Serbie par les Autrichiens.

LEURS CARNETS DE ROUTE

S'il restait le moindre doute, nous avons un témoignage accablant que personne ne peut récuser : c'est celui de l'invasion racontée par les Allemands eux-mêmes. Ils ne pensaient pas que ces récits nous tomberaient un jour entre les mains. Ils ne croyaient pas à une victoire française qui nous vaudrait tant de prisonniers, et ils avaient muni leurs soldats de carnets où ceux-ci devaient inscrire, jour par jour, leur hauts faits. Or, ces carnets de route, nous en avons par milliers, venant des morts et des prisonniers; ils s'accordent terriblement avec les récits de nos populations martyres, avec les lamentables ruines de nos villes et de nos villages. Voyons-en quelque-suns :

« ... Nous avons ainsi détruit huit maisons dans un village des Ardennes, avec les habitants. On a tué à la baïonnette, dans une maison, deux hommes avec leur femme et une jeune fille de dix-huit ans. La petite a failli m'attendrir. Mais contre la multitude excitée on ne peut rien, car alors ce ne sont plus des hommes mais des bêtes.... ».

Remarquons la férocité du :

« La petite a failli m'attendrir. »

Le pire scélérat parlerait-il autrement? et celui-là se donne pour un brave homme; il croit montrer un cœur sensible.

A Langeviller, 22 août : « ... village détruit par le 11e bataillon de pionniers, trois femmes pendues aux arbres ».

A Orchies : « ... une femme fut passée par les armes pour n'avoir pas obéi au commandement de : halte! Sur quoi incendie de toute la localité. » (D'après J. Bédier, *Les Crimes allemands*, A. Colin, édit.)

A Lisognes (Ardennes) : « ... un chasseur de Marburg ayant placé trois femmes l'une derrière l'autre, les abattit du même coup de feu ».

Voici l'œuvre d'un régiment de la Garde : « ... des habitants de la ville, on en fusilla 300. Ceux qui survécurent au feu de salve furent réquisitionnés comme fossoyeurs; il aurait fallu voir les femmes à ce moment!... » Et c'est la Garde! Celle de Napoléon a laissé une autre renommée.

Le soir, orgie. Des chants religieux par là-dessus.... « *Nun danket*

LA FUITE DEVANT L'INVASION. TROIS PETITS ENFANTS SUR UNE BROUETTE; UN SOLDAT ANGLAIS (UN TOMMY) CHERCHE A LES ÉGAYER.

Gott! Maintenant remerciez Dieu! » lit-on dans un carnet après ces abominations : comme Guillaume II, cette race infernale associe son Dieu à ses crimes.

C'est à tel point que certains en sont eux-mêmes écœurés. « Ils ne se comportent pas en soldats, lit-on dans un carnet du 65e de la Landwehr, mais en voleurs de grands chemins, en bandits et en brigands, et ils sont un déshonneur pour notre armée. »

Contentons-nous de ce jugement porté par un des leurs.

D'ailleurs, le vol organisé et méthodique. Des voitures de déménagements, des trains entiers suivent l'armée. Les officiers se servent d'abord, ils y font entasser et envoient à leurs femmes, non seulement des pendules comme en 1870, mais tout ce que l'on peut enlever de tableaux et d'argenterie, de linge fin, de soieries, même des reliques de famille. Dans une seule ville de Belgique ils expédièrent le même jour 700 pianos. Leurs femmes viennent choisir elles-mêmes ce qui est le mieux à leur convenance. Il y en eut qui firent venir de Berlin un antiquaire pour apprécier la valeur des choses; ils lui payèrent son déplacement. A Tourcoing, où ils prirent une fois 800 000 kilos de laine, le pillage fut dirigé méthodiquement par un certain colonel Otto Rastein, qui connaissait dans le plus minutieux détail toutes les administrations et toutes les fabriques : « Tous ceux qui refusent de se soumettre à mes ordres seront aussitôt fusillés », déclara-t-il. Avant la guerre il vivait à Tourcoing, comme un paisible négociant en lainages, et il avait pu étudier avec soin la ville.

Les plus haut gradés, les plus riches donnent l'exemple du cambriolage. Le fils de l'empereur, le kronprinz, dévalise le château où il a reçu l'hospitalité. Il a essayé de nier ensuite, mais il y a des preuves irrécusables. La femme du fameux maréchal Hindenbourg, en Pologne, fait son choix dans le butin. Ne faut-il pas que la guerre, cette « industrie nationale de la Prusse », soit lucrative pour tous?

Après les officiers, les soldats se partagent le reste. Leurs femmes n'ont pu les accompagner, ils sont trop petits personnages. Elles leur écrivent : « Envoie-nous encore des chemises, des jupons... les souliers vont bien à Fritz, ils sont un peu trop grands pour Otto. Prends-en de plus petits. » Et ces douces mères de famille ajoutent en post-scriptum : « Tuez le plus de Français que vous pourrez. N'épargnez pas les femmes ni les enfants. »

Il n'y a qu'en Germanie que la pitié pour les enfants est absente du cœur des mères.

Partout, officiers et soldats vident d'abord les caves. On peut suivre à la trace le passage de l'armée allemande par les innombrables bouteilles jetées le long de la route.

Leurs médecins mêmes ne rougissent pas de ces orgies.

En Lorraine, l'un d'eux boit au lieu de soigner ses propres blessés, après le pillage d'une bonne cave. « il ne dessaoula pas de quinze jours », dit M. Maurice Barrès.

Tel fut le commencement de la guerre allemande. Tels étaient les souvenirs d'horreur qu'emportaient dans leurs yeux hagards nos malheureux compatriotes quand ils pouvaient fuir. A dix lieues, à vingt lieues en avant du fléau, on les voyait par groupes lamentables sur les routes, grands-parents, femmes et enfants, escortant à pied la longue charrette sur laquelle étaient les invalides et le peu qu'on sauvait de la ruine. Mainte fermière, opulente hier, avait à peine de quoi couvrir son dernier-né et demandait en passant du pain pour tous. Pas besoin d'entendre raconter la guerre. On la voyait en eux, dans leur dénuement, dans l'expression de leurs visages.

Et chacun à son tour prenait ses dispositions pour partir à la première alerte.

« Ils approchent! » mots sinistres, mille fois répétés dans nos belles campagnes du nord et de l'est. Ce qu'ils contenaient d'effroi à l'idée du danger, et de déchirement à l'idée de ce qu'il allait falloir quitter, et d'anxiété pour le lendemain, qui pourra jamais le dire? Les jeunes gens non encore appelés par le service militaire allaient aux nouvelles à bicyclette, mais il fallait de la prudence car les patrouilles ennemies les ramassaient, leur coupaient les mains, les emmenaient prisonniers en Allemagne.

Puis tout à coup, parfois au milieu de la nuit, c'était la grande alerte : l'armée barbare arrivait à marches forcées. Et l'exode commençait pour une zone nouvelle.

L'EXISTENCE DANS LES RÉGIONS ENVAHIES

Tout le monde pourtant ne s'en allait pas. Plusieurs n'en avaient pas les moyens; ne possédaient pas même la pauvre petite voiture à âne nécessaire pour placer la grand'mère infirme. D'autres s'en remettaient au sort, à la fatalité, ou bien ils ne pouvaient se résigner à ce sacrifice suprême de quitter le pays, la maison, les champs, les animaux. D'autres peut-être croyaient à un reste d'humanité chez l'envahisseur. Et ces confiants, ou ces obstinés héroïques, attendaient le destin qui allait leur être fait. C'est parmi eux que fut prélevé le lourd tribut de victimes payé aux nouveaux barbares. Inclinons-nous respectueusement devant leurs souffrances; que leur exemple nous soit à jamais un réconfort moral et une cause d'amour pour notre cher pays. — Que dans chaque village, on garde pieusement leur mémoire et celle des bons citoyens qui les ont aidés à subir cette épreuve, qui parfois les ont sauvés! Car il faut être équitable. L'invasion ne fut point partout aussi meurtrière. A côté de Vareddes (Seine-et-Marne) qui fut si cruellement éprouvée, la Ferté-sous-Jouarre n'eut que les blessures d'une guerre normale. Et aussi il y eut des officiers allemands, en assez grand nombre, qui restèrent dignes de porter l'uniforme militaire, qui voulurent combattre suivant les lois de la guerre.

De ces régions désolées, une partie put être libérée au bout de quelques semaines ou de quelques jours par le retour de troupes françaises victorieuses. Les habitants revinrent aussitôt, et se mirent courageusement à chercher parmi les décombres ce qui pourrait encore servir. On logea dans des caves, dans des baraques de planches construites à la diable et adossées aux pans de murs restés debout.

Il faisait beau voir à Sermaize ces pauvres gens ramenés par l'attrait du pays natal, installés au milieu des ruines, où peu à peu se reformait un village pittoresque et touchant : ici une épicerie; là un débit de tabac; plus loin une enseigne à la craie sur la planche d'une cabane : *X, coiffeur*. Les enfants, pour aller faire des commissions, enjambaient tranquillement des pierres de taille tombées, des ferrures tordues.

A partir de l'hiver 1914, s'établit une large zone de tranchées ininterrompues depuis la mer du Nord jusqu'à la frontière suisse.

Tranchées françaises et tranchées allemandes. La bataille ne cessa guère d'y faire rage. Dans toute cette zone, et loin en arrière, pendant de longs mois, le canon tonna sans discontinuer, les « marmites », de toute dimension tombèrent; le mouvement incessant des autos chargées de matériel, de munitions, de nourriture, d'effets de toute sorte, souvent aussi de blessés; les hasards de la lutte, l'incertitude du lendemain auraient dû chasser d'une façon absolue les habitants. Il n'en fut rien : la plupart d'entre eux restèrent ou revinrent, et c'est à la lettre que l'on fit les labours, les semailles sous les obus. Quand le danger se rapprochait, qu'une explosion éventrait le sol trop près des obstinés travailleurs, ils s'éloignaient un moment, et reparaissaient le plus tôt possible.

Encore, ceux-là n'étaient exposés qu'aux périls matériels. Ils risquaient les blessures, la mort; mais ils n'avaient point les tortures morales de ceux d'en face, de la zone ennemie, soumis à une règle brutale, obligés de travailler avec la pensée que la récolte serait pour les Allemands, insuffisamment nourris, toujours au

A SERMAIZE DE PETITES MAISONS DE BOIS PROVISOIRES ONT ÉTÉ CONSTRUITES PARMI LES MOELLONS ET LES PIERRES ÉCROULÉES. LES CLIENTS, NÉANMOINS, SONT RARES AU CAFÉ DES ALLIÉS.

régime des nouvelles déprimantes concernant les prétendues défaites françaises.

Le 22 septembre 1914, tous les habitants de la commune de Combres (Meuse) furent arrêtés et conduits sur le flanc d'une colline où on les exposa dans un endroit découvert au tir de l'artillerie française. Nos soldats les reconnurent, cessèrent le feu. On les ramena le soir, on les enferma dans l'église, et le lendemain on les exposa de nouveau aux obus. Puis on emmena prisonniers en Allemagne ce qui restait des hommes; les femmes et les enfants, enfermés dans l'église avec une nourriture infecte et insuffisante, moururent en grand nombre de la dysenterie, du croup, des privations. (Rapport officiel.)

OTAGES ET PRISONNIERS CIVILS

Il y eut bien des situations affreuses. L'ennemi emmenait dans ses cavernes soit pour lui servir d'otages, soit pour se garantir contre le tir français, soit pour leur faire exécuter les besognes les plus viles, vieillards, femmes et enfants : on ne peut songer sans un frisson d'horreur au long supplice de ces pauvres gens.

Dans les villes, l'existence fut généralement plus supportable, et il y eut des endroits où les commandants de place se contentèrent d'occuper le pays sans infliger de vexations inutiles aux habitants.

N'est-ce pas assez en effet que d'être privé de nouvelles exactes de son pays et de ses parents; de voir le vainqueur, saisi de tous les pouvoirs publics, célébrer orgueilleusement ses triomphes vrais ou faux; le drapeau ennemi flotter sur les édifices? Que d'être strictement rationné pour la nourriture? Que de ne pouvoir aller et venir à son gré? Que de sentir ses moindres paroles espionnées, et d'avoir toujours à craindre que la garnison soit remplacée par une plus méchante?

Les Allemands appliquèrent en grand le système de prendre des otages civils, quoique ce soit formellement interdit par la Déclaration de la Haye, qu'ils ont signée.

Qu'ils ne prétendent pas, en manière d'excuse, que ces gens avaient tiré sur leurs troupes, ou avaient fait de l'espionnage. Il est absolument prouvé qu'ils les prirent au hasard, les ramassant dans les rues, au milieu des travaux des champs, partout où ils en trouvaient, des vieillards impotents, de tout jeunes enfants, séparant ceux-ci de leurs mères pour les envoyer dans des camps différents. Il y en eut de tous nos départements envahis : Meurthe-et-Moselle, Vosges, Ardennes, Meuse, Marne, Aisne, Nord, Seine-et-Marne....

Des habitants de Roubaix ont été entassés par 80 dans des wagons à bestiaux, tellement serrés qu'ils furent contraints de rester debout, pendant quatre jours et quatre nuits de voyage, maltraités, privés de nourriture. Ceux d'Hendécourt (Pas-de-Calais) ont dû coucher sur les dalles de l'église pendant huit jours, avant l'affreux voyage.

19 vieillards de Vareddes (Seine-et-Marne) enlevés dans la rage que ressentaient les Prussiens d'avoir été battus sur la Marne, ont

été odieusement maltraités : l'un d'eux, Liévin, âgé de soixante et un ans, a été entraîné au cimetière de Chouy (Aisne) et fusillé; Mesnil, âgé de soixante-sept ans, fut assommé à coups de crosse; Milliardet, soixante-dix-huit ans, fusillé, de même que le curé Fossin. Les survivants, pendant quatre jours de chemin de fer, n'ont reçu à manger qu'une seule fois; ils ont été frappés et brutalisés tout le long du trajet.

Le 23 septembre, à Lavignéville (Meuse), on arrête MM. Woimbée, soixante et un ans, à peine remis d'une jambe cassée deux mois auparavant, et Fortin tout perclus de rhumatismes qui l'empêchent de marcher. On les emmène dans leur costume de travail, sans leur donner le temps de prendre ni linge ni nourriture, et on les joint à un autre convoi. Fortin, ne pouvant marcher, est attaché avec une corde que tirent deux cavaliers. Chaque fois qu'il tombait, on le frappait à coups de lance; couvert de sang il suppliait en grâce qu'on le tuât. Arrivés au village de Saint-Maurice, les deux vieillards durent se tenir debout pendant deux heures face au mur, les bras en croix, tandis que des soldats s'amusaient férocement à charger et à décharger leurs fusils pour faire croire à une exécution prochaine. On les laissa vingt-quatre heures sans rien manger, puis on les emmena en Allemagne.

A Bartheville (Meuse), le jeune Mignel, âgé de quinze ans, reçut d'un soldat un violent coup de sabre qui lui fendit les lèvres, d'un autre un coup de baïonnette qui lui coupa une partie de la main.

189 habitants de Sinceny (Aisne) sont arrivés à Erfurt après un voyage de quatre-vingt-quatre heures pendant lequel ils n'ont reçu que 100 grammes de pain chacun. Le 10 octobre, 2 000 jeunes gens qui allaient passer le conseil de revision furent mitraillés à moins de 500 mètres près de Gravelines (Nord) pendant une heure et demie, et les survivants emmenés en captivité.

A Saint Mihiel, une femme venait de mourir. Les Allemands pénètrent dans la maison, se saisissent de la grand'mère et des trois petits enfants; on les emmène en Allemagne pour plusieurs mois, et quand la rareté de la nourriture oblige les bourreaux à les rendre, ils gardent l'aîné des enfants, qui a treize ans, en disant : « Si la guerre durait plusieurs années, celui-là pourrait faire un soldat ». Quand il fallut séparer ce garçon de ses petits frères et de sa grand'mère, la douleur et le désespoir étaient horribles à voir.

Les soldats qui commettent ces atrocités sont d'ignobles brutes; mais en Allemagne les gardiens ont la même barbarie, plus condamnable encore, s'il est possible, parce qu'elle est perpétrée de sang-froid, des mois durant, sans même l'excuse de l'ivresse et de la rage des combats.

Les prisonniers de Parchim, pendant trois mois, ceux de Cassen pendant deux mois, ceux de Güstrow pendant tout l'hiver couchent dans des tentes, sur de la paille étendue à même le sol humide et presque jamais renouvelée. Ceux de Quedlimbourg passent un mois dans des baraques où l'eau pourrit la paille; ceux de Chemnitz couchent dans l'écurie d'une caserne.

« A la forteresse de Rastadt, l'humidité suinte le long des murs, raconte une jeune fille; nous n'avions qu'un peu de paille pour nous étendre et une couverture pour dix! »

Dans de semblables conditions la vermine pullule. On a vu un interné dont le torse était tellement « recouvert de poux qu'ils y formaient une couche vivante ».

L'administration coupable de cet état de choses ne faisait rien pour y remédier; les soldats insultaient les malheureux et se moquaient de leurs souffrances.

Que dire de la nourriture? Ceux qui avaient quelque argent purent acheter des vivres pendant les premières semaines, mais on les exploitait honteusement, et leurs ressources furent vite épuisées. Nombre de ces malheureux défaillaient d'inanition. Il leur fallait, sous les coups, travailler aux champs, aux routes; charger et décharger des wagons, manier la paille pourrie, traîner des voitures de vidange.

Les maladies sévissaient cruellement; beaucoup de bronchites et de pneumonies; beaucoup de morts d'épuisement. Une vieille femme de Saint-Sauveur (Meurthe-et-Moselle) resta étendue sur sa paillasse, malade, pendant trois semaines sans pouvoir obtenir qu'on fît passer un médecin. 130 malheureux sont morts dans le seul camp de Grafenwohr. « On s'y éteignait comme des bougies, car on n'avait plus la force de se tenir sur ses jambes. » Quand des prisonniers, à Parchim, battaient la semelle pour se réchauffer, ils étaient frappés par les gardiens.

Les enquêteurs officiels terminent leur rapport par ces phrases navrantes : « Il nous est impossible de taire complètement la tristesse et l'indignation que nous avons ressenties en voyant l'état

A SENLIS, SIX OTAGES SONT FUSILLÉS PAR LES ALLEMANDS.

affligeant dans lequel les Allemands nous ont rendu les otages qu'ils avaient enlevés de notre territoire, au mépris de tout droit des gens. Pendant le cours de notre enquête, nous n'avons cessé d'entendre la toux obsédante qui déchirait les poitrines. »

Qui pourrait se défendre de la pensée que les Allemands ont voulu, de propos délibéré, faire gagner la tuberculose, cette terrible mangeuse d'hommes, au plus grand nombre possible de nos concitoyens, et les renvoyer ensuite chez nous, pour qu'ils communiquent leur maladie aux Français ?

« Nous n'avons pas été moins profondément émus, continue le rapport, en voyant des femmes pleurer leurs foyers abandonnés, leurs maris, leurs enfants disparus ou retenus captifs, et en remarquant sur leurs physionomies et jusque dans les attitudes, l'empreinte morale laissée par un régime odieux, inflexiblement destiné à abolir chez ceux qui le subissent le sentiment de la dignité et de la fierté humaines. »

A côté de ces bourreaux, nos voisins les Suisses ont ajouté de nouveaux traits à leur belle conduite de 1870, et méritent à jamais notre reconnaissance. C'est par la Suisse que les otages ont été ramenés, au mois de mars 1915, lorsque l'Allemagne se décida à nous en rendre une partie, parce qu'elle craignait de n'avoir pas assez de nourriture pour elle-même.

Les otages arrivaient par trains de 500 à Schaffouse. Aussitôt c'était le ciel qui succédait à l'enfer. Des aliments, des chaussures, des vêtements chauds, du linge étaient distribués. Les meilleurs médecins organisaient ce qu'on peut bien appeler un véritable sauvetage. Les dames de la Croix-Rouge se prodiguaient, allant de l'un à l'autre, aidant à descendre ceux qui ne pouvaient plus se tenir, « trouvant dans la bonté de leur cœur les ressources de cette bienveillance affectueuse qui, plus encore que les soins matériels, console et réconforte les âmes meurtries ».

LE VILLAGE DE CLERMONT-EN-ARGONNE, INCENDIÉ PAR LES ALLEMANDS.

VILLES DÉTRUITES

Sunt lacrymæ rerum.
Les choses aussi ont des larmes.
VIRGILE.

« QUE voulez-vous? C'est la guerre! »

Voilà ce qu'ont répondu, en maintes circonstances, lorsqu'on leur montrait les horreurs de leurs soldats, des officiers allemands parmi les meilleurs.

Ils voyaient bien que leur armée se rendait à jamais odieuse. Ils croyaient l'excuser en disant : « C'est la guerre ».

Tout le monde sait en effet que la guerre est cruelle, qu'elle jette partout la ruine et la désolation.

Triste excuse pourtant, et qui ne vaut rien.

Pourquoi l'armée que l'on vantait comme la plus disciplinée du monde, a-t-elle violé, de parti pris, les conventions humaines, qui avaient été faites précisément dans l'espoir de rendre la guerre un peu moins barbare?

Pourquoi dans un pays où cent guerres ont passé, a-t-elle fait pis que les autres, et pourquoi a-t-elle détruit ce que les autres avaient laissé debout?

Soldats français et espagnols, anglais et russes, autrichiens et même allemands d'autrefois, les pires soudards du triste moyen âge et les bandes recrutées parmi les brigands, les reîtres de sinistre mémoire, ont passé et repassé dans cette Belgique et dans ces provinces du nord de la France si riches en monuments historiques. Ils ont pillé ce qui pouvait leur être de quelque utilité. Ils n'ont pas abattu les monuments pour le simple plaisir de la destruction.

Louvain, Malines, Ypres, Senlis, Reims, Soissons, Arras, Dunkerque, Nancy, Verdun, prouvent que les Allemands d'aujourd'hui sont plus barbares encore que leurs ancêtres. Plus savants, ils sont plus jaloux. Et la science leur a donné des moyens plus perfectionnés pour détruire.

A part les Rhénans, ils n'ont rien chez eux comme monuments. Rien dans cette dure et triste Prusse qui mène le reste de l'Allemagne. Il leur faut donc anéantir les monuments qui contiennent l'histoire et qui racontent la grandeur des autres peuples.

Les crimes de Louvain, de Reims furent préparés et voulus par leurs généraux; il y eut préméditation, comme on dit en justice, et cela augmente la culpabilité des malfaiteurs.

Il faudrait remonter jusqu'aux Vandales, venus eux aussi de l'Oder et de l'Elbe, et au sac de Rome en 455, pour trouver un exemple de ces horreurs.

DESTRUCTION DE LOUVAIN

La ville de Louvain était occupée depuis le 19 août 1914; la semaine fut lourde d'orage. Les Allemands vidaient les caves et faisaient couler la bière à flots. Chaque jour, des milliers d'entre eux étaient ivres. A quelque distance, leurs troupes subirent un échec. Il y eut, le soir du 25, des disputes dégénérant en bagarres violentes entre les hommes de deux compagnies pris de boisson; quelques-uns tirèrent des coups de fusil. Tel fut le signal du grand crime. Mais il était machiné à l'avance. Toute autre cause l'aurait produit. Car Louvain, vieille cité religieuse et savante, symbolisait le passé de la Belgique. Son université, sa bibliothèque, ses églises, ses œuvres d'art, contenaient l'âme de ce noble pays. Témoin de ce qu'avaient pensé, senti, écrit les ancêtres, Louvain entretenait le feu sacré dans chaque génération nouvelle. La stupide férocité allemande crut qu'en abattant les édifices et en brûlant les livres, elle anéantirait l'esprit de la fière Belgique et la rendrait docile au conquérant.

Selon le plan adopté, les soldats se mettent à tirer dans tous les sens, à allumer des incendies partout. Dès le début, flambe le bâtiment de l'Université qui contenait cette célèbre bibliothèque, une des plus riches du monde en livres précieux, ainsi que l'admirable église Saint-Pierre pleine de tableaux et d'œuvres d'art.

Nombre de personnes qui essaient de fuir sont rejetées de force dans les maisons, fusillées à bout portant, ou brûlées vives.

Celles qui peuvent gagner les jardins sont traquées, poussées devant la gare, où gisent déjà des cadavres, fusillées, volées. Par groupes on chasse les hommes et les prêtres dans la campagne, on les enferme dans des églises; on leur crie de se confesser parce que leur dernière heure est venue. On les fait passer entre des maisons en feu, des cadavres carbonisés, des meules et des récoltes embrasées. Tantôt on les parque dans un étroit espace, on les fait tomber à genoux, les soldats les mettent en joue, les officiers éclatent de rire à ce jeu sauvage, et on les fait relever pour recommencer; tantôt on les bouscule au hasard dans la nuit. Leur effroi est accru en voyant passer à toute vitesse des automobiles d'officiers portant, liés à l'avant et sur les côtés, de malheureux otages. Survient un orage : ces lamentables épaves humaines couchent dans la boue, plusieurs sans vêtements, sans chaussures; on les laisse souffrir de faim et de soif pendant vingt-quatre heures, et quand on les ramène le soir dans leur ville, c'est pour leur montrer Louvain qui flambe. La plupart d'entre eux furent ensuite emmenés comme otages en Allemagne, exposés aux ignominies de la foule et soumis à une abominable captivité.

Les femmes et les enfants, entassés d'abord devant la gare, durent assister à l'exécution d'une vingtaine de leurs concitoyens, liés quatre par quatre. On les laissa relativement libres pendant la nuit; mais le lendemain matin on les chassa de la ville dans toutes les directions, comme un immense troupeau, sous les injures, sous les coups de crosse, obligés de lever les mains ou de s'agenouiller chaque fois qu'ils rencontraient des officiers, vivant de betteraves crues arrachées dans les champs, dormant à même sur la terre mouillée. Il y en avait, dit-on, dix mille sur la route de Tirlemont, fuyant épouvantés devant le brasier et la fumée. Plusieurs se suicidèrent, d'autres furent pris de folie : c'était plus de douleur que la nature humaine n'en peut supporter.

Pendant ce temps, Louvain flambe, crépite, s'écroule. Les maisons légères tombent d'abord; les constructions en pierre, plus solides, résistent plus longtemps. Les tableaux, les admirables bois sculptés que l'on ne pourra jamais remplacer se recroquevillent comme de pauvres petits cadavres et s'émiettent en cendres. Au bout de quelques heures, ces productions du génie et des siècles ne sont plus que fumée.

Les livres et les manuscrits de la bibliothèque brûlèrent cinq jours. Pendant ce temps les officiers allemands sablaient joyeusement le champagne devant cette désolation et ces ruines; les soldats ivres se roulaient dans une orgie crapuleuse, hurlant et dansant.

Et quel pillage! « C'est, dit un carnet de route allemand, une image de la dévastation telle qu'il est impossible de s'en faire une idée pire..... Ressemblant à une meute en débandade, tous y allèrent à leur fantaisie; les officiers précédaient et donnaient l'exemple. » Mille quatre cent quatre-vingt-quatorze maisons succombèrent. Afin que le désastre fût irrémédiable et que rien ne pût être sauvé, l'autorité supérieure allemande avait fait détruire à l'avance les échelles de pompiers. Les soldats exercés spécialement à l'incendie, les hideux *pionniers*, possédaient tout un matériel préparé de longue main avant la guerre pour cette œuvre infernale : pastilles incendiaires, pompes à jeter du pétrole et de la benzine; ils opéraient avec une précision et une sûreté à la prussienne. Guerre à l'art, à la pensée, au génie de l'Occident! Malheur à la Belgique!

Du reste aucune utilité militaire d'aucune sorte.

REIMS ET SA CATHÉDRALE

Aucune à Reims non plus!

Ce fut l'autre grand crime répondant comme un écho sinistre à celui de Louvain, trois semaines plus tard. Les Allemands venaient de perdre la grande bataille de la Marne. On imagine leur fureur.

Peu à peu, sûrement, les Français les repoussaient, arrivaient à Reims. Reims, ville ouverte. Lors de leur première retraite, malgré

Cl. Neurdein.

CATHÉDRALE DE REIMS.

les forts des environs, les Français n'avaient pas essayé de s'y défendre. Ils voulaient éviter les horreurs d'une bataille aux 110 000 habitants qu'elle contenait. Lorsqu'ils y revinrent, pour la même raison, ils tournèrent autour sans y entrer. Pourquoi s'y tenir en effet? Tous les points importants, toutes les casernes, étaient minutieusement repérés : la moindre troupe, le moindre matériel de guerre pouvait être instantanément détruit par l'artillerie. A une armée, c'est la campagne qui convient, pour se battre librement, et non pas une ville.

Il n'y avait donc, à Reims, que la population civile et des blessés, des blessés allemands surtout, dans les hôpitaux, à l'évêché, dans la cathédrale. Où eussent-ils été mieux que sous la double protection de la Croix-Rouge et du Dieu de paix? Mais les Allemands, incapables de battre nos troupes, voulaient une vengeance. Des obus furent lancés sur la ville dès le 17 septembre, avant même que leurs troupes en retraite eussent fini d'évacuer. « Ah ça! ils sont fous », s'écria un de leurs propres officiers d'arrière-garde qui traversait la ville.

Fous de rage destructive, en effet, et de barbarie savante.

Le premier obus tomba sur la cathédrale, à trois heures de l'après-midi, trouant la toiture vers le milieu, à l'endroit où la nef est coupée par le transept. Un second abîma l'abside. Un troisième brisa les contre-forts, un quatrième le campanile. Un autre explosa sur le parvis, mutilant les statues, les roses et les ogives d'une si admirable dentelle, faisant éclater les vitraux.

Et dès ce moment, les gros obus se succédèrent régulièrement pendant deux jours et deux nuits sur la cathédrale et ses alentours.

L'un des premiers effets des obus sur la cathédrale fut de tuer les propres blessés allemands qui y reposaient, et des sœurs qui les soignaient. On dut évacuer ceux qui restaient dans un autre local pendant le bombardement même.

Les Allemands étaient entrés à Reims le 4 septembre et l'avaient occupée pendant onze jours pleins. Plusieurs de leurs officiers, sensibles aux œuvres d'art, y avaient visité en touristes la cathédrale. Parmi eux, l'un des fils de l'empereur, le prince Auguste-Guillaume.

La façade de la cathédrale avait 2500 statues formant des groupes admirables. Le crucifiement du Christ au-dessus du portail de gauche, le couronnement de la Vierge au fronton central, ont été abîmés sans remède dès le premier jour; les splendides nervures de la grande rose du centre s'effritèrent; plusieurs statues du sujet principal de la galerie des Rois, celles du baptême de Clovis sont à jamais détruites. La façade principale avec ses nobles proportions, ses ornements incomparables, sa dentelle de pierres que nulle autre n'égalait en Europe, tout cela est perdu sans retour.

Peuples de toutes religions : catholiques, protestants, croyants ou non croyants, tous les Français et tous les vrais amis des arts à

CATHÉDRALE DE REIMS. PORTE LATÉRALE APRÈS LE BOMBARDEMENT.

l'étranger, chacun souffrit comme dans sa chair, lorsqu'on apprit cette profanation. Pour tous, c'était le joyau du moyen âge, la plus belle église gothique du monde, patrimoine de l'humanité, qui disparaissait; pour les chrétiens, c'était un des principaux sanctuaires de leur religion; pour les Français, c'était un peu de l'âme de la patrie que l'on mutilait, car Reims est associée à tout notre développement historique.

La première pierre de la basilique fut posée en 1211; la construction dura environ trois siècles, c'est l'art ogival, l'art si français dans tout son heureux épanouissement, c'est le chef-d'œuvre du XIIIe siècle, le chef-d'œuvre de goût, d'harmonie et de majesté, de grâce et de force, de sûreté, de souplesse hardie; la simplicité de l'ensemble s'y allie à une richesse inouïe de colonnettes, de statues, de vitraux; l'accord est parfait dans la distribution des ombres, des lumières, des clairs obscurs.

C'est à Reims que les rois de France venaient se faire couronner

RUINES DE L'HÔTEL DE VILLE D'ARRAS.

en souvenir de Clovis et de saint Rémy; c'est là que Jeanne d'Arc, au mois de juillet 1429, fit son entrée avec Charles VII; les plus grands et les plus touchants souvenirs, toute l'espérance de la France est là. Ni la guerre de 1814 ni celle de 1870 n'y avaient touché. Ce que Blücher, Guillaume Ier, Moltke et Bismarck ont respecté, Guillaume II l'a détruit, avec Heeringen.

Il n'y a pas le moindre doute qu'ils l'ont fait de parti pris; car après le bombardement des 17 et 18 septembre, si le mal était grand, il n'était pas absolument irréparable; des artistes eussent pu encore sauver l'aspect général et quelques parties du splendide monument; mais aussi longtemps qu'ils furent à portée, les barbares s'acharnèrent stupidement à canonner Reims et sa cathédrale. Il n'y avait pas de soldats français; le bombardement n'avait aucune utilité pour leurs plans militaires. N'importe! Chaque fois qu'ils étaient mécontents, qu'ils avaient éprouvé un échec quelque part, qu'un accès de rage les prenait, les obus recommençaient à pleuvoir sur la malheureuse ville pendant une heure ou un jour, achevant de détruire le peu qui restait.

UNE RUE DE SENLIS DÉVASTÉE.

Une grande partie de la population rémoise ne put se résoudre à quitter ses foyers, sa chère ville, et supporta stoïquement ces accès de barbarie, qui faisaient des vides dans ses rangs, tuant femmes et enfants, défonçant chaque fois quelques poitrines, déchiquetant quelques membres des gens paisibles. Quand les obus tombaient en trop grand nombre, on se mettait à l'abri, et peu après, l'existence reprenait comme à l'ordinaire. On vivait dans les caves, on mangeait dans les caves, on dormait dans les caves, on faisait classe dans les caves, et l'on trouvait moyen de conserver vaillance et bonne humeur au bruit infernal de la canonnade, d'une canonnade si formidable que les échos s'entendaient jusqu'à 100 kilomètres.

Ypres, la seconde merveille de Belgique, subit le même sort que Reims. Cette vieille cité flamande toute chargée d'histoire, ancien évêché, possédant un collège célèbre, avait traversé les temps orageux du moyen âge, avait été prise sept fois par les rois de France et les soldats de la Révolution, qui tous la respectèrent; au moment de la guerre c'était la plus paisible des villes de province, ayant à peine 20 000 habitants, dans un cadre qui pouvait en contenir 200 000; mais elle appelait les touristes et les amateurs d'art du monde entier par sa belle cathédrale et sa Halle aux drapiers d'un style si original.

Arras, non moins tranquille, avec sa cathédrale, ancienne église de l'abbaye de Saint-Vaast, ses musées, sa bibliothèque, et surtout son beffroi de 86 mètres de hauteur surmontant la plus belle des fières maisons de ville du XVIe siècle. Prise et reprise au cours des âges bien des fois par des armées combattantes, Arras n'avait trouvé d'ennemis implacables que dans les Vandales qui la détruisirent en 407; ce souvenir mérite d'être signalé.

Le martyre de Louvain, celui de Senlis, de Soissons, avaient été tragiques dans leur soudaineté et complets pour ainsi dire dès le début : destruction totale et subite, vrai cataclysme humain; pour Reims, Ypres, Arras, ce fut un supplice sans cesse renouvelé pendant plus d'une année; un supplice à petit feu, jouissance de bourreaux raffinés qui se délectent à voir la souffrance et à sentir la vie diminuer peu à peu.

CONVOI DE PRISONNIERS ALLEMANDS FAITS SUR LES RIVES DE LA FECHT, EN ALSACE, ET CONDUITS A LA GARE LA PLUS PROCHE.

LES PRISONNIERS

Honneur au courage malheureux!

POURQUOI IL Y A DES PRISONNIERS

Les prisonniers, voilà une autre des tristesses de la guerre, et que l'on ne peut pas éviter.

Accident, surprise; détachement en reconnaissance tout à coup séparé du gros des troupes qui a dû se retirer. Leur sacrifice a sauvé la vie à bien d'autres. Pendant qu'une poignée de braves tient héroïquement, le plus longtemps possible, la manœuvre jugée nécessaire par le général s'accomplit; une retraite en bon ordre s'opère, ou encore une victoire se gagne sur un autre point.

L'exemple de Maubeuge se reproduit en plus petit sous mille formes différentes. C'était au début de la guerre. Nos troupes, de ce côté, étaient peu nombreuses, puisque nous n'avions pas l'intention de violer la neutralité de la Belgique. Nous cédions devant des forces effroyablement supérieures; nous cédions jusqu'à ce que d'assez grands renforts étant arrivés, l'offensive redevînt possible. Une seule place fortifiée était capable d'arrêter l'ennemi dans le nord, Maubeuge; un îlot perdu au milieu de la tempête qui l'assaillait. N'importe; que Maubeuge tînt un mois, quinze jours, huit jours seulement, et elle permettait à notre armée de se reformer en arrière. Maubeuge, en tenant, eut sa part dans le salut de Paris, dans les victoires de la Marne.

Mais les braves qui étaient dedans? Ils se battirent de leur mieux. Beaucoup furent tués par l'avalanche d'obus, par l'assaut. Les autres, exténués, à bout de forces, furent pris par petits paquets ou durent se rendre en gros.

Et voilà des prisonniers qui vont désormais grossir le troupeau. Finie pour eux l'action enivrante! Jusqu'après la guerre, ils se sentiront inutiles dans cette lutte de géants. Combien ils envieront le sort de ceux qui ont pu mourir les armes à la main! Imaginez la rage et la douleur d'un garçon grand et fort qui entend, à travers une cloison, frapper, meurtrir, assassiner sa mère, et qui enfermé, bras et jambes liés, ne peut lui porter secours!

Il y a aussi ces milliers d'autres, qui blessés sur le champ de bataille, l'épaule ou la jambe brisée, le crâne ouvert, le cou sanglant, ne peuvent qu'attendre dans la douleur, incapables de faire un pas, parfois évanouis, qu'on vienne les relever. Le camarade de combat pourrait porter secours à son camarade, et souvent il le fait; plus souvent hélas! il doit se battre, c'est-à-dire l'abandonner. Si nos troupes avancent, le blessé ira à l'ambulance française et se rétablira sans doute au milieu des bons soins qui lui seront prodigués; mais si les nôtres reculent, et s'il est ensuite ramassé, c'est par des Allemands. Prisonnier lui aussi. Joint aux autres. Emmené au delà du Rhin.

Voici comment cela se passe :

« Nuit noire, charge à la baïonnette, fusillade ennemie; j'ai reçu une balle qui a traversé la mâchoire.

« Le sang chaud m'étouffait; je ne souffrais pas beaucoup; j'ai passé toute la nuit dans la boue, trempant ma capote de sang. Le paquet de pansement ne servait à rien; au bout d'une minute, il était aussi imbibé qu'une éponge. Alors j'ai saigné par terre, goutte à goutte. La fusillade continuait sans interruption. Pour servir à quelque chose, j'ai passé mes cartouches aux combattants, et j'essayais d'encourager mes hommes de la voix; je ne sais pas s'ils me comprenaient. De temps en temps, un homme touché roulait à côté de moi en murmurant : « Ma pauvre femme! mes pauvres enfants! » Le matin est venu comme cela. J'ai vu alors ce qu'il y avait de morts autour de nous. Ayant perdu beaucoup de sang, j'étais très affaibli et j'entendais les choses comme dans un rêve. Les Allemands ont paru à ce moment, m'ont ramassé sur le sol comme une loque. J'ai essayé de me soutenir; je ne pouvais plus.... » (Extrait d'une lettre de R. d'Harcourt, *Écho de Paris*.)

TRISTE VOYAGE VERS L'ALLEMAGNE

Les prisonniers supportent durement les fatalités de la guerre. Dans l'antiquité, ils étaient maltraités, réduits en esclavage. Le résultat de la civilisation a été d'améliorer un peu leur sort, et dans ces derniers siècles, des mœurs plus douces se sont introduites. Honneur au courage malheureux! Une fois l'adversaire désarmé, il n'est plus un ennemi; il n'est plus qu'un être humain; on a du respect pour sa bravoure et pour son malheur. On le garde, mais on le traite humainement.

Hélas! il était réservé à la guerre de 1914 de ramener la barbarie contre les prisonniers.

D'abord en maint endroit, les Allemands les ont achevés sur le lieu même du combat, odieuse lâcheté contre qui ne peut plus se défendre! Un officier français a été écartelé en Belgique, lié à un arbre, deux chevaux tirant sur chacune de ses jambes; des soldats, des officiers russes, serbes, ont subi un sort semblable de la part des Allemands et des Autrichiens. Trop souvent, et sur tous les fronts, nos prisonniers, frappés à coups de crosse, ont été enduits de pétrole et brûlés. Admettons que ce soient des faits isolés, et que parmi tant de millions d'hommes, il se trouve d'affreux bandits, soldats ou officiers. Toujours est-il que c'est du côté allemand qu'ils se trouvent.

Voyons les autres prisonniers.

Entassés dans des wagons à bestiaux, avec si peu de place qu'ils ne peuvent s'asseoir, presque sans nourriture des journées durant, ils sont transportés au camp où ils vont être internés. Le train va lentement parce que la voie est encombrée, et surtout parce que l'on veut montrer à la populace ces ennemis désarmés. Longs arrêts dans chaque ville, dans chaque village. Pendant que les gardiens, indignes du nom de soldats, piquent de leur baïonnette les malheureux qui viennent à la portière respirer un peu d'air, ou demander un verre d'eau, un morceau de pain, la foule les insulte, parfois leur jette des pierres, des détritus, des crachats.

Et le voyage s'allonge par cette triste vanité des vainqueurs qui, pour grandir la victoire aux yeux de leurs compatriotes, font passer et repasser les mêmes prisonniers plusieurs fois, autour de Cologne par exemple, jusqu'à ce qu'enfin le peuple, malgré sa sottise, découvre la tromperie.

A Münich on tire profit des prisonniers. On les rassemble dans un camp; il y a une porte, des gardiens, comme au cirque, des tickets d'entrée, et pour quelques sous les Bavarois se paient la joie mauvaise de savourer leur triomphe et d'insulter les captifs Welches.

LES CAMPS D'INTERNEMENT

DANS ces premiers temps, d'ailleurs, l'installation matérielle est abominable; il faut, pendant plusieurs jours camper sur la terre nue, à la belle étoile. Pas même de litière. La paille et les planches pour les baraquements, la toile pour les tentes, quelques misérables couvertures, ne viendront qu'au bout de plusieurs jours, parfois de plusieurs semaines. Mais ce qui vient tout de suite et dès les premières heures, ce sont des pieux, des fils de fer, des grillages pour construire les enceintes destinées à isoler nos braves et à restreindre le champ de leurs mouvements.

Plusieurs, au début, pour se garantir un peu contre le vent et les intempéries, se creusèrent des trous dans la terre, comme les troglodytes. Deux grillages de fil de fer, placés l'un derrière l'autre à quelque distance, hauts de 3 m. 50; entre les deux, une autre enceinte formée de gros fils dans lesquels passe un courant électrique : voilà le commencement d'un camp de prisonniers; plusieurs milliers, parfois jusqu'à dix mille Belges, Français, Anglais, Russes sont parqués dans ce camp pour de longs mois. Des mitrailleuses et des canons à tous les angles renforcent les soldats armés qui montent la garde.

Ce n'est qu'un peu plus tard qu'on installera des baraquements en bois avec planches sur le sol, et toiture garantissant à peu près — oh! à peu près seulement — de la pluie; que l'on mettra de mauvais poêles et du charbon pour chauffer.... plus tard, lorsque des visiteurs neutres, suisses, espagnols, américains, auront passé et rappelé les règles les plus élémentaires de l'humanité.

On sait ce qu'est la discipline prussienne pour les soldats allemands. C'est à celle-là naturellement que nos prisonniers sont soumis.

Et combien aggravée!

Il faut une obéissance passive, de tous les instants, quel que soit le sous-officier brutal qui commande. Sinon les punitions pleuvent. Privation de la pauvre paillasse sur laquelle on dort tant bien que mal; privation de nourriture; cachot, coups de botte, coups de crosse, coups de baïonnette et tout ce qu'un Teuton rancunier peut imaginer.

Une des punitions les plus courantes est le fameux *poteau*.

Contre un arbre ou contre un gros pieux fiché en terre, le prisonnier est attaché par le buste et quelquefois ligotté des pieds à la tête : la plus petite punition dure deux heures; mais elle peut être renouvelée ou prolongée. La seconde heure devient intolérable. Pas une plainte, pas une réclamation : sinon l'on risque de voir doubler la peine ou de passer en conseil de guerre.

Que dire de la nourriture?

En beaucoup de camps elle est tout à fait insuffisante.

« Dans le camp où je me trouve, nous sommes un très grand nombre de prisonniers français, belges, russes, anglais. Nous vivons dans des baraques en planches, couchés sur de mauvaises paillasses avec une couverture. Nous sommes environ 400 par baraque, les uns sont employés à couper des arbres dans la forêt, d'autres cassent des pierres pour mettre sur les routes, d'autres traînent d'énormes voitures remplies de pierres. Il faut parfois se mettre jusqu'à quarante pour traîner la voiture. Quant aux Anglais et aux Russes, ce sont eux que l'on charge des corvées les plus désagréables. La nourriture est loin d'être abondante : le matin à six heures, une louche de café qui n'en est pas, c'est de l'orge grillée; à onze heures et demie, une louche de soupe, ainsi qu'à six heures du soir. Je te jure que c'est de la vraie soupe à cochons : des pommes de terre, du son, de l'avoine, un peu de carottes et des choux-raves. Rien de plus. Quant à la viande, il n'en est pas question. J'oubliais un morceau de pain noir grand comme cette feuille et épais d'un doigt.

« Tu vois d'ici comme cela peut soutenir ceux qui font de durs travaux. Quant à nos gardiens, il y en a quelques-uns de bons, mais c'est la minorité. Les Russes et les Anglais, on les fait marcher à coups de crosse de fusil et à coups de pieds.... »

Lorsque deux pays sont en guerre, leurs gouvernements ne peuvent plus correspondre l'un avec l'autre, ils font passer leurs communications et leurs réclamations par un gouvernement neutre. La France n'avait que ce moyen de rappeler l'Allemagne à ses devoirs envers les prisonniers, et elle s'adressa aux États-Unis, à l'Espagne, à la Suisse. Ces États envoyèrent consciencieusement des délégués visiter nos prisonniers. En plusieurs endroits, ils les trouvèrent à peu près convenablement traités; mais ailleurs, d'une façon fort inhumaine; cela dépendait du commandant du camp. L'arrivée du visiteur était toujours connue à l'avance, et ce jour-là on faisait la toilette du campement. On mettait en ordre, on appropriait, la nourriture était meilleure; le visiteur le constatait et puis, aussitôt qu'il était passé, tout redevenait pire qu'auparavant.

Il a fallu, pour obtenir des améliorations, très petites d'ailleurs, que la France menaçât d'user de représailles contre les prisonniers allemands qu'elle avait.

Quant au régime de la correspondance, une seule lettre par mois, et une toute petite carte par semaine. Bien entendu, lettres et cartes lues par l'autorité allemande, qui supprimait le droit d'écrire aussitôt qu'une phrase lui déplaisait. Pour dire la vérité, il fallait recourir aux subterfuges les plus ingénieux.

L'un écrivait par exemple : « J'ai de mauvaises nouvelles à t'apprendre. Le capitaine Gaston Menier est mort, le commandant Painlevé est grièvement blessé, et le colonel Parmentier est moribond. » Cela voulait dire qu'il n'avait plus de chocolat (Menier) à manger; que le pain et les pommes de terre commençaient à manquer.

S'imagine-t-on la tristesse et l'angoisse des pauvres gens qui sont empêchés de correspondre avec leur famille? Il y en eut qui depuis le début des hostilités, ne purent envoyer ou recevoir une seule lettre. Motif? Une punition quelconque, ou encore le fait qu'ils étaient occupés à des travaux de fortification et que personne ne devait savoir où ils se trouvaient.

On comprend que les bonnes œuvres se soient multipliées pour leur venir un peu en aide. Et d'abord ceux qui n'ont pas de parents en France ne méritent-ils pas que l'on s'occupe d'eux? C'est pour-

DEUX OFFICIERS D'ÉTAT-MAJOR PRIS EN ALSACE.
CELUI QUI A CONSERVÉ SA CASQUETTE ÉTAIT PROFESSEUR A STUTTGART.

quoi des gens charitables, ayant du cœur et de l'esprit, ont imaginé de remplacer leurs familles, de leur envoyer des lettres, des nouvelles de France, et quelques gâteries : du chocolat, des conserves, du tabac.

Les prisonniers ont trouvé moyen de s'entr'aider eux-mêmes. Belle fraternité d'armes dans le malheur! Ils appartiennent à toutes les catégories de la société; parmi eux le banquier voisine avec le terrassier, et le professeur avec le commerçant. Les uns ont un peu d'argent, pas beaucoup, car la poste allemande n'en laisse guère passer à la fois; mais les autres n'en ont pas du tout, soit qu'ils n'aient pu en recevoir encore, soit qu'ils ne connaissent personne d'assez riche pour leur en envoyer. Alors on fonde une espèce de caisse mutuelle où chacun met ce qu'il a : l'un 50 francs, l'autre 50 centimes, l'autre rien; et tous ont le droit d'y puiser pour acheter à la mauvaise cantine du camp quelques petites choses à manger, afin de compléter l'ordinaire. C'est un prêt à volonté. On peut rendre le lendemain, ou bien un an, ou bien plusieurs années après, ou même ne rendre jamais.

D'une façon générale, à cause de la censure très rigoureuse, nous n'avons pu pendant longtemps connaître en France à peu près rien de ce qui se passait dans les camps de prisonniers. On eut des nouvelles à partir du mois de mars 1915 seulement, lorsque revinrent quelques-uns des prisonniers que l'Allemagne était obligée d'échanger, soit parce que les lois de la guerre, rappelées par le Pape, les États-Unis, l'Espagne, la Suisse, lui en faisaient un devoir, soit parce qu'elle y trouvait avantage : les prisonniers civils (femmes, enfants, vieillards), les prisonniers médecins appartenant aux ambulances, et les grands blessés qui étaient dans l'impossibilité absolue de prendre à nouveau part à la guerre.

Voici quelques mots du récit d'un médecin major, le docteur C.

Dans un Kriegsgefangenen lager (camp de prisonniers de guerre).

« Pour éviter les manifestations anti-allemandes de la part de la vaillante et fière population liégeoise, les médecins furent emmenés de nuit.... Le camp militaire d'Ohrdruf est un camp d'instruction qui passe pour un modèle du genre. Intelligemment aménagé en pavillons distincts, on peut y loger 2 000 personnes mais pas 8 000, de sorte que la plupart des prisonniers couchent sous la tente. Le cantinier chargé de la nourriture reçoit 60 pfennigs (15 sous) par jour et par tête. Pour ce prix-là il donne : 330 grammes de pain, une tasse d'orge grillée (baptisée café) le matin, une soupe à midi, une nouvelle infusion noirâtre à six heures. » Après un séjour d'une semaine à Ohrdruf, le docteur C. est envoyé à Magdebourg.

Pourquoi? Parce que le commandant du camp en a reçu l'ordre, et que « en Allemagne on obéit sans comprendre ». A Magdebourg se trouvent 500 officiers belges et français; 40 médecins sont réunis dans un logis malsain de 250 mètres carrés, mal éclairé, mal aéré, et entretenu par trois ordonnances. Comme lit, une paillasse copieusement habitée de puces, un drap, une couverture. Le docteur C. a pour compagnons de voyage des officiers qui venaient de Halle, où les prisonniers couchent sur le sol à peine garni de paille, et de Wesel où ils avaient dû partager la couche des prisonniers de droit commun. Quatre heures par jour, les officiers ont la faveur de se promener dans la cour entourée de fils de fer barbelés.

Sur des tables sales et insuffisantes, on sert trois repas par jour, le matin, à midi, et le soir. Ces repas sont un peu plus copieux qu'au camp d'Ohrdruf, mais peu appétissants. Le civil chargé de nourrir les officiers reçoit 1 mark 50 par jour et « si la guerre dure longtemps, dit le docteur C., il fera fortune ». Lorsqu'un officier arrive au camp, il est soigneusement dépouillé de tout ce qu'il possède. Mais on lui donne un reçu !

A l'entrée de la prison, se trouve un corps de garde sur la porte duquel l'autorité allemande a fait écrire le mot « Wache », qui veut dire garde, mais qui prononcé à la française a une tout autre signification. Et naturellement les prisonniers désignent leurs gardiens sous ce vocable « Les Vaches ». Il y a ainsi « la vache portière », « la vache saoule » et même « la vache sympathique ».

Après 60 jours de captivité le docteur C. apprend que lui et ses compagnons vont être libérés. A partir de ce moment le traitement change du tout au tout. Conduits en auto-taxi à la gare, ils sont confortablement installés dans un wagon de première classe pour aller de Magdebourg à la frontière suisse. Ils sont traités avec une ostensible déférence, même par les gradés, durant le trajet. Leur passage ayant été signalé, à chaque gare le commandant militaire vient en personne veiller à leur sécurité. Des repas nombreux et copieux avaient été commandés le long de la route, dans les restaurants les plus renommés. La dernière nuit ils sommeillaient tranquillement dans leur wagon, lorsque à une heure du matin les portières s'ouvrent violemment et on leur dit de descendre souper. Ils hésitent ; on insiste et ils se décident enfin. Ils sont conduits au buffet d'Heidelberg où un délicieux souper froid était préparé pour eux, leur couvert mis sur une grande table dressée au milieu de la salle. Autour d'eux des dames et des messieurs sablaient joyeusement le champagne. « La mise en scène avait été soigneusement préparée. On se serait cru au troisième acte de la *Veuve Joyeuse*. Peut-être y avait-il dans un coin un opérateur cinématographique. » Au moment de la cigarette ils furent individuellement abordés par les buveurs des tables voisines. La conversation s'engagea en français. Le sujet, bien entendu, était la guerre; les Allemands avaient la certitude d'être victorieux, et tous ajoutaient : « Vous allez rentrer en France; dites à vos compatriotes que vous avez été bien traités chez nous, et assurez-les que nous ne sommes pas des barbares ».

On aurait voulu qu'ils emportassent un bon souvenir de l'hospitalité allemande. Mais pouvaient-ils oublier, « pour quelques heures de bons traitements, toutes les privations et toutes les vexations des deux mois précédents »? (*Le Temps.*)

LES SYMPATHIES DE LA SUISSE

VOICI le résumé d'autres souvenirs, ceux d'un jeune officier gravement blessé, qui montrent les sentiments de véritable humanité, celle des Suisses.

« Quelques centaines de prisonniers blessés attendaient, à Constance, leur tour d'être échangés contre des blessés allemands. L'ordre arrive. Ils entrent en Suisse où ils se sentent aussitôt comme entourés de sympathie. Des infirmières viennent les soigner. Des cadeaux de toutes sortes pleuvent à chaque gare. A une halte, en pleine Suisse allemande, des paysans apportent des pommes de terre : « Nous vous offrons ce que nous avons, disent-ils simplement, mais c'est avec tout notre cœur ».

« A Winthérthur, à Fribourg, à Lausanne, partout une foule enthousiaste, malgré la nuit, les attend au passage. L'auteur du récit raconte qu' « un vieillard a baisé sa main mutilée ». Des sacs remplis de friandises avaient été préparés et le jeune officier, vidant le sien, montre les innombrables « souvenirs » qu'il rapporte de ce voyage mémorable :

« Les cigarettes, le chocolat et les bonbons voisinent avec des cartes postales portant de touchantes inscriptions. « O glorieux mutilé! » « Salut à vous! » « Nous vous admirons, nous vous aimons. » « Vous êtes les défenseurs de la civilisation. Honneur à vous! »

« Ou bien encore, avec de véritables lettres. « Tu as bien rempli « ton devoir de soldat, et la France doit être fière de toi ; où as-tu été « blessé ? Les histoires de guerre m'intéressent beaucoup ; je voudrais « bien connaître la tienne, elle doit être glorieuse. »

« Cette lettre a été écrite par une jeune fille de Lausanne.

« On trouve également des photographies. Un petit garçon de douze ans a écrit derrière la sienne. « Un petit Suisse qui vous « aime. Vive la France ! Vive la Suisse ! » Une jeune fille : « Sou« venir de votre passage à Fribourg ». Et partout, toujours, les mêmes vœux reviennent. « Bon courage ! Vous aurez la victoire ! »

« Enfin sur une carte grossièrement peinte une fillette a écrit ces mots bien tristes dans leur simplicité. « Mon papa était capitaine. « Je suis une petite orpheline de sept ans. Je vous embrasse. »

« C'est la tendresse de tout un peuple éveillée sur le passage de nos enfants mutilés. C'est le vœu ardent de la Suisse indépendante et honnête. Le peuple suisse assiste de près aux événements qui déchirent l'Europe. Aux peuples lointains qui ne savent pas, par delà des mers, il signifie, en démontrant sa sympathie pour la France et en lui souhaitant la victoire : « Voilà celle qui lutte pour vous, pour le Droit des Nations, pour l'Honneur de l'Humanité. Aimez-là ! »

« Français ! quels lendemains nous sont promis après la victoire, si nous savons rester dignes de ces ardentes sympathies ! » (LATAPIE, *La Liberté*.)

LES PRISONNIERS ALLEMANDS EN FRANCE

En regard de la dureté, de la mesquinerie germaniques, voyons comment les Allemands prisonniers furent traités en France :

Une grande gare. Lentement les convois de prisonniers défilent. Ils sont une soixantaine dans un wagon de troisième classe ; à chaque portière veille un brave territorial, baïonnette au canon. Ils ont tous la même attitude. Vêtu de l'uniforme verdâtre, la casquette sans visière, l'air malade et sans pensée, les coudes aux genoux, l'air insconscient plutôt que féroce, tel apparaît presque toujours le soldat allemand vaincu. Les officiers sont installés dans un wagon à part et le plus souvent parlent à voix basse entre eux.

Ils affectent de se désintéresser de la foule curieuse qui les regarde. Cette foule est celle de nos femmes, enfants, vieillards, qui tous pensent douloureusement à leurs chers disparus. Elle ne cherche pas à frapper. Elle se contente de maudire au passage ces officiers qui s'en vont au camp où ils doivent être internés. Ils y coule-

LES PRISONNIERS ALLEMANDS, HEUREUX DE LEUR SORT EN FRANCE, ONT PARFOIS CHANTÉ LA « MARSEILLAISE ».

ront des jours paisibles à l'abri du danger, du froid et de la faim.

Souvent les officiers allemands ont montré une arrogance de bien mauvais aloi. Quelques-uns continuaient de brutaliser leurs soldats, qui une fois en France n'avaient plus peur d'eux et ne se gênaient pas pour le leur dire. D'autres prétendaient qu'on leur devait des égards particuliers. Un jour, dans une gare d'évacuation près de Paris, un de ces beaux officiers se plaignait d'être à côté de ses hommes qui sentaient mauvais :

« Vous n'aviez qu'à les tenir plus propres, lui répondit le commandant français. Vous êtes ici dans un pays de démocratie et d'humanité. Jamais un officier français ne demanderait à être séparé de ses hommes; il regarderait au contraire comme un honneur de voyager avec eux. »

Nos camps sont généralement des écoles, des casernes vides, des couvents désaffectés. Si les captifs y couchent sur la paille, du moins est-elle assez épaisse et fraîche et de bonne odeur. Elle vaut celle des territoriaux chargés de la surveillance. Les soldats allemands sont soumis au même régime que dans leur propre caserne. Sous les ordres de leurs sous-officiers, ils font silencieusement les corvées d'usage. L'arrivée d'un supérieur les fige dans une attitude de statue dont ils ne sortent qu'après un commandement, pour se remettre à la corvée interrompue. « Il semble que le prisonnier allemand garde sur son visage l'étonnement profond d'avoir reçu une gamelle de soupe bien chaude au lieu des douze balles d'un fusil. » C'est que si les soldats allemands aiment bien manger, les prisonniers eux, ne pensent qu'à cela. C'est le sujet de toutes leurs lettres. Très bien traités, ayant une nourriture vulgaire mais copieuse, le traditionnel rata, la soupe et la boule de son, ils se considèrent comme fort heureux sous ce rapport et vantent notre cuisine! Les soldats sont de grands enfants qui n'hésitent pas à rejeter sur leurs officiers les crimes qu'on leur reproche.

« On nous commandait », disent-ils. Si nous pouvions aller au fond des choses, nous saurions que plus d'un n'est pas si innocent des atrocités commises qu'il veut bien le dire. Soldats et officiers vivent dans une douce quiétude. Les soldats se désintéressent peu à peu de la guerre, et les officiers, malgré leur croix de fer, et leurs airs fanfarons sont, quand même, un peu penauds de vivre avec leurs soldats qu'ils ont si souvent maltraités et trompés. Adieu leur prestige! On a entendu un sergent dire en français correct : « Le Kaiser est un assez brave homme, mais le Kronprinz est un imbécile! » La critique est encore plus méchante lorsqu'elle est faite par un Lorrain de Metz ou un Alsacien de Colmar. Ces Français sont trop contents de se faire prendre pour envoyer leur casque à pointe par-dessus les moulins et parfois même prendre la capote bleue et le pantalon rouge. Dans les camps français on emploie les soldats à des travaux de terrassement ou de bétonnage. Ils ne sont pas roués de coups et harassés de travail comme les nôtres au delà du Rhin; ils ont cependant de quoi occuper leurs journées. D'ailleurs ce sont en général de bons ouvriers et qui travaillent, sans récriminer.

Aux officiers on laisse une assez grande liberté. Les paquets qui arrivent au camp contiennent souvent des livres pour eux. L'un d'eux montrait avec ostentation une collection de 1200 volumes qu'il a faite depuis la guerre. Des jeunes gens très riches, des nobles, des princes sont parmi les prisonniers et s'ils ont à travailler ils le font en gants... beurre frais. Ils ont le droit de recevoir de l'argent mais on ne leur donne que 25 francs par semaine pour leurs dépenses.

Faut-il nous reprocher cette douceur relative envers les prisonniers allemands? Non. Nous donnons ainsi une leçon de plus aux barbares, pour pouvoir sortir de ces combats sans une tache à notre drapeau. Au mois de mai 1915, dans un camp de prisonniers, à Quiberon, deux escouades revenaient de la corvée. Quelques hommes de la première escouade se mirent à fredonner la *Marseillaise*. D'autres, de la seconde escouade, commencèrent à la chanter à pleine voix, et tous, inconsciemment peut-être, lancèrent aux échos cette épopée de la liberté et du triomphe français, jetant le terrible « cri de colère », contre les tyrans

> Qui viennent jusque dans nos bras
> Egorger nos fils, nos compagnes!

Beaucoup d'entre eux avaient commis, au chant du *Deutschland über Alles*, les atrocités de Belgique et du nord de la France, alors qu'ils étaient empoisonnés de l'abominable kultur germanique. Arrachés à leur folie de grandeur et de sauvagerie, ils devenaient, au milieu des nôtres, des hommes nouveaux. « Ils ont respiré l'air de France, contemplé le ciel de France si doux et si profond; ils ont regardé vivre les hommes de ce pays, et un monde que la kultur leur cachait jalousement s'est révélé à eux. Alors dans la clarté heureuse d'un jour de printemps, le cœur attendri devant la nature rajeunie, ils se sont retrouvés eux-mêmes, et tout l'émoi qui leur remplissait le cœur leur a jailli aux lèvres en une vibrante *Marseillaise*, qui est le chant de l'humanité contre la tyrannie.

« Ceux-là sont des affranchis que la kultur ne reprendra jamais. »

(Roland de Marès, *Le Temps*.)

A L'AMBULANCE DE NEUFMOUTIERS.

LES BLESSÉS

« ... La grande pitié qui est au cœur de France.... »

JEANNE D'ARC.

LA RELÈVE DES BLESSÉS

« Un homme blessé n'est plus un ennemi. »

Cette règle ne s'impose pas, elle est naturelle aux nations civilisées. Sur un champ de bataille il n'y a que des malheureux qui souffrent, qui agonisent et qu'il faut secourir. C'est la grande égalité de la douleur qui commence.

L'immense développement du front des armées et la forme de la guerre rendent difficile la relève des blessés ; le cœur se serre à la pensée de ceux qui meurent faute de soins, laissés là parmi tant d'autres qui déjà ne bougent plus.

Cependant le service de relève des blessés a été organisé de façon remarquable. Dès que la nuit approche et apporte un peu de trêve à la fureur du combat, les infirmiers régimentaires recherchent ceux de leurs camarades tombés; mais ces hommes viennent de se battre; ils ont une si lourde tâche qu'ils sont vite exténués; ils ne disposent d'aucun moyen de transport; leur aide est plus morale qu'efficace, ils ne ramènent avec eux qu'un petit nombre de blessés, parmi les moins atteints. Mais ils n'en ont pas moins fait œuvre fort utile; leur présence et leur parole ont apporté du réconfort; ils ont pu aider maint blessé à appliquer sur sa plaie le pansement individuel que chacun porte dans son sac — ouate hydrophile, teinture d'iode — qui empêche tant de blessures de s'infecter, qui arrête tant d'hémorragies et sauve tant de vies précieuses. Puis, le service régulier des brancardiers commence.

Ils se placent sur une ligne, à deux mètres environ les uns des autres, ressemblant ainsi à un immense râteau: ils avancent le plus souvent à plat ventre, se glissent en sondant les trous, regardant derrière les buissons, les pans de mur; ils déplacent les cadavres amoncelés, s'assurent qu'il n'y a plus un battement au cœur des blessés qu'ils palpent; mais c'est la nuit, ils y voient mal pour rester en contact les uns avec les autres; parfois ils s'écartent un peu, et malgré leur zèle, leur dévouement constant, ils peuvent oublier des blessés trop faibles pour appeler ou gémir. Leur tâche est difficile, pénible, souvent dangereuse; on peut toujours craindre le retour de l'ennemi ou la traîtrise d'un Allemand blessé qui se soulève et tire.

Aussi leur a-t-on donné des chiens sanitaires, dressés à la recherche des blessés. Beaucoup de nos vaillants soldats doivent la vie à ces intelligentes bêtes dont le flair merveilleux, l'instinct et l'adresse s'ajoutent si utilement au travail des brancardiers. On ne peut lire sans émotion l'histoire de ce brave soldat, blessé à la bataille de la Marne et sauvé par un chien ambulancier :

« Quand il sortit d'un long évanouissement, la nuit enveloppait la campagne. Un silence impressionnant avait succédé à la chaude journée. De longs moments passèrent. Hélas! les brancardiers avaient dû faire leur ronde. Le malheureux se sentait perdu. Tout à coup, un souffle chaud passa sur son visage, et après une courte anxiété, il comprit que c'était un chien. Malgré ses vives souffrances, il parvint à se soulever un peu.... Cependant une inquiétude nouvelle l'envahit : il se souvint que les chiens sanitaires sont habitués à prendre le képi du blessé pour le porter aux infirmiers. Et lui n'avait plus de képi !

« La bonne bête était comme désorientée, elle restait là, hésitante et un peu craintive ; elle semblait se croire en faute parce qu'elle ne trouvait pas de képi. Mais l'homme eut la force de lui indiquer par signes la direction du bivouac. « Va, disait-il en même temps, va « chercher les camarades.... »

« Le chien partit alors comme un trait et arriva bientôt au campe-

BLESSÉ TRANSPORTÉ A DOS D'HOMME DANS UNE AUTOMOBILE QUI DOIT LE CONDUIRE A L'AMBULANCE.

ment où son agitation fit comprendre aux brancardiers qu'ils devaient le suivre. Le soldat, un boulanger du Mans, fut ainsi sauvé par un brave chien. » (*Lectures pour tous*, 1915.)

L'ambulance établie pour les premiers soins à donner est parfois loin du champ de bataille ; les blessés placés sur les civières y sont transportés ; les moins atteints s'y rendent eux-mêmes, ils avancent lentement, se soutenant, s'entr'aidant, parfois même se portant l'un l'autre ; ils se suivent sans hâte, saignants, loqueteux, boueux ; ils vont au long des routes, se rangeant dociles pour laisser passer des convois de munitions ou des compagnies en marche. Malgré leur douleur ils prennent un air gaillard et ceux qui passent les saluent. Les brancardiers portent des civières; des voitures-ambulances transportent d'autres blessés : figures blêmes, yeux fermés, vêtements en lambeaux; le tout laisse une longue traînée sanglante.

Mais voici l'ambulance presque confortable, le premier refuge où l'on trouvera des adoucissements aux douleurs. Le médecin-chef est là; toute apparence de pitié a disparu de sa face, il en a déjà tant vu! Les aides défont les pansements, des ordres brefs sont donnés : « Toi ici. — Celui-là sur le lit. — Cet autre à la salle d'opération. »

Les vêtements maculés s'accumulent dans un coin; il en sort une chaude et fade odeur de sang, de boue. Peu ou pas de cris, à peine quelques gémissements; avec patience chacun attend son tour, courbé devant la discipline du chirurgien comme devant celle de l'armée, et le silence qui pèse sur toutes ces choses est tragique. Il en arrive sans cesse; beaucoup sont blessés aux jambes; malheur à qui le fut par une balle explosive! en entrant elle n'a fait qu'un petit trou, mais pour ressortir quelle effroyable déchirure! Les Barbares avaient pourtant signé la convention qui défendait de s'en servir!... Les blessures à la tête sont affreuses à voir, à cause du sang coagulé qui forme comme un masque sur le visage, mais elles ne sont pas les plus dangereuses; le plus souvent c'est un éclat d'obus qui a déchiré le cuir chevelu, et c'est moins grave que des éclats de shrapnels logés dans le crâne tout près du cerveau.

Les aides se sont emparés de ces héros abattus; l'eau tiède a enlevé la hideur des plaies; le linge blanc a remplacé la trouée rouge; la boisson chaude a calmé le claquement des mâchoires; le chirurgien a réconforté celui-ci, rassuré cet autre; un peu de joie reparaît. Maintenant, il faut évacuer les blessés sur les vraies ambulances ou sur les hôpitaux confortables, plus hygiéniques que cette installation hâtivement aménagée. Il faut aussi laisser la place à ceux de demain!

Rarement la gare et les trains sont assez près pour recevoir et transporter nos mutilés; on emploie les autobus, les voitures d'ambulances, les autos aménagées à cet effet; tous ces véhicules gagnent la gare la plus proche, et de là, en route par le train sanitaire, pour Paris ou pour toute autre ville offrant les ressources matérielles et médicales nécessaires.

Le départ a de la mélancolie et de la grandeur. Quand tous les blessés y ont pris place, ils font leurs adieux à ceux qui restent

« A bientôt! » Les autres répondent simplement : « Oui, a bientôt ». Ils ont l'espoir de guérir vite, afin de revenir combattre et d'anéantir l'Allemand maudit.

TRAINS SANITAIRES

Au début de la guerre, les trains sanitaires n'étaient pas assez nombreux; peu à peu on en organisa plusieurs centaines.

On utilisait toutes les voitures disponibles; les blessés étaient traités comme des voyageurs ordinaires; ils étaient pansés aux arrêts par les infirmiers des gares. La perfection est venue ensuite; il y eut de longues et confortables voitures aménagées pour le transport des blessés gravement atteints. Cette amélioration permit de débarrasser rapidement les hôpitaux voisins des champs de bataille.

Les trains sanitaires ont tout le confort et toute l'hygiène désirables; les uns sont réservés aux grands blessés, d'autres ont seulement des fourgons pour blessés couchés ou assis. Enfin une troisième catégorie comprend des voitures munies d'appareils à suspension pour brancards réservés aux blessés couchés. Ces derniers trains ne sont utilisés que pour les évacuations intensives.

Mais pour que ces trains servent *d'hôpitaux roulants* il a fallu les munir de certains appareils indispensables : cuisine avec marmites, garde-manger, etc.; tisanerie avec fourneau procurant en une heure 200 litres d'eau bouillante et permettant de distribuer des boissons chaudes, de faire des pansements aseptiques; pharmacie, salle de pansement pourvue d'une table d'opération, etc.

Cela rend supportable le triste voyage de retour; pendant le trajet, les souffrances sont allégées; aux arrêts, femmes et jeunes filles apportent à nos braves le réconfort de leur présence : elles distribuent du tabac, de la nourriture, des friandises, que l'on trouve meilleures après en avoir été privé.

AMBULANCES FRANÇAISES, ÉTRANGÈRES, CROIX-ROUGE

On peut dire que la guerre de 1914 a créé « l'Union humanitaire des peuples »; de toutes les parties du monde sont parvenus des témoignages de sympathie pour les douleurs de la Belgique martyre et de la France meurtrie. Mais les paroles ne suffisaient pas, le principal était de trouver des ressources pour soulager tant de misère, pour panser tant de plaies. Ce fut parmi les fortunés, les gens aisés, les modestes même, un admirable élan du cœur. D'innombrables œuvres de bienfaisance naquirent du jour au lendemain, en faveur de ceux qui partaient, de ceux qui se battaient, de leurs femmes et de leurs enfants restés à la maison.

Pour les blessés surtout, les œuvres de l'initiative privée rivalisèrent avec celles de l'État et des villes.

La sanglante retraite du mois d'août, la bataille de la Marne et tant d'autres causèrent des pertes cruelles qui remplirent nos hôpitaux; beaucoup de monuments publics, les lycées et collèges, les écoles furent transformés en ambulances.

Quel plus bel usage les gens riches pouvaient-il faire de leur fortune, sinon d'installer à leurs frais une ambulance? Beaucoup y mirent leur argent, leurs soins, et tout leur cœur.

Ce fut une joie bien réconfortante de voir tous les partis fondus, les rivalités oubliées dans la pensée unique de soulager la souffrance. Les alliés, les pays neutres, créèrent chez nous des ambulances, donnant ainsi le plus bel exemple de charité et d'estime : l'ambulance japonaise, magnifiquement installée; l'ambulance américaine de Neuilly, avec sa succursale de Jouarre; la Croix-Rouge américaine, témoignèrent de la générosité de pays lointains sur la carte, si proches de nous par le sentiment, et à qui nous gardons une reconnaissance émue.

L'hôpital japonais a été installé en plein quartier des Champs-Élysées, dans l'ancien hôtel Astoria, l'un des plus luxueux de Paris. Il n'a pas fallu moins de 370 colis énormes pour amener d'Extrême-Orient les fioles, les produits pharmaceutiques, les instruments de chirurgie, le linge, les tables opératoires. Et tout cela si soigneusement placé dans les écrins, dans les morceaux de bambous, que deux petites bouteilles seulement ont été cassées au cours du long voyage. C'est que pour le soin, l'ordre, la précision, la sûreté des mouvements, les Japonais n'ont pas leurs pareils; ils portent partout le souci de la perfection.

« Toute la maison est un hôpital modèle. Quand les yeux se sont rassasiés de l'amusant et émouvant contraste entre les blessés, nos troupiers à la bonne franquette, et ceux qui les soignent, ces petits hommes et ces petites femmes jaunes au regard si vif derrière leurs lunettes, ils n'ont plus qu'à admirer l'habileté, l'étonnante sûreté des chirurgiens, la douceur muette et la gentillesse des infirmières.

Vraiment, « ces Japonais sont étonnants! Quant à leurs infirmières, si elles sont trop faibles pour soulever les grands corps de nos Français, il faut étudier et copier leurs méthodes de pansement, faites de clarté, de rapidité et de simplicité. Tout marche à la baguette, chacune sait exactement ce qu'elle doit faire; chacune fait une chose et rien qu'une chose, chacune est affectée à une phase de

ON TRANSPORTE LES BLESSÉS VERS LES VILLES DE L'INTÉRIEUR SOIT PAR AUTOMOBILES, SOIT PAR TRAIN SANITAIRE, SOIT PAR BATEAUX. CEUX-CI, INSTALLÉS DANS UNE PÉNICHE AMBULANCE, Y ONT TOUTE LA TRANQUILLITÉ ET TOUS LES SOINS D'UN EXCELLENT HOPITAL.

pansement; on pourrait presque dire : chacune doit toujours répéter le même geste. Elles ont le sens du malade. Aussi tout va bien et vite.... Et si polies! Elles saluent d'un beau plongeon les soldats avant de les soigner. Vous devinez si nos poilus sont surpris et flattés. D'ailleurs le Japon est le pays de la politesse.... Ne nous a-t-on pas remis une sorte de manuel permettant de converser avec nos gentilles collègues de Tokio? Que de raffinements! Croiriez-vous que ce formulaire indique quatre façons différentes de dire ce seul mot : « bonjour », — bonjour le matin... bonjour dans la journée... bonjour quand il fait chaud... bonjour quand il fait froid... c'est inouï.... Et notre infirmière s'éloigne pour aller donner la « becquée » à un amputé! » (G. Cain.)

Oh! les braves cœurs!

C'est dans le malheur que les preuves d'amitié sont le plus touchantes. Jamais la France n'oubliera ce que les Japonais ont fait pour elle dans la grande guerre de 1914. Et la tristesse de voir l'humanité si méchante au centre de l'Europe est éclairée par ce rayon d'humanité supérieure venu du pays du Soleil Levant.

LES FEMMES DE FRANCE

La Croix-Rouge française est la plus ancienne, la plus puissante des œuvres utiles à nos blessés; elle a encore perfectionné son organisation; on n'imagine rien de mieux que les récentes autos destinées au transport des blessés; le confortable et l'hygiène de ses ambulances sont remarquables; toutes les femmes françaises qui en font partie rivalisent d'ardeur et de dévouement, de courage et de vaillance.

Elles ont fondé des hôpitaux, des ouvroirs; excellentes infirmières, elles sont à leur poste du matin au soir. Les femmes les plus délicates n'ont pas reculé devant des besognes rebutantes. Beaucoup d'entre elles ont fait le terrible service des gares : dans la nuit elles allaient de wagons en wagons, pansant les plaies, versant des boissons chaudes, et chez ces femmes pour la plupart habituées au luxe l'effort était plus magnifique encore.

Grandes dames et ouvrières se sont penchées sur les mêmes lits de souffrance.

On avait coutume de dire autrefois que la maladie tuait autant d'hommes que la guerre elle-même. Quelles effroyables pertes nous eût causées, s'il en eût encore été ainsi, la guerre de 1914, où tant de millions d'hommes étaient engagés, où les moyens de destructions étaient si perfectionnés! Heureusement, la science médicale a fait d'immenses progrès depuis les découvertes de Pasteur; on a continué ses travaux sur les poussières malfaisantes; on a recherché et trouvé le microbe propagateur, et une fois trouvé, il était vaincu. On a donné une grande publicité aux découvertes des savants; par l'école primaire, par le journal, par les renseignements que fournissent médecins et officiers on a instruit le peuple; les moins lettrés de nos soldats ont connu les dangers de la terre sale, des linges souillés; ils ont appris qu'une plaie mal soignée peut amener des complications redoutables; ils emportent tous un paquet de pansement; dès qu'un blessé tombe il se panse lui-même s'il le peut, et s'il ne le peut pas, un camarade lui donne le premier soin. Si les soldats de

INTÉRIEUR D'UNE AMBULANCE DANS UN WAGON DE CHEMIN DE FER.

l'Empire avaient possédé la teinture d'iode, Napoléon n'aurait peut-être pas succombé!

Ce pansement, même imparfait, permet de gagner l'ambulance du front ou tout au moins d'attendre l'arrivée des brancardiers.

Quant à la chirurgie, elle a fait des progrès véritablement extraordinaires. La pourriture d'hôpital, le fléau des guerres d'autrefois, et même de celle de 1870, a complètement disparu; les *méthodes antiseptiques* permettent de tenter toutes les opérations; la radiographie fait reconnaître l'endroit exact des balles à extraire et guide la main du chirurgien; grâce à l'une et à l'autre, tel soldat qui a reçu onze balles dans le corps, était au bout de quelques semaines en excellent état et pouvait écrire à sa femme des détails sur ses blessures; on cite un père de soixante-trois ans qui sauva son fils par la transfusion du sang; un blessé dont le nez arraché fut remplacé par un autre greffé en bonne place; un sergent qui a gardé quatre mois un éclat de grenade dans le cœur et qui guérit, le docteur Baussenat, chirurgien en chef d'un hôpital militaire, s'étant chargé

Cl. Chusseau-Flaviens

LES TIRAILLEURS ALGÉRIENS BLESSÉS SUPPORTENT BRAVEMENT LES ENNUIS DU TRANSPORT ET DES SOINS NÉCESSAIRES A LEUR GUÉRISON.

de la délicate opération d'ouvrir le cœur du patient et d'en extraire le morceau de métal. Le redoutable fléau de la variole et de la fièvre typhoïde ne sont presque plus à craindre depuis que la vaccination préventive est appliquée régulièrement, que l'on se préoccupe des soins de propreté — au moins de temps en temps — du corps et des mains, que l'on purifie l'eau de boisson soit en la faisant bouillir, soit en y ajoutant certaines substances chimiques dont s'est enrichie la pharmacie.

Il faut dire que le service de santé eut à accomplir une tâche bien plus grande que dans les guerres précédentes, non seulement à cause des millions d'hommes mobilisés, mais encore parce que cette guerre souterraine fit naître des complications presque inconnues auparavant, dont les deux principales étaient le *tétanos* et la *gangrène gazeuse*.

Le microbe du tétanos est partout à la surface du sol, et chaque éclat d'obus maculé de terre, chaque morceau d'étoffe entraîné avec le projectile, peut infecter la blessure. Après quelques mois de guerre, on avait trouvé les moyens d'arrêter ses méfaits presque complètement. La gangrène fut plus rebelle. Les microbes qui la produisent vivent dans la terre, parce qu'ils craignent la lumière et le grand air; la guerre de tranchées les a fait sortir; les plaies déchiquetées produites par les bombes, obus, grenades les ont mis largement en contact avec le sang de nos hommes; de là ces affreux accidents, ces sortes d'énormes abcès ou œdèmes, d'où s'échappent des gaz fétides, et qui amènent une mort si rapide. Impossible de les prévenir par aucun vaccin ; impossible — pendant longtemps — de limiter et de détruire les infections. Enfin la chimie livra un composé de chlore, — le 30, c'est-à-dire le trentième produit fabriqué et essayé par l'inventeur, M. Dakin — qui donna des résultats merveilleux. Ce terrible chlore, si souvent à la base des gaz asphyxiants employés contre nous par les Allemands, manié cette fois par une science vraiment humaine, se révélait comme un bienfaiteur.

C'est ainsi que par des soins intelligents et dévoués, on sauve beaucoup de blessés, presque tous même. Songez que plus de la moitié, 60 p. 100 ont pu retourner combattre au bout de quelques mois. Si seulement l'ennemi nous laissait les ramasser, ou s'il les soignait aussi bien de son côté!

Autrefois les blessés étaient sacrés; mais la férocité des Tudesques s'exerce là comme partout. Combien en ont-ils achevés, de ceux qui restaient sur le champ de bataille! Combien d'ambulances n'ont-ils pas bombardées sans nécessité. Aucun respect pour les monuments de la Croix-Rouge, où des blessés — les leurs et les nôtres — sont soignés. Poursuivant leur œuvre de haine et de rage, ils inondaient de benzine et de pétrole les édifices abritant la souffrance; l'incendie s'allumait, la flamme rouge s'élançait tandis que de la fournaise montaient les cris d'horreur des malheureux incapables de fuir. Qui pourra jamais oublier ces crimes monstrueux?

BLESSÉS ENNEMIS EN FRANCE

PENDANT la guerre, l'honneur et l'humanité nous font un devoir de traiter comme les nôtres les blessés ennemis qui tombent entre nos mains; nous leur donnons les mêmes soins; nos infirmières, nos médecins se dévouent pour eux avec le même courage simple; ils sont forcés de le reconnaître malgré leur mauvaise foi.

Un Allemand, soigné par des dames françaises dans une ambulance belge déclare qu' « il dirait à Berlin ce que sont en réalité les dames françaises dans les ambulances et comment elles furent pour leurs ennemis la personnification de la charité et de la bonté ».

Un autre, le docteur Finck écrivit dans une revue allemande qu'il fut fait prisonnier avec son ambulance le 11 septembre; le capitaine français lui donna pour garder son ambulance une section de soldats commandée par un caporal qui « s'employa de façon consciencieuse et touchante vis-à-vis des blessés », pour qu'ils fussent abondamment pourvus de nourriture, de paillasses et même de literie, allant jusqu'à retirer son propre manteau, pour en couvrir un soldat allemand. Beaucoup d'autres soldats français vinrent regarder les blessés dans la grange; aucun n'eut sur les lèvres la moindre injure; au contraire ils donnaient pain, vin, leur propre pansement individuel. Bientôt arrivèrent médecins et prêtres français pour aider à l'ambulance, se mettant à la disposition du major. Un officier français vint dire qu'il y avait d'autres blessés allemands aux environs et aida à les relever avec sa propre auto. Sur tout le parcours il en fut ainsi. A chaque grande gare un médecin français s'informait, aidait avec beaucoup de soin et de compétence. « Comme médecin je fus traité tout à fait confraternellement et avec de grands égards par le personnel français de l'hôpital. » On les mit, pour le retour, dans un wagon de première classe et ils furent accompagnés par un officier français.

Tels sont les faits.

Quels sentiments inspirent-ils au docteur Finck?

« C'est par crainte, dit-il que les Français agissent ainsi ! »

Sans doute la crainte de valets pour leurs maîtres, puisque les Allemands se croient une race de maîtres. Celui-là est de la même nature que les officiers de la Kommandantur de Bruxelles qui, le 25 septembre sablaient le champagne autour d'une table admirablement fleurie, pendant que médecins et dames belges soignaient leurs blessés dans une salle voisine : l'orgie à côté de la douleur sacrée !

En revanche à Poitiers 46 blessés, officiers et soldats, allemands guéris témoignèrent par des lettres individuelles qu'ils avaient été très bien soignés, très bien nourris, que le personnel avait été rempli d'attentions pour eux; quelques-uns exprimèrent « leur plus grande reconnaissance » leur « plus sincère remerciement ».

C'est un rafraîchissement pour le cœur de trouver parmi eux des gens dignes de s'appeler des hommes.

Contraste bien caractéristique entre l'orgueilleuse barbarie décorée du nom de kultur et l'humaine civilisation que nous et nos alliés avons reçue des âges antérieurs, des peuples qui nous ont précédés et que nous nous efforçons modestement de faire fructifier.

Mille autres traits le prouvent, qui ne sont pas seulement dus à des médecins ou à des infirmiers, dont c'est en quelque sorte le métier de se montrer bons et compatissants, ou encore à des officiers d'une culture supérieure, mais aux gens les plus simples qui n'obéissent qu'à leur instinct et à leur cœur de Français.

Tel ce blessé originaire de Chamonix atteint à la jambe si gravement qu'il devait sortir de l'hôpital infirme pour toujours. Une infirmière raconte dans ses cahiers [1] qu'elle prit de l'eau tiède et passa un linge mouillé sur ses mains noires et dures. Il ouvrit les yeux, la regarda et la remercia doucement. Alors elle se hasarda à lui demander :

Est-ce dans la tranchée que vous avez été blessé ?

— Non.

Elle attendit, n'osant l'interroger davantage. Mais elle avait fixé sur lui ses yeux remplis d'une sympathie si vraie, qu'il obéit instinctivement à ce désir et ajouta : « Nous étions allés faire une reconnaissance dans un bois, mais au retour ils nous ont repérés et les

1. *Les Cahiers d'une infirmière*, par Mlle Noelle Roger.

obus sont tombés sur nous. Alors toute la patrouille s'est mise à courir pour gagner l'abri, à quelques cents mètres. »

Il s'arrêta encore et elle, poussée par un intense besoin de savoir, demanda : « Et vous n'avez pas pu courir assez vite ? »

Un semblant de sourire passa sur le visage douloureux :

« Oh! moi, j'étais empêché, j'avais fait un prisonnier... il était déjà un peu blessé. Et puis, le premier obus l'atteignit... il n'allait pas vite. »

L'infirmière, stupéfaite, s'écria :

« Mais comment ne l'avez-vous pas laissé? »

Il répondit à voix basse :

« Les autres me criaient bien de le laisser, mais je n'ai pas voulu. »

Les traits les plus beaux que l'antiquité classique a légués à notre admiration ne contiennent rien de comparable à la sublime simplicité de ce montagnard qui a risqué la mort pour ne pas abandonner un ennemi blessé.

NOS BLESSÉS EN ALLEMAGNE

Nous avons eu un assez grand nombre de blessés en pays ennemi. Les uns, atteints plus ou moins légèrement, ont été, aussitôt la convalescence venue, traités comme prisonniers de guerre, internés dans les camps et soumis au régime des prisonniers.

Les autres, ceux qu'on appelle les grands blessés, — trop nombreux hélas! car la chirurgie allemande coupe plus vite que la nôtre les bras ou les jambes — sont restés pendant de bien longs mois au delà du Rhin dans les hôpitaux.

En certains endroits, ils ont été assez convenablement soignés, avec rudesse, mais selon de bonnes méthodes scientifiques. La plus grande tristesse pour eux était de se sentir au milieu de gens hostiles, de n'entendre que ces voix gutturales, de n'apprendre que des nouvelles mauvaises de notre pays. Le blessé amputé qui a donné son sang, son bras, sa jambe pour la France, souffre moins s'il sait que son sacrifice a été utile, que grâce à lui et à ses camarades la guerre est en bonne voie. Or ils n'apprenaient que des victoires allemandes. Ils savaient bien qu'on les trompait. Mais comment discerner la part de vérité? Comment être assez forts toujours, pour dominer le chagrin qui se glisse goutte à goutte et qui finit par affaiblir les plus robustes volontés?

Longtemps le gouvernement allemand s'entêta à les retenir contre tout droit. Obstination, vanité; ils faisaient nombre parmi les prisonniers; ils servaient en quelque sorte de trophées; on les montrait aux populations boches comme preuve des triomphes de leurs armées, des hauts faits accomplis. Cruel orgueil qui joue ainsi avec la souffrance humaine.

Enfin, à l'appel du pape, on accepta de les échanger contre un nombre égal de grands blessés allemands à qui nous ne demandions pas mieux, depuis longtemps, que de faire repasser la frontière. On les renvoya par la Suisse en juin et juillet comme on avait fait un peu auparavant pour les otages civils trop âgés ou malades.

Oh! quelle joie lorsqu'ils arrivèrent en Suisse! C'est par la gare de Constance que se faisait l'échange. Jusque-là malgré des manières correctes, c'était la gêne et la contrainte du pays ennemi, la dure discipline à la prussienne, la morgue des officiers et des contrôleurs du train; dans les gares la curiosité haineuse, indiscrète, parfois pis encore, la grossière compassion de quelque lourd buveur de bière qui, pour faire montre de la magnanimité allemande, se détachait d'un groupe bruyant et venait offrir « une délikatesse », toujours refusée d'un geste froid.

Aussitôt en Suisse, changement complet; dans les paroles, dans les moindres gestes, il y a de la sympathie et c'est de cela qu'on vit; les mains se tendent, des fleurs sont offertes, de bons sourires accompagnent les rafraîchissements du buffet, les vivats éclatent; on sent des compliments sincères, c'est la « douce voix du cœur qui seule au cœur arrive ».

Tout le voyage à travers la Suisse, les haltes à Zürich, à Genève, c'est la résurrection et la joie, aux accents de la *Marseillaise*, aux cris mille fois répétés de « Vive la France! » et « Vive la Suisse! »

Puis, retour dans la France elle-même. Après le passage de la frontière, où quelques personnes seulement pouvaient souhaiter la bienvenue et offrir des fleurs de France, c'est Lyon qui recevait les grands blessés, de même qu'elle avait déjà reçu les otages.

Ce train qui glisse doucement comme s'il craignait de raviver des blessures encore mal cicatrisées, avec quelle émotion n'est-il pas attendu dans la vaste gare; avec quel attendrissement n'est-il pas salué lorsqu'il entre enfin sous le hall! Des centaines de têtes aux portières, képis usés et flétris, uniformes délabrés qui racontent la gloire, la bravoure, la misère et l'exil. Toutes les portières du train et toutes les boutonnières des capotes chargées de fleurs bleues, blanches, rouges.

Douloureuse apparition; mais quel plus beau et plus fier spectacle put jamais être donné à des cœurs français? La foule immense qui couvre les quais, recueillie, anxieuse, le cœur gonflé, garde un silence impressionnant, comme dans un temple dont la voûte serait le ciel; les innombrables délégations de la ville; en avant, les officiers, les infirmières toutes blanches, auréolées de grâce et de bonté, toute l'âme ardente et contenue, toute l'âme profonde de la France venant bénir ceux qui l'ont défendue. Devant la gare, rangs de cuirassiers et de dragons, sabre au clair.

Au moment où le train va s'arrêter, quand les blessés valides entassés aux portières et sur les plates-formes, agitant leurs képis fanés et leurs petits drapeaux tricolores tout neufs crient: « Vive la France! » il y a des voix qui ne peuvent plus le dire tant elles l'ont crié depuis Constance.

Sur le quai les clairons sonnent aux champs. Cet accueil clair et vif, c'est le salut de l'armée à ses frères d'armes; il rappelle la bataille enivrante, les journées de la Marne, de l'Yser; dans ses notes passe toute la vieille âme guerrière de la France éternelle. Et tout de suite après, l'entraînante et puissante *Marseillaise*. Les portières s'ouvrent définitivement, les héros descendent; ce sont les dames de la Croix-Rouge qui offrent les premières mains à serrer, les premiers bras pour soutenir et guider les pas chancelants, qui offrent à ces glorieux enfants le baiser de la France reconnaissante. « La foule fait la haie pour le passage des mutilés et des infirmières, celles-ci portant leur musette, modeste bagage, où il n'y a que des souvenirs de souffrance et de pauvreté. Leurs camarades infirmes soignés en France et qui déjà ont appris un métier, précisément à l'école professionnelle de Lyon, sont là. Quelle poignante émotion étreint la foule quand l'un d'eux se jette à cloche-pied dans les bras d'un « revenant » qu'il avait cru perdu à jamais et lui crie : Mon frère! » (*Le Figaro.*)

La gare a été transformée en une sorte de salle de fêtes; des personnages officiels, le Maire, le Général, le Préfet, souhaitent la bienvenue à nos chers enfants. Table garnie de fleurs, mais appareil très simple et simples aussi les paroles du Maire au nom de la ville de Lyon et de la France. C'est la mère qui dit à son cher blessé, échappé de tant d'épreuves, que « plus il aura souffert, plus elle saura l'aimer ». On acclame les officiers suisses qui sont venus jusque-là ; on dit aux nôtres sincèrement où nous en sommes ; ce qui s'est passé, l'espoir solide en l'avenir....

LES BLESSÉS GUÉRIS

Un peu plus de la moitié des blessés ont pu retourner au front, où beaucoup ont reçu de nouvelles blessures. Finalement parmi ceux qu'il a fallu réformer, soit du premier coup, soit après un second ou un troisième passage à l'hôpital, il y eut dans cette guerre gigantesque des centaines de mille estropiés.

Tel était dessinateur et il perdit le bras droit ; tel laboureur fut amputé d'une jambe, tel chanteur ou avocat eut la gorge traversée d'une balle ; d'autres devinrent aveugles ou sourds, ou gardèrent de l'explosion des gaz un tremblement nerveux inguérissable.

Tous *ces grands blessés* sont désormais des infirmes, les uns invalides privés de l'usage de leurs membres, les autres n'ayant plus la vigueur qui fait que l'on aime marcher, courir, aller à bicyclette, jouer aux boules ou au tennis, ou plus simplement rouler une cigarette, boire, manger, s'habiller, saluer ; ils ont perdu le moyen de gagner leur vie. Ils ne peuvent plus exercer leur métier d'avant la guerre. Dans la rue chacun s'incline avec respect, admiration devant leur glorieuse mutilation presque toujours accompagnée de la Croix de guerre ; dans leur famille la tendresse se fait pour eux plus douce et plus caline parce que chacun sait qu'ils ont souffert pour nous.

Mais cela ne suffit pas. L'État leur assure une pension pour les faire subsister. Cela ne suffit pas encore. Ils ont leur fierté. Le travail seul, et l'argent gagné par le travail donnent la véritable dignité.

Pour les invalides de guerre, Louis XIV avait construit le fastueux hôtel qui porte leur nom, où le maréchal Catinat ne dédaignait pas de venir s'asseoir à leurs tables de bois. Il faudrait aujourd'hui cent hôtels des Invalides. On leur donnait des places de gardiens de musées, de jardins publics, d'employés dans l'administration ; c'était bien ; on continuera, mais pour tant d'invalides l'on doit chercher autre chose encore.

Ce que l'immortel abbé de l'Épée fit pour les aveugles, en les rendant à la vie, on le fait pour tous les mutilés. Les plus touchants restent les aveugles; on multiplie, suivant des méthodes d'instruction connues, les instituts qui leur sont destinés. Les autres ont été aussi, dès le début de la guerre, l'objet de la sollicitude générale. A Lyon, à Paris, à Rouen, à Nantes, à Clermont, à Bordeaux, etc., dans des bâtiments fournis par les municipalités ou les départements, avec des ressources provenant en grande partie d'offrandes volontaires, on a installé des écoles professionnelles pour la rééducation des blessés. Et l'on a obtenu dès le début des résultats magnifiques.

Cet ancien maçon, ce modeleur, cet ajusteur, ce plombier qui n'ont plus qu'un bras ou plus qu'une jambe, mais qui possèdent une certaine instruction, deviendront par exemple des comptables, des sténo-dactylographes. L'instruction première leur fait-elle défaut? qu'à cela ne tienne : des cours de calcul, de langues vivantes, de géographie, de français, offerts à tous, c'est-à-dire un bon complément d'instruction les mettront rapidement en état d'apprendre comptabilité et machine à écrire; on a vu de jeunes soldats écrire très lisiblement de la main gauche au bout de deux mois, et faire de véritables calligraphes au bout de six mois, d'autres se servir dans le même temps convenablement de la machine à écrire, avec un seul doigt resté au bout de leur main gauche.

Maint cultivateur ou jardinier a voulu revenir à la terre, à la terre qui l'avait élevé et qu'il a arrosée de son sang; il y a donc des cours d'agriculture et d'horticulture : sous la direction générale d'hommes de science, de médecins éclairés et d'habiles instituteurs, qui ont compris la manière de faire cette éducation nouvelle, on peut voir des mutilés appuyés sur le pilon d'une jambe coupée, piocher et même planter des légumes, choux ou salades, et d'autres bêcher d'un seul bras, par un habile mouvement qui fait basculer le manche de bêche sur la jambe pliée.

Naturellement les métiers sédentaires de cordonniers, tailleurs, relieurs, brocheurs et menuisiers reçoivent un grand nombre d'apprentis. Les fabricants de jouets sont légion : une jolie industrie, qui exige de la finesse, du goût, de l'habileté et de l'intelligence, où nous avions la réputation d'exceller autrefois, et que les Allemands nous avaient prise en copiant nos modèles. Juste revanche, et imprévue ; la guerre va nous rendre notre ancienne supériorité et nos anciens clients. Car ce qu'il y a d'admirable dans cette rééducation par l'école professionnelle, c'est qu'en plus du simple gagne-pain qu'elle donne aux ouvriers, elle fait d'eux des ouvriers modèles. L'ancien artisan français, inimitable pour l'ingéniosité et l'habileté manuelle, avait disparu, chassé par la machinerie de la grande industrie, où l'on gagne un peu d'argent dès l'âge de treize ans, mais où l'on ne se perfectionne pas, parce que l'on fait toujours le même travail routinier.

Dans nos écoles professionnelles pour blessés de guerre, on n'est pas pressé, on a d'excellents maîtres, on procède par ordre, on fait un apprentissage à la fois scientifique, méthodique, intelligent, on s'attache vraiment à son travail, on devient ouvrier d'élite. Le vieux renom de l'industrie française y gagnera chez nous et au loin ; ce ne sera pas un des moins étonnants résultats de cette affreuse guerre, tant il est vrai que les ressources de l'homme sont infinies, et que du plus grand mal, on peut par application soutenue, faire sortir quelque bien.

Nous verrons refleurir les beaux métiers français où la patience jointe au goût ont laissé des œuvres si belles que les amateurs se les disputent à prix d'or.

Sachons entourer d'affectueux respect et d'attentions nos glorieux mutilés, qui nous ont sauvé nos foyers, qui ont tout sacrifié pour le haut idéal de vertu et de beauté que la France représente dans le monde. Que toujours, dans dix ans, dans vingt ans, dans cinquante ans, partout où on les coudoiera, ils nous rappellent la formidable lutte de notre cher pays contre la barbarie. Soyons fiers d'eux, et qu'ils le voient. C'est la légion sacrée des mutilés de la patrie.

BATTERIE DE 75 ATTENDANT L'ORDRE DE SE RENDRE AU GALOP SUR LE FRONT.

MATÉRIEL DE GUERRE
ARTILLERIE ◦ MUNITIONS ◦ AUTOMOBILES

« Que chacun occupe son poste dans le mouvement national et militaire.

« La République n'est qu'une grande ville assiégée; il faut que la France ne soit qu'un vaste camp. »

(Discours de BARRÈRE à la Convention, 23 août 1793.)

IMPORTANCE DU MATÉRIEL DE GUERRE

DEPUIS longtemps le matériel joue dans la guerre un rôle de première importance. Il n'y a pas d'habileté des chefs, pas de vaillance des soldats qui puissent résister à un ennemi dont l'armement est trop supérieur, pas plus que dans l'industrie des centaines de petits fabricants à la main ne pourraient lutter contre une grande manufacture.

Et cette situation n'est pas nouvelle. Charles VII ne put faire sa grande guerre victorieuse que lorsqu'il se fut pourvu d'une excellente artillerie. Sous Louis XIV, Louvois et Vauban furent des maîtres dans l'art d'utiliser les inventions militaires et de perfectionner l'armement. Au commencement de nos grandes guerres de la Révolution, nous n'avions presque pas de matériel : l'enthousiasme et la vaillance purent y suppléer pendant quelque temps parce que les ennemis n'étaient pas mieux pourvus, mais Valmy eût tourné tout autrement s'il y avait eu 200 canons prussiens au lieu de 50 en face de nos volontaires. L'un des premier soins des hommes de la Révolution fut, comme le demandait Barrère et comme le voulut Carnot, de pourvoir nos armées d'excellentes armes en grande quantité. Nous possédions une légion de bons chimistes et de bons ingénieurs qui mirent leur génie, leurs découvertes, toutes les ressources du pays à la disposition des armées; nos soldats eurent de la poudre et des canons avant d'avoir des souliers et du pain.

Napoléon avait été d'abord officier d'artillerie. Il connaissait admirablement la valeur de cette arme et il lui dut une bonne partie de ses victoires. Il savait découvrir le point faible de l'ennemi, amener là vivement une puissante artillerie, et le disloquer. La victoire des Allemands en 1870 fut due en grande partie à la supériorité de leur artillerie sur la nôtre.

C'est l'arme que les découvertes scientifiques et industrielles ont le plus transformée récemment. On peut dire qu'au cours du dernier demi-siècle les perfectionnements qu'elle a reçus valent ceux des quatre siècles précédents, surtout pour la portée des armes et pour la puissance des explosifs.

La guerre de 1914 a vite rendu populaire notre canon de 75, comme on a l'habitude de l'appeler, qui nous a permis de tenir au début contre des masses bien supérieures, et qui a tant contribué à la victoire de la Marne.

Il a même eu l'honneur d'être cité à l'ordre du jour de l'armée; on lit en effet dans le *Journal Officiel* :

« La 4ᵉ pièce de la 4ᵉ batterie du 50ᵉ régiment d'artillerie, le 9 septembre, amenée à 400 mètres d'un point d'appui de l'ennemi a permis par son feu de s'en emparer. Le 14 septembre, a été portée à la hauteur de la 1ʳᵉ ligne de tirailleurs pour permettre à l'infanterie de progresser. Le maréchal des logis Cerisier, le maréchal des logis mécanicien Bouillard, le brigadier Bouxic se sont tout particulièrement distingués dans ces circonstances. »

NOTRE CANON DE CAMPAGNE DE 75

L'INVENTION du 75 remonte aux années 1893 et 94. Il est dû au commandant Deport et au général Deloye qui firent de longues et minutieuses expériences à Puteaux. On raconte à ce sujet que l'espionnage allemand toujours actif, qui avait eu vent de la chose, voulait absolument se procurer les plans du nouveau canon. Un des plus fins limiers boches, Schwazkoppen, fut mis en campagne. Après bien des tentatives il réussit à obtenir d'un des contremaîtres de l'usine quelques dessins. Pour être sûr que c'étaient les bons, il s'adressa à d'autres, et les dessins concordaient. Il réussit en outre à faire pénétrer ses agents dans le polygone où l'on tirait le canon, et ils y virent encore le même modèle. Plus de doute. L'Allemagne pouvait se mettre à la besogne. Elle s'y mit si bien qu'elle se hâta d'adopter un canon du même type, le 77, et le fabriqua en si grande hâte que dès la fin de 1896, elle en avait pourvu la plupart de ses régiments de l'armée active. Mais le contremaître de Puteaux, et tous les autres, avaient agi par ordre. Pendant que le général Deloye faisait expérimenter d'une manière assez peu cachée un certain type de canon, il en construisait un autre, et celui-ci se trouva prêt lorsque l'Allemagne eut complètement renouvelé son matériel; elle ne pouvait le changer du jour au lendemain. Du reste on lui laissa croire à la supériorité du 77. Ce fut seulement la guerre balkanique, où les Serbes et les Grecs se servirent du 75, qui révéla toute la valeur de celui-ci.

Sa supériorité est due à deux ou trois principes, et aussi à la perfection de fabrication, ainsi qu'à la qualité de la matière employée, à l'habileté des artilleurs.

Comme son nom l'indique, la pièce a 75 millimètres ou 7 centimètres 1/2 de diamètre intérieur à l'ouverture. Elle est légère, élégante, d'un maniement facile, et à cause de cela répond bien au goût français. Elle est mise en position très vite, et tire presque aussitôt arrivée; elle est *pointée et réglée* dans le minimum de temps, ce qui permet de la déplacer avec rapidité : d'où effets bien plus terribles, et difficulté pour l'ennemi de la repérer. En outre, une fois placée, elle est pointée pour tout le temps du tir au même endroit. Les canons, comme l'on sait, ont un effet de recul, plus ou moins considérable après chaque coup, et il faut les repointer à nouveau, ce qui exige un certain temps. L'affût du 75 se fixe au sol par une bêche de crosse, et ne bouge plus : le tube du canon, seul, recule jusqu'à un point déterminé; mais là, un *frein hydropneumatique* qui est une merveille d'ingéniosité, l'arrête et le ramène exactement dans la position première. Aussi peut-il tirer jusqu'à 20 ou 25 coups à la minute avec une précision absolument rigoureuse qu'est loin d'avoir le 77 allemand. Enfin l'obus du 75 est muni à l'avant d'une sorte de fusée qui le fait éclater juste à l'endroit voulu. Si l'officier commande : « A 2 200 mètres! » le servant règle chaque obus en le mettant dans la culasse, ce qui est l'affaire d'une seconde, et à 2 200 mètres, ni plus loin, ni plus près, l'obus éclate.

Le fini de la fabrication, l'excellente qualité de l'acier employé, ajoutent à la précision de la pièce, et la font durer plus longtemps; il en est ici comme pour toute fabrication française : elle est plus chère, mais elle est plus parfaite que la fabrication allemande, qui reste un peu camelote, même quand il s'agit des choses de guerre. Enfin le coup d'œil, l'habileté innée de l'artilleur français est pour quelque chose dans la supériorité du 75.

Ce canon porte jusqu'à 7 kilomètres environ; mais il est surtout efficace entre 800 mètres et 4 kilomètres. Ses effets ont souvent terrifié les ennemis, qui l'appellent le canon du diable. En voici quelques exemples.

Dans le nord, deux bataillons de la garde allemande réussissent pendant la nuit à surprendre une compagnie française. Pendant qu'ils avancent, un coup de téléphone renseigne une de nos batteries. Premier obus. Le téléphone fait rectifier le tir, puis la batterie donne. En quelques instants tous les hommes sont tués, blessés ou prisonniers : réservistes partis de Berlin le 15, ils étaient, le 26, couchés par notre 75. Blessures terribles; des bras, des jambes avaient été arrachés; un homme était « scié en deux de la tête aux pieds », d'autres semblaient dormir, sans qu'on leur vît de blessures, comme figés dans la position qu'ils avaient au moment de l'explosion. « Une section entière sans qu'il manquât un homme ou un officier était là présente, les hommes serrés les uns contre les autres. »

La précision de l'arme est telle que les prisonniers disent : « Vos artilleurs posent leurs obus où ils veulent, comme à la main ». On a vu quatre obus de la même pièce passer par le même trou d'un mur à 800 mètres de distance. Dans une attaque, le 75 envoie par « un tir de barrage » des obus en quantité énorme immédiatement devant nos soldats, tout près, à 50 mètres à peine, formant un véri-

CANON DE 65 DE MONTAGNE.

table mur d'acier et d'explosifs, un gigantesque bouclier protecteur et qui se déplace à volonté avançant ou reculant avec les nôtres, docile à la voix du téléphone et à la jumelle de l'officier d'arrière.

Le président du conseil serbe a raconté qu'une fois, les villes de Belgrade en Serbie et Semlin en Autriche, situées de chaque côté du fleuve, se bombardèrent. Les Serbes, selon les lois de la guerre, ne tiraient que sur des ouvrages militaires. Les Autrichiens tiraient sur les édifices civils. On leur fit savoir que s'ils continuaient il y aurait des représailles. Ils continuèrent. Alors une batterie de 75 serbe envoya quelques obus sur le cercle des officiers impériaux, repéré d'avance. 37 officiers dont 2 généraux furent tués. Les

Autrichiens cessèrent aussitôt de tirer sur les édifices civils.

Contre le 75, la lutte en rase campagne est devenue presque impossible pour les Allemands. C'est une des raisons pour lesquelles ils se terrent. Le 75 donne des coups secs, impérieux, dominateurs, qui se distinguent facilement du bruit de l'artillerie lourde.

ARTILLERIE LOURDE
PIÈCES DE MONTAGNE. MITRAILLEUSES

Si le 75 a mérité au début d'être appelé le roi de cette guerre, il n'est pas seul employé, on le comprend.

D'abord, malgré sa légèreté, il ne peut aller partout. Or nous avons à faire la guerre de montagne, dans les Vosges. Tant qu'on est desservi par une route, on peut y faire rouler le 75; mais il en est autrement à travers les sentiers étroits et en zigzag de la forêt. On a alors recours à des canons plus petits, par exemple le 65, qui se démonte en plusieurs parties et se charge à dos de mulets. Ces bonnes bêtes, au pied sûr, le portent à n'importe quelle hauteur, aidées au besoin par les hommes, et on peut le mettre en batterie dans les endroits les plus abrupts, les plus imprévus, le plier et le reporter plus loin à mesure que l'ennemi se déplace. Il y a plus petit encore; les pièces de 37 millimètres, véritables merveilles de fine précision, sont démontables et transportables par cinq ou six hommes. Pour la terrible mitrailleuse il suffit de trois hommes seulement; ces petites pièces, très mobiles, faciles à cacher, font une besogne redoutable.

Il faut aussi compléter aux longues distances l'effet du 75. Les Allemands avaient un très grand nombre de pièces plus lourdes, mais plus grandes, qui portaient plus loin et qui menaçaient de nous écraser sans que nous pussions répondre. Certes le 75 a de magnifiques prouesses à son actif, et maintes fois il n'a pas craint de s'attaquer à des canons beaucoup plus gros que lui. Partout où il trouvait quelque repli de terrain, quelque voie d'accès entre les arbres ou les broussailles, il n'a pas manqué de se porter hardiment contre les mastodontes d'en face, et il a réduit nombre de 150, de 210 ou même de 305 ennemis. Or, en matière d'artillerie, il faut savoir que le 150 est non pas 2 fois plus puissant que le 75, mais 2×2×2 soit 8 fois plus; le 305 non pas 4 fois, mais 4×4×4 = 64 fois plus environ. Cela montre toute l'importance de la grosse artillerie.

Le 75 lance un obus de 6 à 7 kilos, à une distance maximum de 7 kilomètres. On avait d'anciens types, de 90 et 95, qui portent beaucoup loin, mais qui manquaient des perfectionnements indiqués ci-dessus, notamment du frein hydropneumatique, permet-

CHARGEMENT D'UN 120 LONG.

tant de ramener la pièce toujours pointée, et par conséquent de tirer très vite. Comme c'étaient néanmoins de fort bonnes pièces, en excellent acier, bien construites, on leur fit subir les transformations nécessaires, et on en put tirer un excellent parti. Et puis on eut le 105 et le 120, qui portent à une distance presque double du 75, et qui, plus lourds naturellement, ont néanmoins toutes les qualités de rapidité et de précision de ce dernier. Au lieu d'un projectile de 6 à 7 kilos, le 105 envoie un projectile de 16 kilos, et au lieu de 6 à 7 kilomètres, il l'envoie à 13, ce qui lui permet de causer des ravages redoutables jusqu'à 8 ou 10 kilomètres de distance. 105, 120 c'est là l'artillerie lourde de campagne; elle a besoin de bonnes routes pour se déplacer; elle est un peu plus longue à mettre en position que le 75, mais elle est encore très suffisamment mobile pour la bataille.

Au delà, les pièces de 150 atteignent des dimensions énormes, et sont déjà considérées comme de l'artillerie de siège. Elles sont d'un maniement assez lent, mais elles possèdent une grande puis-

EN ARGONNE, UN 155 EN PLEIN TIR.

sance. Elles envoient des projectiles de 40 kilos à 15 kilomètres de distance. La guerre de tranchées étant une véritable guerre de siège, elles rendent d'incomparables services par leur précision et la force destructive de leurs obus. On y emploie également des 220, 280, etc.

Nous venons surtout de voir les canons longs, ceux qui doivent envoyer leurs projectiles très loin. L'âme, c'est-à-dire la longueur intérieure du tube utilisable où glisse le projectile a 30 ou 40 calibres, ce qui veut dire 30 ou 40 fois en longueur le diamètre de la pièce; ainsi un 105 de 40 calibres aurait $0{,}105 \times 40 = 4$ mètres 20 à l'intérieur; le projectile étant ainsi maintenu longtemps dans le tube, la détente de gaz lui donne une vitesse et une portée plus grandes et sa direction est plus juste. C'est l'idéal pour atteindre à de grandes distances des buts précis, une formation que l'aéro a signalée, une batterie ennemie à démolir, un état-major à disperser, etc.

Il est d'autres cas, où l'on a moins besoin de précision que de puissance : par exemple lorsque l'on tire sur un ouvrage de fortification assez grand, sur une tranchée, un fortin, un saillant, une formation dense d'ennemis qui s'avancent, etc. On veut y accumuler très vite une énorme quantité d'explosifs, avec des obus massifs, lourds, s'enfonçant profondément et creusant de vastes entonnoirs.

UN GROS OBUSIER DE 220 VENANT D'EXÉCUTER UN TIR.

C'est alors le canon court, ou obusier, qui est indiqué. Au lieu de 30 à 40 calibres, il n'en a que 12 ou 15, ce qui le rend bien plus léger. Le 120 court pèse moitié moins que le 120 long, 1 160 kilos en batterie, au lieu de 2 160. Le fameux Rimailho, presque aussi célèbre comme obusier que le 75 comme pièce de campagne, est du calibre 155; sa voix puissante et grave domine les grandes actions. Il ne place ses obus avec efficacité qu'à 6 000 mètres. Mais chacun d'eux pèse 43 kilos et contient 20 kilos d'explosifs. Partout où il tombe, c'est un désastre.

Les obusiers ont un autre effet que ne peuvent obtenir les canons longs; ils sont les rois du *tir indirect*. Le tir indirect est fort employé aujourd'hui, car avec la puissance des explosifs, une batterie en vue serait vite détruite. Il lui faut donc se cacher dans un contre-bas. derrière quelque pli de terrain qui forment obstacle et qui la protègent; elle envoie par-dessus l'obstacle son projectile vers un but qui lui a été signalé soit par un aéro pour les longues distances, soit par un observateur à la jumelle crânement placé en avant sur un toit, dans un arbre, contre des pierres, etc., et qui communique par téléphone. Grâce à la perfection des armes modernes, le tir indirect est tout aussi précis que l'autre.

Or, les pièces longues ont un *tir rasant* avec *trajectoire tendue* : dans sa courbe, le projectile reste assez près du sol; s'il a beaucoup d'effet contre un but vertical, il en produit fort peu contre un but horizontal, c'est-à-dire contre les fortifications enfoncées dans la terre, contre les tranchées bétonnées et les ouvrages qui les appuient. Au contraire, l'obusier a un *tir courbe*; son projectile monte très haut, et retombe verticalement de tout son poids; il pénètre dans l'ouvrage à une certaine profondeur, éclate et cause des ravages efficaces.

Lorsque l'on combat de tout près, dans les tranchées par exemple, l'obusier moderne porte même encore trop loin; on revient aux vieux mortiers d'autrefois, non rayés, très courts, appelés par nos soldats crapouillots à cause de leur forme, et on emploie des lance-bombes de tous les modèles; il suffit en effet d'envoyer les bombes à quelques centaines de mètres, mais il faut en envoyer beaucoup. On a aussi la *torpille* aérienne pourvue à l'arrière d'un mécanisme qui la fait continuer et même accélérer son mouvement une fois partie; très grosse, elle transporte une énorme quantité d'explosif.

Ainsi, devant un ouvrage ou tranchée ennemie, de tout près on utilise les torpilles, lance-bombes, crapouillots, etc.; à quelques kilomètres en arrière le 75, les obusiers de 105, 120, 150; plus loin en arrière d'autres obusiers plus puissants, de 210, 280; plus loin encore les canons longs de 105, 120, 150, 210, 280; tout cela soigneusement caché, et capable, en fonctionnant à la fois, d'envoyer sur un but déterminé, en quelques heures, d'effroyables quantités d'acier et de dynamite. Du reste on ne s'arrête pas là; c'est avec des 305 autrichiens que les Allemands firent tomber Liége, Anvers, Maubeuge, Kovno, Novo Georgievsk, qu'ils attaquèrent les défenses de Verdun. Quelle présomption n'ont-ils pas montrée au sujet de leurs 420? Ne voulaient-ils pas prendre Calais pour y installer des 550 et bombarder l'Angleterre?

Avec les très forts canons de marine, ainsi qu'avec les pièces de défense des côtes, installés à poste fixe, gros comme les plus gros obusiers, mais ayant 30 calibres, on arrive à des dimensions et à des effets de puissance extraordinaires; nos 305 et nos 340 de marine sont merveilleux de précision jusqu'à 16 et 18 kilomètres. De même les 380 qui, en tir rasant, sont très précis à 20 kilomètres; relevés à 45 degrés, ils portent à plus de 30 kilomètres. On croit que c'est avec des canons de ce genre que les Allemands ont bombardé Dunkerque à 38 kilomètres, Compiègne, Nancy, Verdun, Belfort. Mais dans ces conditions les pièces s'usent très vite par l'effet d'un recul presque vertical. Sur terre, ces monstres ne se peuvent transporter qu'avec mille difficultés. Des patins sont adaptés aux roues, se déplacent avec elles, et les pièces sont installées sur des plates-formes en béton, d'une épaisseur considérable; sinon elles enfonceraient les routes où elles passent, et la place où elles tirent.

Mais leurs obus atteignent à des dimensions formidables : pour les canons de 420 1 m. 54 de hauteur, presque celle d'un homme; 950 kilgrammes de poids.

LES OBUS

Il ne suffit pas à l'artillerie d'avoir beaucoup de canons, de bons canons, de différentes dimensions, tirant bien, tirant juste, tirant très vite : il faut encore que les munitions qu'elle emploie, c'est-à-dire les obus, soient de bonne qualité, et qu'elle en ait à profusion. Sous ce rapport, nos habitudes de perfection nous ont été fort utiles. Dès le début de la guerre, tandis que bon nombre des obus allemands, parfois la moitié, n'éclataient pas, ou éclataient trop haut, les ratés étaient excessivement rares chez nous. Cela tenait à la fabrication soignée — qui est la caractéristique de l'industrie française, et à la bonne qualité des explosifs.

L'obus a une forme cylindrique, et, afin de diminuer la résistance de l'air, il se termine à l'avant par une sorte de pointe. A l'extrémité de cette pointe est une *fusée*, dont le débouchoir, d'un mécanisme ingénieux et extrêmement précis, se règle par l'artilleur au moment où il charge l'obus. Cette fusée est une des supériorités de notre artillerie.

Il existe deux principaux types d'obus : *l'obus à shrapnells* et *l'obus explosif*; le premier est un peu plus lourd que le second. L'obus à shrapnells (ce nom vient de l'Anglais Shrapnell qui l'a inventé), arrivé à la hauteur déterminée, éclate un peu au-dessus de la troupe ennemie; les éclats, violemment projetés, tuent ou blessent à l'environ; en outre, 300 balles lourdes ou shrapnells sont jetées en éventail, chacune avec la même force qu'une balle de fusil d'autrefois : éclats et balles tombent comme l'eau d'une pomme d'arrosoir (d'où est venu le mot *arrosage*) un peu allongée toutefois en fuseau, couvrant une surface déterminée. Par un ingénieux mécanisme du canon, le second coup, au bout de deux secondes et demie, couvre une autre surface égale à droite, le troisième et le quatrième coup encore un peu plus à droite. C'est ce qu'on appelle *faucher*. La seconde pièce recommence le même travail, mais à 50 mètres en avant ou en arrière; la troisième et la quatrième pièce font de même, et ainsi, toute la surface que l'officier avait désignée se trouve méthodiquement arrosée et fauchée en quelques instants. Pas un endroit qui n'ait reçu un éclat d'obus ou un shrapnell : c'est dire que toute la troupe placée dans cette surface est tuée ou blessée.

L'obus explosif est placé de même. Mais il agit surtout par l'effet de l'explosif et des éclats. Les explosifs dont nous disposons sont d'une puissance effrayante. Le déplacement d'air produit par la déflagration est tellement violent que les hommes du voisinage immédiat en éprouvent les plus extraordinaires blessures internes; la muqueuse des poumons est brisée; les liquides délicats du cerveau, de la moelle épinière, les bulles de gaz que le sang charrie dans la profondeur du corps sont aspirés, déplacés et l'asphyxie produite est aussi rapide que celle d'un coup de foudre, sans qu'on voie de blessure apparente : heureuses morts en comparaison de tant d'autres déchirements qui provoquent de terribles souffrances. Quelquefois les soldats sont projetés en l'air et retombent à plusieurs mètres de là, tout entiers ou par morceaux. Par ses éclats l'obus explosif a aussi des effets terrifiants à une assez grande distance. Les nôtres sont en acier feuilleté, d'une qualité merveilleuse. L'éclatement produit jusqu'à 2 000 morceaux dans les petits obus; par suite de la texture feuilletée, ces morceaux, minces comme les miettes d'un gâteau feuilleté, entrent dans les chairs, coupant capote, vêtements, ceinturons, coupant aussi des artères importantes, et la mort se produit par hémorragie interne, l'entrée de l'éclat étant à peine visible. Voilà pourquoi on a trouvé tant d'Allemands inertes, debout dans les tranchées, pressés les uns contre les autres, ou couchés, dans une attitude tranquille, surpris et tués comme par la foudre sans avoir fait un mouvement.

Le plus connu des explosifs que nous livre la chimie est la mélinite, mais il y en a une foule d'autres, et la science des explosifs est très compliquée; elle exige des ingénieurs chimistes ayant fait de longues études, des ouvriers très expérimentés et très habiles. La

DANS UNE TRANCHÉE, MITRAILLEUSE EN PLEINE ACTION.

quantité d'explosif croît rapidement avec la grosseur de l'obus. Ainsi l'obus du 75 en contient environ 3 kilogrammes; mais celui du 155 en a plus de 20. Or il faut savoir qu'un pétard d'un dixième de kilogramme suffit pour briser un rail de chemin de fer. Imaginez ce que font les petites marmites de 105 ou 120, les grosses de 155 et 220, et à quoi l'on arrive avec les monstres de 280, de 305 et 380, de 420, qui contiennent des centaines de kilogrammes d'explosifs. Les ouvrages bétonnés de plusieurs mètres d'épaisseur, les coupoles cuirassées les plus solides ne résistent pas longtemps à la chute réitérée toujours au même point, de ces masses de métal et d'explosif, lorsque l'endroit a été exactement repéré. Les forts fixes sont condamnés partout où la grosse artillerie peut s'en approcher à distance utile.

Les éclats d'une marmite de 155 peuvent être dangereux jusqu'à 1 000 mètres. Dans un sol un peu sec, ils creusent des trous ou entonnoirs de plusieurs mètres de largeur et de un mètre de profondeur. Ce sont des abris contre le tir que nos braves poilus ne manquent pas d'utiliser dans les assauts. Les très grosses marmites font des entonnoirs qui ont jusqu'à 12 ou 15 mètres de diamètre. Enfin les gaz explosifs ordinaires, par leur déflagration sont toxiques et irrespirables. Que dire des poisons spéciaux que les Allemands se sont mis à employer!

La question des munitions aura été l'une des plus difficiles à résoudre de cette guerre. Toute action, attaque ou défense, use cent fois, mille fois plus d'obus que les guerres jusqu'alors connues. Le premier jour de leur grande offensive en Galicie, les Allemands en consommèrent 700 000 en 4 heures, soit près de 200 000 par heure; dans l'attaque de Verdun, des millions. L'approvisionnement en munitions gagne les batailles autant que la bravoure des soldats et l'habileté des chefs : très délicates à manier, toutes ces substances chimiques enfermées dans l'acier craignant les chocs et l'humidité, doivent pourtant arriver en grand nombre, et se trouver toujours à point auprès des pièces, sans cesse renouvelées selon les besoins.

La moitié des industries de la France ont été converties en fabriques de munitions. Les grandes usines métallurgiques, qui possédaient les machines-outils nécessaires, les ont immédiatement utilisées; celles qui avaient seulement la place, les fours, les cheminées se sont complétées par l'achat en l'Amérique de machines-outils, et se sont mises à l'œuvre. Les petites maisons pourvues de tours à métaux et d'établis ont pris des commandes pour fabriquer les *engins libérateurs*, et de toutes parts une activité surprenante s'est développée; le ronflement des moteurs, le grincement des scies, le chant des tours, ne s'est plus fait entendre pour les œuvres de paix, mais pour les besoins toujours plus grands des mitrailleuses, des 75 et des grosses pièces.

L'ARTILLERIE ET LA MÉCANIQUE

La plupart des engins dont nous venons de parler avaient été portés par le génie des inventeurs à une grande perfection avant la dernière guerre; mais il y a eu, soit des applications imprévues, soit des inventions complètement nouvelles qui ont produit une révolution dans les méthodes de guerre. Ainsi les nouvelles poudres et les explosifs brisants ont bouleversé l'art de la fortification et de l'attaque.

Ainsi encore les chemins de fer. On a demandé aux chemins de fer des services que ni la guerre de 1870, ni la guerre russo-japonaise, ni la guerre des Balkans ne laissaient même entrevoir. Leur multiplication derrière les lignes est une des principales causes

CANON DE 270 MONTÉ SUR TRAIN BLINDÉ.

de succès dans une bataille. En les défilant avec soin, on les pousse jusqu'à proximité des premières tranchées ou des fronts d'attaque. Autour des forts d'une place, il existait autrefois des voies ferrées pour la circulation des trains d'approvisionnement. Imaginons les gros obusiers portés sur une ou deux plates-formes roulantes spécialement agencées, en acier, fixées au sol par des crampons, et voilà des pièces toujours prêtes au tir, avec les wagons d'obus par derrière, capables de se déplacer rapidement, tirant quelques coups et allant plus loin avant que l'ennemi ait pu les repérer et régler son tir. C'est là grande supériorité du *canon mobile* sur le *but fixe*, qui rend si précaires les fortifications anciennes; c'est celle que possède le bateau cuirassé tirant contre but fixe.

Faisons un peu plus et nous aurons le *train blindé*. Plusieurs wagons, recouverts d'une forte tôle d'acier, la machine elle-même protégée par un blindage du même genre, et là dedans tout l'arsenal habituel : canons, mitrailleuses, soldats tirant avec le fusil; *c'est un fort qui se déplace*. On en avait vu les premiers effets dans la guerre du Transvaal, il y a quinze ans. Combien perfectionné depuis! C'est l'ancienne charge de cuirassiers, dont les effets sont multipliés par dix. Contre une armée qui avance, ou si l'on veut couvrir une retraite, ou pour une surprise offensive habilement préparée, quel effet que ce train débouchant tout à coup, invulnérable aux fusils et aux mitrailleuses, échappant aux grosses pièces qui n'ont pas le temps de régler leur tir, crachant de partout obus et mitraille! Seul notre 75, si mobile et dont le tir est si vite réglé, a une réelle efficacité contre le train blindé.

Ce qui est tout à fait nouveau dans la guerre de 1915, c'est l'*automobile* et l'*avion* militaires.

Il fallait s'y attendre. L'automobile avait révolutionné les transports sur route; elle a révolutionné les transports des armées. Qu'est désormais le cheval pour les officiers, à côté de l'automobile? Songez qu'en deux heures, une heure même, une auto venait du front jusqu'à Paris! Pour la transmission des ordres, pour les communications avec le ministre de la Guerre, pour les déplacements des généraux, c'est le moyen rapide et souple par excellence. Au moment de la bataille de la Marne, les autos qui passaient sur les grandes routes de Champagne à Paris, faisant du cent à l'heure, étaient suivies avec émotion par la population; chacun sentait que là dedans était un peu du cerveau, des plans qui devaient sauver notre pays. On s'en est même servi pour envoyer des troupes : 1 000 grosses autos ou 4 000 petits taxis transportent en quelques heures vingt à trente mille hommes d'un point à un autre et peuvent changer la fortune d'une bataille.

Naturellement dès le début, on eut l'idée de blinder les autos pour pouvoir les lancer en plein combat, sous la mitraille et les projectiles d'artillerie. Et de là à l'idée d'en faire des agents d'offensive en munissant les autos blindées de mitrailleuses et de canons, il n'y avait qu'un pas.

Les grosses autos blindées transportent un véritable canon avec ses artilleurs, ou bien des mitrailleuses, et les petites autos et motocyclettes portent une seule mitrailleuse; apparaissant tout à coup à un endroit, et l'instant d'après à dix kilomètres plus loin, elles ont permis bien des surprises qui ont eu un effet réel sur des actions de détail.

Mais l'auto a été employée plus encore comme servante du canon. Les pièces actuelles sont tellement formidables que le transport au moyen de chevaux est presque impossible ; d'ailleurs il faut laisser les chevaux pour la cavalerie, et pour les innombrables pièces légères, pour les 75 qui doivent franchir fossés, talus, terres labourées. Mais partout où il y a des routes, ou simplement de bon terrain plat et résistant, *le tracteur automobile* est indiqué. Un tracteur d'une force de 100 chevaux n'offre à l'artillerie ennemie qu'un but ayant à peu près la même surface que trois ou quatre chevaux vivants. Et ainsi peuvent être transportées avec un maximum de force et un minimum de risques les énormes pièces démontées en plusieurs parties.

On n'en finirait pas si l'on voulait passer en revue toutes les applications de l'automobile. C'est par milliers et milliers que ces voitures ont été employées pour le transport des hommes et des munitions, depuis le débarcadère du chemin de fer, ou même depuis Paris, depuis les centres de fabrication, depuis les ports de mer jusqu'au front : ravitaillement d'armes et de munitions, de viande, de légumes, de vêtements, services postaux et service des blessés. Ah! ces autos de modeste couleur grise, carrées, sans luxe, qu'on eût prises pour des camions de livraison, mais si confortables, si douces à l'intérieur, installées pour quatre, six ou huit blessés étendus, quels services elles ont rendus! Autrefois il fallait plusieurs jours pour amener les blessés du champ de bataille à l'hôpital. Et pendant ce temps, combien de plaies s'envenimaient, combien de vies précieuses s'éteignaient! On a vu au contraire pendant cette guerre des blessés du front arriver le lendemain au petit jour dans un excellent hôpital parisien.

Parlerons-nous encore des lunettes et périscopes, des téléphones de campagne, des millions de kilogrammes de fil de fer barbelés, des instruments pour creuser les tranchées? Toutes les applications de la Science et de l'Industrie ont été utilisées et la victoire n'appartient pas seulement au peuple qui a le plus de soldats, et les plus braves, et les meilleurs généraux, mais à celui qui a le plus de houille, de fer, de matières à explosifs et qui sait le mieux en tirer parti.

Cl. Le Prieu.

TRANCHÉE ALLEMANDE PRISE PAR LES NÔTRES. DANS QUEL ÉTAT LE BOMBARDEMENT L'A-T-IL MISE.

LA GUERRE DE TRANCHÉES

... « Je les grignote. »
Mot attribué au Général JOFFRE.

COMMENT ON Y EST ARRIVÉ

« IL n'y eut plus pendant longtemps que de petits combats, et l'espace demeuré libre entre les deux armées fut très bien retranché et fortifié; du côté de la ville il y avait un long fossé pour se garder contre les sorties des ennemis, et un autre au-dessus.... Entre les fossés et les deux armées, il y avait de bons corps de troupes à peu d'intervalle l'un de l'autre.

« Des deux parts on apportait des vivres et tout ce qui était nécessaire aux armées.

« Les choses demeurèrent dans le même état pendant environ cinq mois sans que l'un des partis remportât sur l'autre un avantage décisif.... »

Ces lignes n'évoquent-elles pas l'hiver de 1914-1915 avec nos armées en face des forces germaniques? Or elles ont été écrites par un historien de l'antiquité, Polybe, et les armées en présence étaient celles des Romains et des Carthaginois qui se combattaient sur la terre de Sicile plus de deux cents ans avant Jésus-Christ.

Les Romains finirent d'ailleurs par déloger et chasser les Carthaginois. Nous voyons par là que la *Guerre de Tranchées* n'est pas chose nouvelle.

De bonne heure, en effet, on se rendit compte de l'avantage que donne pour la défense un fossé protégé en avant par de la terre et des pieux; les soldats y sont à l'abri des coups de l'ennemi dont l'élan se brise avant de les atteindre.

Les Romains ne manquaient jamais d'entourer ainsi leur camp. Lorsque Vercingétorix se fut retiré sur la colline d'Alésia, César l'y enferma par une ligne de retranchements extrêmement puissants : plusieurs fossés l'un derrière l'autre, dont quelques-uns étaient recouverts d'une couche de terre cachant des pieux aigus sur lesquels devait s'embrocher l'assaillant.

Et dans les temps plus modernes, le système de tranchées défensives fut aussi fort employé. Sous Louis XIV, Vauban porta à un degré jusqu'alors inconnu l'art d'attaquer ou de se défendre par retranchements.

« Ville attaquée par Vauban, ville prise, disait-on; ville défendue par Vauban, ville imprenable. »

Les fortifications des villes perdirent de leur valeur à mesure que croissait la puissance de l'artillerie; à cause de leur fixité tous les points en sont connus, c'est-à-dire *repérés*, et l'ennemi peut les détruire avec ses canons très précis. La fortification de campagne coûte moins cher; elle est bien plus vite faite, et on peut la déplacer à volonté si elle vient à être entamée sur quelques points. Elle s'appuie à droite, à gauche, au centre sur de bonnes positions naturelles : rivière, colline, marais. D'autres obstacles du terrain à dix, vingt, cinquante kilomètres en arrière ont été soigneusement étudiés à l'avance; c'est ce que l'on appelle des *positions de repli*; l'armée s'y retire, puis s'y fortifie dans le cas où ses premières lignes sont forcées par la pression d'un adversaire trop supérieur.

C'est à l'abri de lignes de ce genre, celles de Torres Vedras, entre le Portugal et l'Espagne, que Wellington en 1809 put tenir en échec les armées impériales jusqu'au jour où il eut les moyens d'en sortir et de marcher en avant. Un homme retranché vaut dix hommes en plaine, dit-on couramment. Les retranchements de campagne firent merveille dans la guerre russo-japonaise en 1904.

Allemands et Français en avaient prévu et même préparé sur le sol lorrain, et c'est ainsi par exemple que Nancy put être sauvée, au commencement de la guerre, contre les plus violentes attaques allemandes.

Toutefois on ne se rendait pas compte de l'importance qu'allait prendre tout à coup la fortification de campagne, ni de la perfection à laquelle elle serait portée.

C'est l'Allemagne qui s'y résigna la première. D'une ruée formidable, pendant les premières semaines de la guerre, ses armées avaient envahi la France par le nord, en violation des neutralités luxembourgeoise et belge; par cette déloyauté elles purent ainsi nous prendre à revers et avancer jusqu'à l'Aisne, puis jusqu'à la Marne, puis plus loin encore. On commença des tranchées au sud de la Seine entre Montereau et Troyes.

La magnifique victoire de la Marne, dans les premiers jours de septembre, rejeta l'ennemi vers le nord. Il n'avait pu atteindre la Seine; bousculé sur la Marne, il n'avait pu s'accrocher aux collines qui la bordent; il lui restait l'Aisne comme position de repli et il en profita.

L'Aisne coule de l'est vers l'ouest; elle est dominée au nord par une série de hauteurs aux pentes raides qui forment un obstacle très sérieux contre une poursuite venant du sud. Premier avantage qu'avaient les Allemands en se retirant.

Ils en avaient un autre plus important encore. Ces collines de l'Aisne sont creusées d'innombrables carrières, d'où nos ancêtres, aussi loin que l'histoire nous les fait connaître, tiraient des pierres pour leurs routes, leurs ponts, leurs constructions de toutes sortes. Celles des environs de Soissons sont particulièrement vastes. On les appelle des *creutes*. Les gens du pays en font des caves, des remises, pour leurs voitures, des granges. Merveilleuse ressource pour les Allemands, qui, dès leur premier passage, y avaient installé des dépôts d'armes et de munitions, d'approvisionnements militaires de toutes sortes. On y entre de plain-pied. La voûte au-dessus est à l'épreuve de l'artillerie la plus puissante, On y est en sécurité. On n'y craint ni la pluie, ni le froid, ni les obus; cela vaut mieux que les meilleurs magasins d'une ville forte.

Il n'y avait qu'à les aménager pour les besoins du moment, et c'était chose facile.

Garnir ces creutes de retranchements en avant, à droite et à gauche; les relier aux gares de chemin de fer d'ailleurs toutes

COUPE DE TRANCHÉE ALLEMANDE. AINSI RETRANCHÉ, AVEC DE L'ARTILLERIE A L'ARRIÈRE SOIGNEUSEMENT DISSIMULÉE, L'ENNEMI ÉTAIT PRESQUE INVULNÉRABLE AUX MOYENS D'ATTAQUE DONT NOUS DISPOSIONS AU DÉBUT DE LA GUERRE.

proches, afin de recevoir les approvisionnements, d'évacuer les blessés, etc. il n'en fallait pas davantage pour obtenir la plus puissante forteresse naturelle que l'on pût imaginer. Elle devint le centre de la résistance allemande.

Elle se compléta à l'ouest par d'autres ouvrages autour de Lassigny où existaient des carrières, des caves de champignonnières, et à l'est très loin dans la direction de l'Argonne, dont les montagnes boisées sont presque inexpugnables.

Peu à peu le système s'étendit sur tout le front, 700 kilomètres, depuis la mer du Nord jusqu'à la frontière suisse. Tous les obstacles naturels furent utilisés : d'un côté, rivières, canaux et marais des Flandres, collines, cours d'eau, houillères de l'Artois ; de l'autre, montagnes, vallées profondes, bois impénétrables de l'Argonne et des Vosges.

Notre poursuite se butait ainsi à un obstacle insurmontable. On ne pouvait l'attaquer de front. On ne pouvait le tourner, ni à gauche à cause de la mer, ni à droite à cause de la Suisse dont nous entendions respecter la neutralité. La guerre devait changer de caractère. Finies, au moins pour longtemps, les belles offensives qui ont toujours fait la gloire des troupes françaises, et les savantes opérations stratégiques à la Napoléon. Nécessité de chercher autre chose.

Et d'abord, en face d'un ennemi si bien terré, il fallait se retrancher aussi, soit pour l'empêcher d'attaquer, soit pour s'approcher de lui, par les moyens de la guerre de siège, et préparer les positions qui permettraient de le forcer un jour.

Il y eût en face l'un de l'autre deux fronts garnis de quatre millions d'hommes !

CONSTRUCTION DES TRANCHÉES

Le retranchement, comme toutes les grandes choses, commence fort petit.

Voici une troupe qui arrive à quelques kilomètres de l'ennemi ; trop exposée à son feu, elle n'avance plus en marchant, ni en courant. Elle se jette à terre, et les hommes tirent couchés : presque toutes les balles et obus passent au-dessus d'eux, leur faisant bien moins de mal ; les hommes sont déployés en tirailleurs à quelques pas l'un de l'autre. Et chacun, tout en tirant, cherche du regard autour de soi s'il n'y a pas à sa portée un tronc d'arbre, une petite éminence, ou un creux dans le sol, même une simple motte de terre qui puisse le protéger ; sitôt qu'il l'a vu, il y rampe avec mille précautions, à moins qu'il n'ait eu la bonne fortune de se bien placer du premier coup : lorsque la position est bonne et la terre meuble, d'un coup de pied, de crosse, ou de pioche, il fait en quelques secondes un trou, et la terre rejetée par devant forme abri. Debout, il offrirait à l'ennemi comme cible toute la surface de son corps ;

couché, le sac ramené sur le sommet de la tête et les épaules en partie garanties par un peu de terre, il n'offre plus que quelques centimètres carrés.

Le chef de section explore d'un coup d'œil les environs immédiats; l'officier armé de sa jumelle découvre plus loin un léger repli du terrain, à peu près invisible pour un observateur non exercé; on va profiter de la première accalmie pour s'y porter. Un bref signal : les hommes couchés se lèvent comme un ressort, bondissent vers l'endroit indiqué, tombent à plat ventre sous la rafale qui recommence, se garantissent comme tout à l'heure et se remettent à brûler des

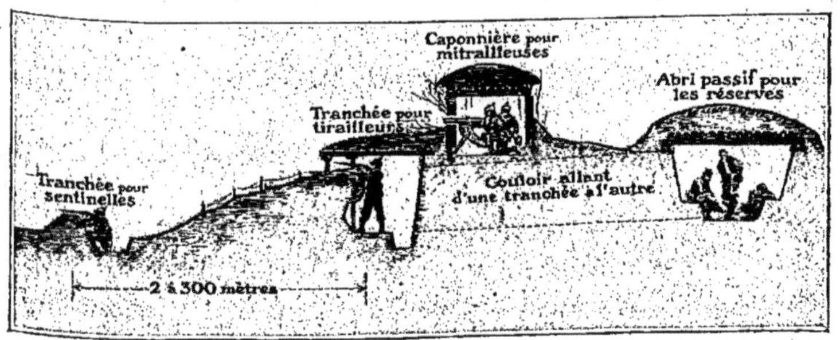

COUPE DE TRANCHÉES ALLEMANDES.

cartouches, pour aller reprendre position à un nouveau coup de sifflet, et ainsi de suite.

Si à quelque moment les circonstances sont favorables, si le chef le croit utile, lorsque l'artillerie aura préparé l'attaque, peut-être fera-t-on, précédé par le rideau de fer des obus, une de ces fougueuses charges à la baïonnette si terrifiantes pour l'ennemi. Mais il ne faut pas d'inutiles sacrifices d'hommes. La plus grande partie de l'avance se fait par les bonds successifs et par le tir couché.

On arrive enfin à un endroit où il n'est plus possible de faire reculer l'ennemi, soit qu'il ait reçu des renforts, soit qu'il s'appuie sur ses retranchements, ou que l'on se trouve trop exposé au feu de son artillerie et de ses mitrailleuses. Il faut s'abriter plus complètement que tout à l'heure.

Chaque homme a un outil de terrassier, pelle ou pioche. En se terrant pour ne pas s'exposer, et le plus vite possible, il creuse un trou, rejetant la terre par devant; sitôt qu'il peut s'y tenir couché, mieux garanti, plus libre de ses mouvements, il creuse davantage et élève le parapet. Ses voisins de droite et de gauche en ont déjà fait autant, à un mètre ou deux de distance, et ainsi sur toute la ligne du front d'attaque. Il ne reste plus qu'à relier par un fossé peu à peu approfondi, élargi, ces divers trous, et voici une sorte de fossé continu, un peu en zigzag, qui sera la tranchée. Au bout d'un quart d'heure on y peut circuler à plat ventre en faisant la nique aux balles qui viennent de face. Au bout d'une demi-heure on peut s'y asseoir, et l'on est en grande partie protégé contre l'éclatement des obus. On ne craint plus que ceux qui tombent d'en haut. Contre ceux-ci que faut-il faire? Une fois la tranchée assez profonde pour qu'un homme y tienne debout, chacun la fouille à mi-hauteur, en une sorte de niche dans laquelle il disparaîtra à peu près quand le bombardement sera trop violent : avec ingéniosité, il en fait un abri où il pourra s'asseoir et même dormir un somme, sous le grondement formidable des bouches à feu et l'éclatement des obus!

LES TRANCHÉES DÉFINITIVES

POUR avoir un abri plus complet à l'arrière des premières lignes, on pourra même recouvrir la tranchée agrandie, au moyen de poutres et de branches d'arbres sur lesquelles on mettra de la terre, en couche épaisse, et voilà un endroit où les hommes pourront venir se reposer quelquefois par groupes, faire de la cuisine, fumer une pipe, jouer aux cartes, écrire un bout de lettre sur les genoux, dormir, changer de linge, faire un peu de toilette; où les officiers pourront étaler leurs papiers sur une table, lire les rapports, examiner cartes et plans en vue de l'action du lendemain. Certaines de ces tranchées ont été tellement perfectionnées qu'elles formaient de véritables demeures souterraines, très profondes, complètement à l'abri de tout projectile, vastes et commodes : on y prenait des douches, on y imprimait des journaux. D'autres devenaient d'immenses forteresses de troglodytes, tout à fait invisibles à l'ennemi, et inaccessibles, dallées, murées, cimentées, bétonnées, blindées de plaques d'acier, où l'on entassait des approvisionnements de munitions, de matériel de guerre, toutes pleines de machines électriques, de fils téléphoniques mettant en communication constante et facile avec les autres services.

Toutefois bien d'autres choses encore étaient nécessaires pour rendre les tranchées habitables. En hiver il pleut beaucoup. Ce ne serait rien pour des tranchées destinées seulement à quelques jours de bataille; c'est terrible si l'on doit y rester plusieurs mois. La terre, entraînée par son propre poids et par la pluie, s'éboule; il faut la maintenir à l'aide de pieux, construire un véritable boisage comme dans les mines. L'eau s'accumule dans le fond des tranchées; il faut faire en contre-bas un deuxième fossé plus profond pour drainer et assainir le premier, une sorte d'égout avec une pente pour assurer l'écoulement. Hélas! ce n'est pas toujours possible; dans les fonds des vallées, dans le pays des Flandres, il n'y a pas de pente; les infiltrations venant des étangs, des rivières, des marais tout à l'entour, remplissent à moitié les ouvrages, nos malheureux poilus ont jusqu'aux genoux, parfois jusqu'aux hanches de la boue liquide, glaciale et teinte de leur sang.

Que de souffrances, pendant les longues journées et les nuits qu'il faut passer là dedans! Que de pieds gelés! que de refroidissements, de bronchites, de rhumatismes! Ennemis plus redoutables que l'Allemand. Parfois les hommes sont tellement enlisés dans la boue, qu'on ne peut les en sortir qu'en tirant à plusieurs sur le même. De cette garde héroïque, quand ils reviennent pour se refaire un peu à l'arrière, ce qu'on voit passer dans les villages c'est à peine des hommes, mais plutôt d'effroyables paquets de boue jaune, blanche ou noire se traînant à travers les rues.

Les moments les plus tragiques sont ceux que l'on passe à se retrancher pendant que la bataille fait rage. Manier la pelle et la pioche alors qu'il ne faudrait pas quitter une seconde ses armes!

« Nous sommes arrivés ici (Courtine, pendant la bataille de Champagne) dans les premiers jours d'octobre, et nous venons seulement d'être relevés : vingt-cinq jours de tranchée, de marmitages continuels, de gaz asphyxiants, des attaques, de la pluie, du froid.... Voilà un bon mois. Nous sommes d'abord restés en réserve d'armée pendant que se livraient des combats assez importants (prise de Tahure); puis nous sommes montés en tranchée le 9. Là, ça a été le marmitage comme il fallait l'attendre. Le 15, nous étions en première ligne pour relever un régiment qui venait d'attaquer à l'est de Tahure. Il n'y avait qu'une ébauche de tranchée; nuit et jour il a fallu creuser, courbés, pendant que les balles rasaient le parapet. On était à cinquante mètres des lignes boches, en plaine, ou plutôt à flanc de coteau, sur un terrain complètement découvert; vous imaginez ce que c'est que d'égaliser les parapets dans ces conditions, de faire des créneaux, poser des fils de fer en avant, etc.

« Tant que la tranchée n'a pas été organisée, on veillait toute la nuit baïonnette au canon. On envoyait de petits postes — deux hommes et un caporal — qui deux fois par nuit passaient le parapet et se glissaient dans un trou d'obus pour observer l'ennemi....

« A peine étions-nous organisés que ces animaux de Boches trouvent le moyen de placer des pièces qui nous prennent d'enfilade; il y eut là encore plusieurs jours très durs. On nous relève le 29, et nous retournons en réserve, croyant à un peu de tranquillité. Mais il nous rapplique un terrible bombardement, et le soir, ordre d'aller reprendre deux tranchées qui avaient été perdues. On part sous le marmitage, pour faire le coup pendant la nuit.... Tout s'est bien passé; nos deux sections ont fait une cinquantaine de prisonniers. Le lendemain, remarmitage, pluie persistante sans abri. Enfin nous en voilà sortis. Je suis naturellement un peu déprimé — (on le serait à moins) — mais nous allons avoir un bon repos. » (G. T.)

La première tranchée a été faite un peu au hasard, le souci principal étant de se garantir; mais les chefs ont le désir de chercher les meilleures positions en vue de l'avenir; ils utilisent les plus petites collines, d'où l'on pourra menacer l'ennemi, les retraites où l'on cachera le mieux les mitrailleuses; ils se relient par une disposition savante aux abris qu'offre l'endroit, tels que bois, carrières, rochers, etc.

Et puis, ils font communiquer chaque tranchée avec les autres, afin que les hommes puissent aller prendre la garde, en revenir sans danger, qu'on leur porte les munitions et la nourriture; ces communications, ce sont de nouvelles tranchées, mais plus étroites que les autres, de simples passages; on les appelle des boyaux, et elles forment des zigzags pour n'être pas prises d'enfilade par les projectiles de l'ennemi.

Si l'on a le temps, on peut aussi apporter des matériaux, faire appel à la science de l'architecte et maçonner, bétonner des abris qui résisteront longtemps aux coups d'une puissante artillerie. On utilise les caves d'un village, on les relie en creusant entre elles des galeries, et on en fait des forts puissants grâce à leurs pierres, à leurs voûtes, à leurs soupiraux. Des maisons, des usines, on abat les parties supérieures, et à travers les murs on perce des créneaux pour recevoir les canons des fusils et des mitrailleuses, de l'artillerie, des obusiers. Ces caves, ces maisons, ces usines, ces rochers, ces bois, font alors partie du grand système de tranchées qui présente un front redoutable de bastions, d'ouvrages avancés ou saillants, de fortins, de blokhaus. Derrière la première ligne de tranchées, à une cinquantaine ou une centaine de mètres de distance, il en existe une seconde, et puis une troisième, une quatrième, une cinquième, — et derrière ce premier front, toute une série d'autres encore.

Cl. Tinel.

UN BOYAU DE COMMUNICATIONS, ALLANT DES PREMIÈRES TRANCHÉES A CELLES DE L'ARRIÈRE. DE PLACE EN PLACE UN ABRI OU GOURBI CREUSÉ DANS LA PAROI.

Jusqu'ici, nous n'avons considéré ces ouvrages qu'au point de vue de la défense. Or, à la guerre il faut attaquer; qui n'attaque pas est perdu. Il s'agit donc de s'approcher de l'ennemi, pour essayer quelque jour, au moment favorable, de le déloger lui-même de ses propres tranchées.

Ah! la tranchée d'approche! Le tracé en fut donné par Vauban; mais il a été bien perfectionné après lui. C'est celui du marin qui louvoie sous la tempête, celui du montagnard qui veut atteindre un sommet paraissant inaccessible. Il ne va pas tout droit. Il sait que le sommet ne peut être vaincu que par l'adresse et la science. De même, pousser une tranchée droit en face de l'ennemi serait la mettre sous son feu et faire tuer tous les hommes. On avance donc en zigzags; on suit d'abord à droite une ligne presque parallèle à celle où l'on se trouve, mais qui néanmoins se rapproche un peu de la tranchée d'en face; puis on revient à gauche, presque parallèlement encore, toujours en avançant un peu. Et voilà comment, en partant de tranchées qui avaient tout d'abord été établies à plusieurs kilomètres du feu ennemi, on s'est rapproché d'abord jusqu'à cinq cents mètres, puis à deux cents : on voyait le canon de fusil des tireurs, puis à moins de cent, de cinquante mètres : on s'entendait parler, on s'envoyait des mottes de terre; enfin dans quelques endroits à une vingtaine de mètres, prêts au corps à corps toujours possible d'une seconde à l'autre, séparés seulement par cette mince épaisseur de terre qui est peut-être minée en dessous, mais sans pouvoir, comme les duellistes, lire dans l'œil de l'adversaire quelle est sa pensée, quel coup il s'apprête à porter.

Car l'œil de l'adversaire est caché, comme sa tête et comme tout son corps. On doit pourtant épier ses moindres mouvements, écouter les bruits les plus imperceptibles afin de deviner ce qu'il projette; c'est seulement ainsi que l'on pourra déjouer ses ruses et le faire tomber dans d'autres plus habiles que l'on aura soi-même préparées.

Revenons donc encore un instant à l'art de la défense. Notre tireur est dans sa tranchée, debout ou à genoux; avec des sacs de terre, il a élevé devant lui une sorte de parapet, laissant un petit sillon au milieu, juste pour placer le canon de son fusil. C'est le rudiment du créneau. Fort bien. Mais c'est encore insuffisant; quand il visera, un peu de sa tête dépassera la crosse, et il n'en faut pas plus, à si courte distance, pour que lui arrive une balle dans le front ou même dans l'œil.

On le préservera donc au moyen d'une sorte de bouclier, formé par une plaque verticale en acier avec une découpure au milieu pour tirer. Le voilà tout à fait garanti? Pas encore. A travers ce trou minuscule, une balle peut encore l'atteindre; un éclat d'obus peut briser le bouclier et tuer l'homme qui est derrière. Certes le tireur est brave; il a fait à la France le sacrifice de sa vie; mais cette vie, la France veut l'économiser autant qu'il est possible, et l'on a poussé jusqu'à un degré extraordinaire le perfectionnement des créneaux. Supposons qu'il n'y ait rien derrière l'orifice du bouclier : l'ennemi d'en face aperçoit un petit jour, une sorte de tache claire; aussitôt qu'un des nôtres viendra mettre son œil à la brèche, l'ennemi s'en apercevra par la disparition de la tache claire, et ses bons tireurs ne manqueront pas la cible ainsi offerte. On a donc dû placer derrière le trou du bouclier une surface noire, grâce à laquelle l'ennemi ne peut plus savoir si le créneau est occupé ou s'il est libre.

On a essayé mieux encore. Imaginez notre Français tout au fond de sa tranchée, à 40 ou 50 centimètres au-dessous du parapet; son fusil est en place et vise l'ennemi. Comment savoir ce qui se passe en face? Par un œil artificiel, très long, dû à la physique et dont dispose l'officier. Le rôle de l'officier ou du sous-officier est de se renseigner et de savoir, puis de diriger. Mais qu'il ne sorte pas la tête,

PÉRISCOPES DE TRANCHÉES. DEUX GÉNÉRAUX INSPECTENT LES POSITIONS ALLEMANDES.

même une seconde : la balle ennemie aurait vite fait son œuvre. De là le *périscope*, instrument jusqu'à présent en usage dans les sous-marins, ici beaucoup plus petit, très simple, et dont l'usage est devenu général. Vauban n'y avait pas songé; mais les Français de son temps n'avaient pas en face d'eux des tireurs armés de fusils aussi parfaits qu'aujourd'hui. Un tube de la longueur d'une canne, un peu plus gros, en bois ou en métal, rond ou carré; un grand mirliton, si vous voulez, avec deux entailles aux extrémités, disposées comme celles par lesquelles on souffle dans le mirliton. Devant chaque entaille, à l'intérieur, est un petit miroir incliné à 45 degrés. L'observateur regarde par l'ouverture inférieure en tenant le tube vertical au-dessus de son œil. Tout ce qui se passe à l'horizon vient se réfléchir, par l'ouverture du haut, sur le miroir qui est placé derrière et qui transmet les images au miroir du bas, où l'observateur le voit distinctement.

LA PROTECTION DES TRANCHÉES

Toute cette cité militaire souterraine, toutes ces tranchées, petites ou grandes, couvertes ou découvertes, si savamment combinées en face de l'ennemi, si bien disposées à l'intérieur, et qui forment le front, sont protégées contre les attaques et les surprises de l'ennemi. Par devant, c'est d'abord la clôture courante de nos jardins ou de nos champs : de forts pieux plantés de loin en loin et reliés par plusieurs rangées de fils de fer. Si l'assaillant approche grâce à l'obscurité, il se prendra les pieds dans le fil de fer armé de ronces, il trébuchera, tombera; les soldats de la tranchée auront le temps d'accourir et de lui faire payer cher sa témérité. Au besoin, on attachera sur les fils de fer de petits grelots, des bouteilles, des boîtes de fer-blanc qui remués au moindre mouvement, tintent et avertissent les défenseurs. Des sentinelles placées dans des endroits bien dissimulés, surtout dans les trous d'obus, veillent d'ailleurs, la baïonnette toujours prête et le regard avivé par la responsabilité d'une si terrible position.

Mais il faut compter avec l'audace et les ruses de l'assaillant, avec les cisailles dont il coupe les fils de fer, avec les surprises de la nuit, avec le vent, la pluie, qui font tinter les grelots et empêchent de distinguer l'attaque.

Alors, au lieu d'un seul rang, on en place deux, trois, dix, l'un devant l'autre; on met des fils de fer gros comme le doigt, qu'il est presque impossible de cisailler, armés de ronces terribles. On fait passer dans ces fils des courants électriques qui annoncent l'attaque par une sonnerie, tout en foudroyant les premiers assaillants.

Et de temps en temps, à intervalles irréguliers, on lance en l'air, soit par l'artillerie, soit à la main, des bombes éclairantes, des fusées semblables à celles de nos feux d'artifice, qui, éclatant soudain retombent en une nappe brillante et permettent de reconnaître le coup tenté par l'ennemi. On fait passer des patrouilles, qui complètent l'œuvre des hommes de garde.

Ah! la garde! les patrouilles! C'est là que l'homme se donne tout entier, avec ce qu'il a de plus sublime, comme dans la charge. Quel cœur ne faut-il pas dans la poitrine pour s'en aller ainsi, retenant son souffle, sentant partout la mort qui rôde, marchant sur le ventre, se

LA SOUPE DANS UNE TRANCHÉE. CHAQUE HOMME S'EST CREUSÉ UN GOURBI OU IL PEUT SE RETIRER PENDANT QU'IL N'EST PAS DE VEILLE. IL Y A SON SAC; IL EST A L'ABRI DE LA PLUIE ET UN PEU DES ÉCLATS D'OBUS. SUR LE SEUIL, IL Y MANGE SA SOUPE, MALHEUREUSEMENT FROIDE.

confordant avec la terre, avec l'herbe, cessant tout mouvement aussitôt qu'une fusée éclairante siffle en l'air ou qu'un bruit suspect laisse croire que l'ennemi a été mis en éveil! Nos romans de jeunesse nous ont fait frissonner aux ruses des Indiens, des Apaches ou des Sioux. Ici les embûches sont les mêmes, multipliées par mille découvertes de la science. Pour inventer ou pour déjouer les pièges et les embûches d'aujourd'hui, il faut que chaque héros de nos tranchées réunisse en lui toute l'intrépidité des plus fameux guerriers anciens, la subtile prudence de l'Indien, l'active ingéniosité des modernes, autrement dit, le courage, la souplesse et la science de tous les temps, de toutes les races.

C'est ainsi que l'on évite les surprises. Mais des attaques se produiront quand même. Il faut être toujours en mesure de les repousser, ou de les châtier. C'est l'affaire de l'artillerie, qui fait, elle aussi œuvre de protection et qui donne à nos hommes une si belle confiance soit dans la défense, soit dans l'assaut. Couverte en avant par ses réseaux de fil de fer, ses gardes et ses patrouilles, ses postes d'écoute, ses blockhaus ou fortins, la tranchée est couverte en flanc par les mitrailleuses, en arrière par l'artillerie.

Il est impossible de dire tout ce que peut et tout ce que fait l'officier d'artillerie dans cette guerre. Regardez travailler de bons ouvriers spécialisés, par exemple un ébéniste, un ajusteur; vous admirerez quelle délicatesse acquièrent chez eux le sens du toucher, et le sens de la vue; la plus petite aspérité d'une surface, la plus légère irrégularité dans une courbe, dans un angle, ils l'aperçoivent d'un coup d'œil et la corrigent. L'officier d'artillerie possède au même degré la science du terrain; la perfection extraordinaire de ses pièces et de ses obus ne serait rien s'il n'avait l'art de trouver l'endroit où la batterie est le mieux cachée, et où elle produira le plus d'effet : un repli du sol, un angle de rocher, un tronc d'arbre, une butte que personne autre ne remarquerait, voilà la bonne place. celle qui commandera les alentours de toute une tranchée, qui interdira le mieux l'approche de l'ennemi, qui lui fera payer le plus cher sa témérité s'il vient malgré tout. Une fois trouvé cet endroit, il s'agit d'y amener la pièce sans être vu, et de la masquer de telle façon que même son tir ne la trahisse pas. Autres stratagèmes, que l'on varie à l'infini, car l'ennemi finit par les découvrir. Sur l'emplacement de telle de nos grosses pièces, qu'ils ne connaissaient qu'à peu près, les Allemands ont tiré 1 500 obus explosifs sans résultat appréciable.

Tout près des lignes à défendre, les petites mitrailleuses, presque aussi maniables qu'un gros fusil; un peu en arrière les batteries de 75, et plus en arrière encore les grosses pièces, le 105, le 120, le 155, etc.

Au moindre signal de danger, un coup de téléphone — toutes les tranchées sont remplies de postes et de fils téléphoniques — et les officiers des batteries pointent à l'endroit exact, faisant d'effroyables trouées dans l'avalanche massive qui se précipite innombrable, grouillante et hurlante de cris hideux; on les fauche par centaines; il en débouche toujours, car le commandement boche prodigue la vie humaine d'une façon barbare; ils sont obligés d'avancer, les officiers et sous-officiers placés derrière eux prêts à brûler la cervelle de qui hésite ou recule, leurs mitrailleuses et leurs canons en position pour décimer la section qui ferait mine de lever les bras et de se rendre. Quelquefois pourtant leurs formations serrées sont tellement éclaircies par notre terrible 75, que les misérables restes sont bien forcés de rentrer dans leurs trous. Notre communiqué officiel du lendemain porte alors ces simples mots :

— « Une attaque — ou une contre-attaque — allemande s'est déclanchée à vingt et une heures quinze; elle a été arrêtée net par notre feu. »

Telle est l'œuvre de protection de l'artillerie pour nos tranchées. Parfois cependant, l'attaque est conduite avec des effectifs tellement nombreux, qu'il en arrive jusqu'à la tranchée de première ligne. Alors, pour un temps, l'artillerie doit taire sa grosse voix, ou reporter son tir plus loin, car dans le corps à corps elle atteindrait les nôtres. Toute la défense tapie au fond de la tranchée bondit comme un ressort; et c'est le tour de Rosalie, c'est le terrible et effarant jeu de la baïonnette mêlé aux bombes à main, généralement suivi d'une contre-attaque, charge infernale, forcenée. Guidée par le téléphone, l'artillerie recommence à parler; elle interdit, par un tir de barrage bien réglé l'arrivée de renforts ennemis, et elle couvre d'un rideau de mitraille et d'explosifs la marche des nôtres, rideau qui se déplace au fur et à mesure de leur avance. Rien ne soutient le troupier et ne lui donne du cœur au ventre comme de se sentir ainsi toujours aidé, protégé par l'artillerie.

C'est ainsi que l'ensemble de notre système de tranchées, le *front*, comme on l'a appelé d'un mot si expressif, fermant notre territoire depuis la mer du Nord jusqu'à la Suisse, a permis au reste du pays de se préparer méthodiquement pour une guerre si étrange. A l'abri derrière ce front, nous avons pu équiper et entraîner nos hommes, fabriquer les pièces d'artillerie et les munitions dont il faut une si énorme quantité, et donner à nos alliés le temps de s'organiser.

DANS UNE TRANCHÉE DE PREMIÈRE LIGNE.
LES SOLDATS SE PRÉPARENT A UNE ATTAQUE A LA BAÏONNETTE.

L'ATTAQUE DES RETRANCHEMENTS

A cœur vaillant, rien impossible.

Mais si le retranchement est un merveilleux moyen pour se défendre, il ne fait pas avancer la guerre. Et pourtant on doit attaquer l'ennemi ; on doit le déloger et le chasser du pays qu'il occupe. On n'y arrive que par *l'attaque*, sous terre et sur terre.

L'ATTAQUE SOUS TERRE

L'attaque sous terre c'est *la sape ou la mine*. Jusqu'ici elle ne se faisait guère que dans la guerre de siège, pour s'approcher de fortifications imprenables par les autres moyens. Mais aujourd'hui elle se généralise, toute la ligne des armées, tout le front étant devenu une fortification continue. Voici en quoi consiste la sape, qui est exécutée principalement par les soldats appelés sapeurs, et dirigée par les officiers du génie.

En arrière de la ligne, évitant d'être vu par l'ennemi, on creuse soit un trou, vertical comme un puits, soit une galerie qui descend sous terre obliquement, l'un ou l'autre assez grands pour que des hommes puissent y passer à l'aise; on a soin de masquer le plus tôt possible l'orifice avec des branches et de la terre pour que les observateurs ennemis, qui viennent voler au-dessus, ne puissent rien remarquer. Si le puits est vertical, on remontera la terre par le

ENTRÉE D'UNE SAPE

moyen d'une sorte de treuil avec une corde et des seaux; s'il est oblique, par un plan incliné. Puis on continue de creuser en passant sous notre tranchée dans la direction de l'ennemi. Imaginez combien de mètres cubes de terre à ramener, quelle patience, quel temps il faut. Sur un seul point du front, aux environs du Four de Paris à la limite de la Champagne et de l'Argonne, nos sapeurs creusèrent en quelques mois plus de 3.000 mètres de galeries.

Encore, lorsque le sol est à peu près meuble et sec, tout va bien ; il suffit de travailler pendant longtemps. Mais dans les fonds de vallées, dans les terrains bas de Picardie, d'Artois, de Flandre, les infiltrations d'eau viennent gêner les sapeurs. Par contre, en

Argonne et dans les Vosges, le sol très dur, souvent rocheux, ne peut être attaqué qu'avec le pic ou le burin, et l'on avance à peine.

Le pis est que l'ennemi travaille de son côté et cherche à nous attaquer par les mêmes moyens. Il faut réussir à l'empêcher d'avancer tout en avançant nous mêmes, déjouer ses plans et faire triompher les nôtres!

On doit avoir assez de flair pour deviner l'endroit où il veut attaquer et où il va pousser ses galeries. Alors on envoie dans cette direction des rameaux de contre-mines. On travaille bien entendu avec le moins de bruit possible pour que l'ennemi ne puisse entendre; de temps en temps on s'arrête, on colle l'oreille aux parois, la terre conduit fort bien le son : on entend de loin des coups sourds, il s'agit de déterminer la direction exacte, la distance; est-ce au-dessus, au-dessous, à droite, à gauche? Le danger est partout, il peut éclater à chaque seconde. Le bruit se rapproche. Moins d'un mètre d'épaisseur, peut-être, a la cloison de terre qui nous sépare des Boches. Redoublement de précautions. Et eux? Nous ont-ils découverts? Quelle est l'importance de leur sape?

Il arrive qu'un coup de pioche éventre la cloison, et les deux travailleurs ennemis se trouvent tout à coup face à face, le pic à la main. Instant tragique. Quelquefois, c'est la bataille sourde dans cet étroit boyau où l'on ne peut pas même se tenir droit; plus souvent le Boche s'enfuit de toute la vitesse de ses jambes en éteignant les lumières.

La sape n'est que le moyen d'arriver à faire éclater un *fourneau de mine*. Si l'on n'a pas été dérangé, si l'on a pu pousser la sape aussi loin qu'on voulait, on détermine avec des instruments de précision l'endroit où l'on est arrivé, on agrandit le trou, on le charge d'explosifs et l'on attend : c'est ce qu'on appelle un fourneau de mine; il est relié par un fil électrique, ou par une mèche lente, au poste de l'officier, qui n'aura qu'à tourner un commutateur pour provoquer l'explosion quand il croira le moment venu. S'agit-il d'un simple rameau de contre-mine? Le fourneau reste chargé pendant plusieurs heures, parfois plusieurs jours. Affût d'un nouveau genre contre la pieuvre souterraine. Et l'on reste aux aguets jusqu'à ce que la sape ennemie soit arrivée bien près, à bonne portée, afin de pouvoir en faire sauter le plus possible, avec les soldats qui sont dedans et leurs machines à forer; si l'on a la bonne fortune que le fourneau ennemi soit déjà posé, tant mieux, l'explosion en sera plus forte et les dégâts plus considérables.

A la Fontenelle, dans les Vosges, la pioche d'un pionnier allemand, creva le 6 avril 1915 la mince épaisseur de roche qui séparait la sape de l'un de nos rameaux. Vite une charge d'explosifs contre

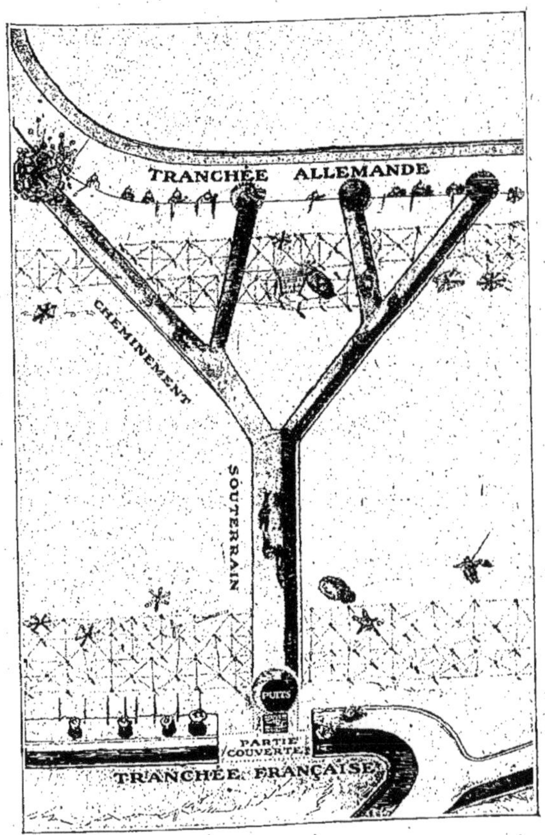

VUE D'ENSEMBLE D'UN DES TRAVAUX DE SAPE EXÉCUTÉS CONTRE LES LIGNES ALLEMANDES.

la paroi de séparation. L'adversaire riposte et entame notre ligne. Trois jours après on recommence mais avec de plus grands moyens. Ayant entendu qu'une sape allemande se creusait parallèlement à la nôtre, à une distance de deux mètres environ, nous chargeons un fourneau de 300 kilogrammes de poudre et l'explosion creuse un entonnoir qui n'a pas moins de 14 mètres de diamètre : tout le rameau allemand est détruit, ainsi qu'une partie des abris placés à l'arrière, et bien entendu, l'ennemi ne peut plus avancer dans cette direction.

Parfois, il réussit à tromper la vigilance de nos sapeurs ; il lui est arrivé de pousser des mines énormes, véritables tunnels, sous notre première ligne de tranchées et jusque chez nous, d'y accumuler une quantité d'explosifs invraisemblable; l'explosion fit un véritable tremblement de terre sur une centaine de mètres de longueur, tellement violent qu'il rapprocha en maint endroit les deux lèvres de nos tranchées et les referma en coinçant les soldats qui s'y trouvaient. Aussitôt l'ennemi, qui avait longtemps préparé ce grand effort, se précipite avec des cris de triomphe, profite du désarroi des nôtres pendant qu'ils se tirent des décombres, saute dans la deuxième tranchée, et voilà toute une portion de notre première ligne prise entre les assaillants qui l'ont dépassée et ceux qui sont restés en face

« Rendez-vous Franzosen, vous êtes pris! »

Ils l'eussent été en effet, sans l'incroyable souplesse de nos braves. Les premiers remis courent à l'ennemi, et sans regarder au nombre engagent un terrible duel à la baïonnette. Bientôt rejoints par des camarades, ils forcent les Boches à se tenir sur la défensive. Les nôtres de la première ligne se dépêtrent peu à peu, font face aux renforts ennemis, les arrêtent, et le lendemain, tous les Boches qui avaient passé sont tués ou prisonniers. Pas un ne retourne dans ses lignes.

Dans la plupart des cas, le fourneau de mine est simplement un moyen d'atteindre une tranchée en évitant le fil de fer barbelé et le tir meurtrier des mitrailleuses de la surface. Une sape a été poussée jusqu'au-dessous de notre ligne; une autre a été poussée à droite, une autre encore, de manière à entrer dans la tranchée en plusieurs points à la fois. Pendant la nuit le feu a été mis. Explosion subite. L'entonnoir s'ouvre sur la tranchée; aussitôt les ennemis se précipitent pour l'envahir; le meilleur tireur se cache entre deux pierres et tire sans discontinuer dans toute la longueur de la tranchée, empêchant les défenseurs d'approcher. Il faut la souplesse d'un félin et l'intrépidité d'un compagnon de Léonidas pour arrêter l'irruption. Un soldat se dévoue : il tombe; un autre est derrière lui, puis un autre et un autre encore. Pendant que l'un lance à la main des bombes et des grenades sur le tireur, d'autres approchent avec des sacs de terre tout préparés et réussissent à improviser un parapet. Bien vite d'autres sacs de terre, et voilà un barrage opéré dans la tranchée, qui empêche de s'y répandre les assaillants faisant irruption par la brèche due à la mine. Quelquefois l'ennemi reste ainsi installé pendant des jours entiers, incapable de pousser plus loin son premier succès, dans ce que l'on appelle un élément de tranchée, de dix à

SENTINELLE DEVANT UN CRÉNEAU. CE CRÉNEAU REMONTE AUX DÉBUTS DE LA GUERRE. PLUS TARD LA TRANCHÉE A ÉTÉ RENDUE PLUS PROFONDE MAIS AUSSI PLUS ÉTROITE; LE PARAPET EST GÉNÉRALEMENT FORMÉ DE SACS DE TERRE, ENTRE LESQUELS UN VIDE LAISSÉ FORME CRÉNEAU.

vingt mètres de long. Les soldats de tranchées qui supportent la sape et la mine sont des héros : il leur faut des nerfs à toute épreuve.

« On commence, dit l'un d'eux, par avoir de vagues nouvelles, par entendre des on-dit inquiétants : « la tranchée est minée d'ici « à là ». Puis les officiers dont les gourbis sont sur la région dangereuse déménagent; des officiers du génie arrivent, écoutent, discutent. Finalement on est à peu près renseigné : « la tranchée est « minée et doit sauter ce soir à telle heure ». On ne sait pas au juste sur quel point. Les moments d'attente, vous le comprenez, ne sont pas folâtres. Brusquement le sol vous tremble sous les pieds et l'on a, une ou deux secondes, l'angoisse de se dire : « Est-ce nous qui « sautons? » Puis une formidable détonation éclate, d'énormes mottes de terre, des débris de toutes sortes, voire des hommes tout entiers sont projetés à une hauteur énorme. Pendant qu'on se gare des éclats, la fusillade crépite, les bombes tonnent, il s'agit de ne pas perdre la tête, c'est l'attaque. On riposte de son mieux, cela dure plus ou moins longtemps, puis finalement tout se calme et rentre dans le silence. Alors, on s'occupe de réorganiser la tranchée et chacun reprend la veille ordinaire, attendant la nouvelle mine. »

Parmi les innombrables faits de magnifique héroïsme qui ont illustré nos tranchées, citons l'épisode célèbre :

Debout! les Morts!

« Nous étions en train d'aménager une tranchée conquise. Au barrage de sacs qui fermait son extrémité, deux guetteurs faisaient bonne garde. Nous pouvions travailler en toute tranquillité.

« Soudain, partie d'un boyau que dissimule un repli de terrain, une avalanche de bombes se précipite sur nos têtes. Avant que nos hommes puissent se ressaisir, dix sont couchés à terre, morts et blessés pêle-mêle. J'ouvre la bouche pour les pousser en avant de nouveau, quand un caillou du parapet, déchaussé par un projectile, me frappe à la tête. Je tombe sans connaissance. Mon étourdissement ne dure qu'une seconde. Un éclat de bombe me déchire la main gauche et la douleur me réveille.

« Comme j'ouvre les yeux, affaibli encore et l'esprit engourdi, je vois les Boches sauter par-dessus le sac de barrage et envahir la tranchée. Ils sont une vingtaine; ils n'ont pas de fusils, mais ils portent par devant une sorte de panier d'osier rempli de bombes.

« Je regarde à gauche, tous les nôtres sont partis, la tranchée est vide. Et les Boches avancent; quelques pas encore et ils sont sur moi!

« A ce moment un de mes hommes, étendu, une blessure au front, une blessure au menton, et dont tout le visage est un ruissellement de sang, se met sur son séant, empoigne un sac de grenades placé à côté de lui et s'écrie :

« Debout, les morts! »

« Il s'agenouille et puisant dans le sac, il lance ses grenades dans le tas des assaillants.

« A son appel, trois autres blessés se redressent. Deux qui ont la jambe brisée prennent un fusil, et ouvrant le magasin commencent un feu rapide dont chaque coup porte. Le troisième dont le bras gauche pend, inerte, arrache de sa main droite une baïonnette.

« Quand je me relève, revenu à moi tout à fait, du groupe ennemi la moitié environ est abattue, l'autre moitié s'est repliée en désordre.

« Il ne reste plus adossé au barrage et protégé par un bouclier de fer, qu'un sous-officier énorme, suant, congestionné de rage, qui, fort bravement, ma foi, tire dans notre direction des coups de revolver.

« L'homme qui, le premier, a organisé la défense, le héros du « Debout les morts! » reçoit un coup en pleine mâchoire; il s'abat....

« Tout à coup, celui qui tient la baïonnette, et qui depuis quelques instants rampait de cadavre en cadavre, se dresse à quatre pas du barrage, essuie deux balles qui ne l'atteignent pas et plonge son arme dans la gorge de l'Allemand.

« La position était sauvée. Le mot sublime avait ressuscité les morts. » (Lieutenant J., *Agence Havas.*)

L'ASSAUT DES TRANCHÉES

En même temps et plus souvent, nous avons pratiqué l'assaut direct, en plein air. Celui-là exige au plus haut point la vigueur physique, la souplesse, le sang-froid, et l'intrépidité devant le danger que l'on *voit*. Au début, nous avons maintes fois attaqué directement. Profitant de quelque nuit obscure, des poilus sans peur s'en allaient en rampant, sans souci des sentinelles et des balles, jusqu'aux fils de fer ennemis, et les coupaient avec des cisailles pour préparer l'attaque à la baïonnette de leurs camarades qui les suivaient de près. Bientôt il fallut renoncer à ce moyen, à cause des grelots, des signaux, des courants électriques, de la multiplication des rangées de fils de fer, et surtout parce que *projecteurs* et *bombes* éclairantes suppriment la nuit.

Il y a des projecteurs fixes, cachés dans les bois, sous les feuilles, etc., que les avions ne peuvent découvrir dans la journée, et des projecteurs portés sur automobiles, que l'on hisse au faîte d'une échelle jusqu'à une grande hauteur et qui échappent à l'artillerie parce qu'on les déplace souvent. Pendant la nuit les pinceaux lumineux lancés par les projecteurs balayent en tous sens l'entre-tranchée; des observateurs suivent le pinceau, et il est impossible de faire un pas sans être vu.

Les bombes éclairantes sont de magnifiques gerbes lumineuses, qui s'élèvent en fusant, et retombent avec lenteur illuminant un vaste espace; c'est d'ailleurs très beau.

L'assaut est préparé par la sape et la mine, comme nous l'avons vu, et par l'artillerie; il est mené au moyen de *bombes et de grenades à main* dont l'emploi se combine avec la *baïonnette*. Aussitôt un succès obtenu on s'installe dans les parties conquises pour repousser *les contre-attaques*.

C'est l'artillerie qui fait le travail des anciens coupeurs de fils : pièces de 75, moyenne et grosse artillerie, de plus ou moins loin suivant leur portée. Il s'agit d'écraser les ouvrages de l'ennemi sous une énorme masse d'acier et d'explosifs. L'obus s'enfonce dans la terre, qu'il rejette de chaque côté, creuse un vaste entonnoir, arrache les pieux et les jette plus loin, tordant, cassant, enchevêtrant les fils de fer.

Il faut pour cela des quantités énormes de munitions, mais qu'importe, si cent obus économisent la vie d'un seul soldat?

Donc le travail préparatoire de l'artillerie disloque et jette au hasard pieux et fils de fer. Il ne bouleverse pas moins les tranchées, creusant ici, remplissant là, tuant ou blessant un certain nombre d'ennemis, isolant les autres par petits groupes à moitié désarmés.

En vain ils se cachent et s'enfoncent dans la partie la mieux abritée, dans les casemates cimentées, bétonnées, cuirassées d'acier à l'intérieur : le gros obus à mélinite, à lyddite, à roburite, va les y atteindre, ne leur laisse pas un instant, ni pas un endroit de répit; on a vu des plaques d'acier énormes brisées ou projetées au loin par ces explosifs terrifiants. Le tir courbe des lance-bombes, des obusiers courts, envoie le projectile très haut; il retombe de tout son poids, et aucun endroit n'est garanti contre ses effets.

Cette pluie d'obus démolit aussi bon nombre de mitrailleuses, le plus redoutable engin contre l'assaillant; on sait que toute colonne prise sous le tir d'une mitrailleuse est fauchée. Ces mitrailleuses sont généralement cachées, ainsi que quelques bons tireurs, dans des saillants de tranchées avantageusement placés, dans des fortins, des blockhaus qui renforcent la tranchée çà et là, positions redoutables contre qui cherche à avancer. Partout où l'artillerie peut les repérer, elle les détruit. Si elle ne connaît pas leur position exacte, elle fait tomber une telle masse d'obus que les ouvrages déjà endommagés puissent être assez vite réduits quand l'attaque les aura découverts.

Voici la place bien préparée, l'heure fixée par le commandement approche; c'est la minute d'angoisse. Les clairons sonnent une charge enivrante, les hommes sautent hors de la tranchée malgré une

PRÉPARATIFS DU LANCEMENT D'UNE BOMBE EN PREMIÈRE LIGNE.
CE LANCE-BOMBES EST UN DES INNOMBRABLES « ENGINS DE TRANCHÉE » PETITS, FACILES A DÉPLACER, QUI NE PORTENT PAS LOIN, MAIS QUI CONVIENNENT POUR BOULEVERSER LES OUVRAGES DE L'ENNEMI AVANT L'ATTAQUE.

grêle de balles et de projectiles ennemis. Bien court est l'espace à traverser entre les deux lignes ; une centaine de mètres, quelquefois moins; mais les rangs s'éclaircissent sous ce feu d'enfer, et combien de camarades tombent en route! En avant! En avant! Le clairon accélère son rythme. C'est la tranchée ennemie : On pique du haut en bas. On saute par-dessus, on se jette sur les mitrailleurs et les artilleurs. Effroyable corps à corps! Quand on arrive trop près pour que le fusil soit encore utile, l'ennemi se défend à coups de bombes à main, de grenades et de baïonnettes, à coups de crosse, à coups de couteaux; c'est avec les mêmes armes qu'il faut le maîtriser, tandis que l'artillerie tend devant nos hommes un véritable rideau de projectiles pour arrêter les renforts qui accourent au loin.

Le vrai poilu doit savoir faire une douzaine de métiers : marcher mieux qu'un facteur, courir avec le dos plus chargé qu'un portefaix, ramper comme un Indien, tirer comme un sportsman, manier la baïonnette, et puis, tour à tour maçon, bûcheron, charpentier, terrassier, mineur, forgeron, le voici devenu jongleur pour lancer les grenades.

Qui eût pensé que cet ancien engin reparaîtrait, et qu'au siècle des canons portant à 38 kilomètres on enverrait des grenades à main?

L'emploi en est devenu courant : « Il y a une variété infinie de ce genre d'engins. Les unes sont des bombes grosses comme le poing, pesant environ un kilogramme et munies d'un anneau. On porte au poignet gauche une courroie terminée par un crochet. Pour allumer la grenade, on introduit le crochet dans l'anneau et on lance vivement car elle éclate quatre secondes après. D'autres sont allongées et contiennent des gaz comprimés. Il y a les pétards à main formés d'un gros cylindre muni d'un manche en bois; il y a les raquettes, plus grosses et enfermées dans des boîtes de fer-blanc. Pour ces deux types-là, autour du manche se trouve un papier que l'on déchire et sous lequel est une feuille que l'on tire fortement. Tout cela se lance à la main, mais il y a encore un tas d'engins de tranchées, lancés par de petits canons appelés « crapouillots », ou par des appareils rappelant la catapulte ou la grosse arbalète. Comme vous voyez il ne manque pas d'engins pour se détruire proprement. J'oubliais la torpille, énorme récipient de dynamite, terminée par trois ailes en hélice, qui font qu'après avoir été lancée en l'air, elle retombe en tournant avec une pesanteur extraordinaire. Quand les tranchées sont très rapprochées, on se canarde avec les bombes, les grenades et les pétards. En principe, il y a des équipes de bombardiers (dont je suis) qui forment plus de la moitié de la compagnie, mais en réalité tout le monde en jette. Quand la bombe éclate, elle fait du dégât à l'endroit précis où elle tombe, mais comme elle éclate en gerbe, elle n'a presque aucun effet autour d'elle. Tandis que les crapouillots et surtout les torpilles font l'équivalent d'un obus de 220. Toutes ces machines-là rendent l'attaque, la prise des tranchées, un véritable enfer. De tous côtés, il nous explose de ces engins, mêlés à la mitraille et au fracas des marmites; c'est à devenir fou. » G. T.

UNE BIFURCATION DE BOYAUX A CENT MÈTRES DES LIGNES ALLEMANDES.

Et quand on a réussi à sauter dans la tranchée, à se débarrasser des Boches en les piquant, ou en leur faisant lever les mains, ce n'est pas fini; il faut occuper la tranchée, puis sauter par-dessus les cadavres, les amoncellements de terre, par-dessus les barrages établis à la hâte, se coller au sol, profiter du moindre trou, du moindre entonnoir pour échapper au feu d'en face; puis courir à l'autre tranchée, derrière la première, qui sera aussi dure à prendre; ensuite à la troisième, à la quatrième. Le nombre des tranchées placées l'une derrière l'autre est invraisemblable.

Et surtout, après avoir ainsi dépensé en énergie tout ce que les forces humaines peuvent fournir, il faut, avant de se reposer, de manger, de boire, se préparer à recevoir une contre-attaque, qui manque rarement de se produire et qui est menée d'un élan formidable par des troupes fraîches contre nos héros exténués. En certains cas, il a fallu repousser jusqu'à 11 contre-attaques! Au nord d'Arras, 7 la même nuit.

« Lorsque le 9 mai, après un bombardement intense (« Non! ce qu'ils ont pris les frères »! racontait un héros de cette épopée), fut donné l'ordre de s'emparer des « ouvrages blancs », masse formidable de bastions et de boyaux, les régiments qui sortirent des tranchées de Berthonval, officiers en tête, couvrirent en une heure, sans cesser un instant d'attaquer, quatre kilomètres, bondissant par-dessus les obstacles accumulés, franchissant les ravins, gravissant les hauteurs. Ce fut une scène indicible, qui arracha des cris d'admiration à tous ceux qui en furent les témoins. Ah! si vous aviez vu ça! C'est des heures qu'il faut avoir vécues. Le reste importe peu. Tous les camarades hélas, ne sont pas revenus, mais on les a eus, les Boches! »

Voilà une faible idée de l'attaque des tranchées. Les Français y excellent. Quelles que soient les pertes, l'ardeur qui les emporte est telle que l'on a vu à Carency de tout jeunes gens, ceux de la classe 15, vingt ans à peine, frémissants de partir, dépassant dans leur élan le but fixé par le commandement. Nos officiers, admirables entraîneurs d'hommes, rivalisent d'une ardeur sublime entre les différents corps : divisions de fer, Sénégalais, Algériens et Marocains, chasseurs, que les Allemands ont surnommés « diables bleus », zouaves, fusiliers marins, combien d'autres troupes d'élite! De vieux généraux tout blancs, pleuraient en voyant tant d'ardeur et d'abnégation. Ce sont bien toujours les soldats de Senef et ceux de Fleurus, et ceux de Wattignies; ils étaient milliers; ils sont aujourd'hui millions.

Rendons justice à l'ennemi : il a été très brave lui aussi, il a attaqué plus d'une fois dans des conditions terribles. Mais trop souvent sa bravoure fut due au sentiment de se trouver en masse compacte, ou même à l'ivresse de l'éther ou de l'alcool, aux revolvers des officiers, braqués par derrière, aux chaînes qui retenaient l'homme à la mitrailleuse....

L'ATTAQUE ALLEMANDE

Les Allemands ont conduit bien des fois contre nous des attaques qui paraissaient extraordinairement courageuses, par exemple sur l'Yser, en novembre 1914, lorsqu'ils voulaient à toute force briser notre ligne afin d'atteindre Calais qu'ils avaient promis à leur peuple à défaut de Paris, ou encore sur les défenses de Verdun en 1916. Ils y perdirent des centaines de mille hommes. Ils firent de même sur beaucoup d'autres points, et principalement dans des contre-attaques qu'ils répétaient avec un entêtement inouï.

Mais leur bravoure a quelque chose de moins spontané, de moins personnel que celle des nôtres. Elle est plus le résultat de l'organisation collective que de la valeur individuelle. Elle tient à une discipline de fer, lentement acquise, qui brise dans le soldat toute conscience, toute volonté, pour en faire la machine toujours docile aux mains de l'officier. Les Boches n'aiment pas se sentir seuls; il leur faut l'appui de la masse, et ils attaquent souvent par colonnes profondes en se tenant par la main, en s'avançant avec d'affreux cris gutturaux, ce qui achève en eux l'œuvre du dressage antérieur et de l'alcool : fondre, noyer l'individu dans le groupe.

Sur de semblables colonnes massives, l'artillerie et les mitrailleuses font des ravages terribles; des rangs entiers sont fauchés. N'importe, il en vient toujours d'autres, qui enjambent les cadavres de leurs camarades, qu'une ruée formidable et sans cesse renouvelée pousse de l'arrière.

Dans les fortins bien placés, les mitrailleurs attachés par des chaînes à leurs pièces sont forcés de tirer jusqu'à ce qu'ils soient tués sur place.

Aux environs d'Ypres, on a vu en mai 1915, tout ce qui restait d'un bataillon, éperdu d'effroi, lever les bras et courir à nos lignes pour se rendre. Aussitôt l'artillerie allemande ouvrit le feu contre eux, et anéantit jusqu'au dernier homme.

Les officiers se font gloire d'être impitoyables, de n'avoir aucun sentiment d'humanité dans aucun cas, et il faut reconnaître que leur orgueil sauvage les fait mourir avec bravoure, comme leur ancêtre Hagen. Quand ils se rendent prisonniers, c'est que la troupe est bien démoralisée.

Ce manque d'humanité vient de haut. La conduite de l'empereur Guillaume II, des ministres, de l'état-major allemand fut pendant la guerre un perpétuel défi à l'humanité.

Au commencement du printemps 1915, le monde a appris avec une douloureuse stupeur que, dans leur rage exaspérée pour percer les lignes des Alliés et atteindre Calais, ils avaient employé subitement des gaz asphyxiants, quoique, par la Convention de la Haye, ils se fussent formellement engagés à n'en pas faire usage. Nécessité ne connaît pas de loi, a proclamé leur chancelier qui croyait chausser les bottes de Bismarck.

Le 22 avril, les nôtres furent surpris en voyant tout à coup devant eux, aux ras du sol, une sorte de nuage jaune verdâtre très épais, que le vent du nord-est poussait dans leur direction. Ils en furent bientôt entourés. La gorge, le nez, les yeux ressentirent des picotements et une irritation intolérables ; la poitrine était secouée de suffocations violentes. Un grand nombre tombèrent et l'asphyxie continua de faire son œuvre. Ceux qui essayaient de fuir, aveuglés, titubants, vomissaient du sang. De ceux qui purent s'échapper, bien peu guérirent, car les poumons étaient déchirés et tuméfiés. Les Boches avancèrent ce jour-là de quelques kilomètres dans certaines parties de nos tranchées qu'il fallut évacuer. Nous savions depuis longtemps qu'ils préparaient cette infernale machination ; leurs prisonniers nous l'avaient dit ; les gaz asphyxiants n'ont rien de secret pour les chimistes, et nous eussions pu les préparer aussi bien qu'eux. Mais l'honneur nous défendait de commencer un aussi monstrueux attentat contre l'humanité. Les premiers gaz employés étaient surtout chloreux. Les Allemands avaient tout un matériel apprêté sur les indications de leurs savants. Des matières à produire les gaz ; de grands récipients de métal munis de tubes que l'on règle avec des robinets ; une batterie de 20 récipients tous les 40 mètres : des hommes spécialement dressés à la manœuvre de ces engins. Il y avait aussi des obus à gaz asphyxiants, des liquides enflammés : pétrole, benzine, que les assaillants lançaient devant eux à une distance considérable.

On put se procurer un ordre du jour qui demeurera un monument d'éternelle infamie pour l'Allemagne, et le gouvernement français adressa aux puissances étrangères un mémorandum faisant connaître qu'il entendait ne pas rester sans défense contre de semblables procédés. Voici le texte de ce mémorandum :

« Depuis longtemps, les autorités militaires françaises ont constaté les procédés abominables employés par les troupes allemandes dans les combats contre les armées de la République, en violation de tous les engagements pris solennellement par le gouvernement impérial allemand vis-à-vis des autres puissances et au mépris de tous sentiments d'humanité.

« Le ministre des Affaires étrangères a l'honneur de communiquer le document ci-joint du *Quartier général allemand* de la IIe armée, note n° 32, en date à Saint-Quentin, du 16 octobre 1914, contenant la recommandation des autorités allemandes d'employer le jet de liquides enflammés : (*Traduction.*)

IIe ARMÉE

Note n° 32.

QUARTIER GÉNÉRAL

Saint-Quentin, 16 octobre 1914.

« *L'attaque projetée sur l'ennemi qui est en face de nous sera, par suite de considérations spéciales, reprise ultérieurement dans un délai rapproché.*

« *Il est par conséquent de grand intérêt que les connaissances acquises au cours des combats rapprochés qui viennent de se dérouler, soient résumées et portées à la connaissance de toutes les troupes, de sorte qu'à la reprise de l'attaque, elles soient le patrimoine commun de tous les officiers.*

« *En ce qui concerne l'attaque d'infanterie, les corps n'ont pas besoin de nouvelles explications.*

« *Mais en ce qui concerne l'emploi des pionniers, il y a lieu d'attirer l'attention sur les points suivants :*

« *1° Pionniers. — Notions générales....*

« *2° Attaques des positions fortifiées....*

« *3° Moyens dont disposent les pionniers pour les combats rapprochés.*

« *4° Projecteurs de flammes ou de liquide fumigène.*

« *Ces moyens seront mis à la disposition des corps d'armée suivant leurs besoins par le commandant en chef. Les corps recevront en même temps le personnel instruit absolument indispensable à la manœuvre de ces engins, qui devra être renforcé quand ils auront reçu l'instruction nécessaire, par des pionniers des compagnies de campagne choisis à cet effet.*

« *Les projecteurs de flamme sont employés par des pionniers spécialement dressés à cet effet; ce sont des appareils semblables à un extincteur portatif d'incendie, et qui projette un liquide s'enflammant immédiatement, spontanément. Les vagues de flammes ont une longueur et une largeur utiles de 20 mètres. Elles ont un effet mortel immédiat et elles repoussent l'ennemi à une grande distance par suite de leur développement de chaleur.*

« Comme elles brûlent pendant une durée de une minute et demie à deux minutes et qu'on peut les interrompre à volonté, on recommande de ne donner que des jets de flammes isolés et courts, de manière à pouvoir combattre plusieurs objectifs avec une seule dose de remplissage. Les projecteurs de flammes seront employés principalement dans les combats de rues et de maisons et seront tenus dans la position d'où part l'assaut, prêts à être employés.

« Le chef d'escadron d'artillerie,
« L. Linard. »

« Aucun gouvernement ne saurait, sans compromettre la sécurité de ses troupes, rester sans défense contre de semblables raffinements de barbarie.

« En conséquence le Gouvernement de la République entend, en s'inspirant uniquement de ses besoins militaires, recourir à tous les moyens qui lui paraîtront propres à mettre les soldats et les autorités militaires allemands hors d'état de commettre leurs méfaits et leurs meurtres. »

D'ailleurs la surprise ne dura pas longtemps. Des centaines de mille masques furent distribués aux soldats. Un simple petit matelas renfermant de l'ouate, susceptible d'être attaché par un cordon derrière la tête, que l'on place devant les narines et la bouche, après qu'il a été imbibé d'une matière chimique décomposant le gaz asphyxiant; des lunettes, comme celles des casseurs de pierres pour protéger les yeux : avec cela on peut attendre le nuage passer, et quand les ennemis arrivent ensuite, leur donner la leçon que comporte leur traîtrise.

D'ailleurs notre 75 sait que les Boches viennent derrière leur nuage et il ne manque pas de commencer sa besogne au bon moment.

Cl. Bonfrère.

L'ASSAUT MENÉ CONTRE LE GRAND ÉPERON S.-E. DE NOTRE-DAME-DE-LORETTE EN ARTOIS.

L'AME DU FRONT

« J'ai parcouru toute la ligne de feu, de Nieuport à l'Alsace, en compagnie de plusieurs journalistes étrangers comme moi. Nous avons été émerveillés.... C'est une admiration émue, attendrie que nous avons rapportée des tranchées, pour ces hommes qui font des prodiges avec l'entrain tranquille du bon ouvrier qui gagne son pain de chaque jour. »

M. POWLOBSKY,
du journal russe *Novoie Wrémya*.

GAIETÉ DANS LA TRANCHÉE

« Si la victoire doit être assurée à l'armée qui a le plus d'endurance, l'armée française sera au premier rang. Lorsque les hommes reviennent des tranchées, sous leurs vêtements trempés, couverts de boue, les membres raidis par le froid, qu'ils n'avancent pas plus vite qu'un serpent, ils ont pourtant encore la plaisanterie sur les lèvres.... J'ai vécu quatre mois sur la ligne de bataille; je n'ai pas entendu un homme se plaindre des privations qu'il avait endurées, ni cherché à faire croire qu'il avait fait plus que son devoir. »

C'est un écrivain d'un grand journal anglais, du *Times*, qui jugeait ainsi nos soldats à la fin de l'hiver 1915. Les longs mois de tranchées ont été une rude épreuve.

On connaissait la bravoure, l'élan des troupes françaises pour la marche en avant, pour l'attaque : beaucoup de gens ne les croyaient pas capables d'avoir la patience, la ténacité, l'endurance. La guerre de tranchées nous a révélé là une de nos plus précieuses vertus.

Et les Allemands qui répétaient avant la guerre, qui avaient presque fait croire au monde, que la race française était vieille, épuisée, au bout de toutes ses énergies!

Ah! ils auront changé d'idée, après ce qu'ils auront vu et éprouvé au long de la guerre, et que l'on a appelé d'un si beau mot : *L'Ame du Front*, ou l'Ame de la France qui, nulle part ailleurs ne s'est révélée mieux qu'au Front.

Qu'il s'agisse du chrétien croyant, qui écrivait à sa famille[1] : « Comment n'être pas heureux avec cette idée que l'on n'est peut-être séparé de la vue de Dieu que par une seule minute? » Qu'il s'agisse du petit soldat si simple et pourtant si sublime à qui l'on doit ce mot : « J'aurai peut-être la chance d'être tué à la place d'un père de famille », tous sont élevés et transfigurés par le sentiment du sacrifice, qui leur fait accepter, rechercher le danger comme un honneur, comme une gloire, comme le bien suprême. Mourir, mais se dire que cette mort sera utile aux siens, à la France, à la liberté du monde!

Et d'abord, ils ont cette qualité bien française, la gaieté. Rien ne conserve et ne trempe mieux les caractères, ne donne plus de force vraie. La pipe, les cartes, les bonnes plaisanteries sont une distraction et un soutien. Ils s'amusent, et l'esprit parmi eux ne perd jamais ses droits. Des Parisiens font du théâtre, des Lyonnais jouent Guignol, des imprimeurs publient des journaux. Ah! ces journaux, quels titres! et quel esprit, sous les obus, à deux pas de l'ennemi, en face de la mort, qui peut venir, mais que l'on ne craint point.

Voici la *Gazette des Tranchées :*

« Journal pour le maintien et la vulgarisation du sourire en France, organe paraissant régulièrement plusieurs fois par jour ou pas du tout. »

1. D'après les journaux : *Débats, Écho de Paris, Figaro, Humanité, Petit Journal, Petit Parisien*. etc.

Rédaction et Administration : rue Victor-Hugo à Crouy (près de Soissons) dans la cave.

Un peu plus tard, cette annonce voilée d'une mélancolie trop compréhensible :

« ... La publication de ce journal est momentanément suspendue, nos amis ayant particulièrement souffert dans une des dernières grandes batailles. Le directeur-gérant a été grièvement blessé d'un éclat d'obus qui lui a traversé la cuisse. »

Voici le *Lapin à Plumes*. La vignette de son titre, deux lapins en aéro, vaut tout un poème. Il a des images cocasses telles que la balançoire turco-boche, et d'amusantes *mondanités* :

« Les poilus de la 12e, qui avaient reçu des Boches une invitation les priant à un five o'clock, ont eu la grande joie de transformer cette petite réunion en une sauterie intime des plus réussies.

« On a beaucoup remarqué la famille Lancebombe et les petits Crapouillots, qui n'ont cessé de faire preuve d'une ardeur endiablée.

« L'entrain fut tel qu'au matin messieurs les Boches n'avaient plus ni bras ni jambes. « B. des G. »

Et à côté de cela, quel délicat sentiment dans ce sonnet adressé à une dame de la Croix-Rouge :

Elle est entrée à la Croix-Rouge pour la guerre,
Et promène, d'un geste aimable et familier.
Dans l'hôpital tout neuf encore, et solitaire,
Son bonnet de dentelle et son frais tablier.

Or, voici que la salle a pris un air sévère,
Les lits se sont emplis de blessés à veiller :
Il faut les arracher au farouche mystère
De la mort qui les guette au creux de l'oreiller.

La jeune fille alors a changé sa toilette.
Le bonnet vaporeux est devenu cornette
Et le visage s'est empreint d'austérité.

Ainsi, la Douleur vraie, où sa ferveur s'anime
A transformé — prodige adorable et sublime! —
La petite mondaine en sœur de charité!

P. Ch.

26 février 1915.

Voici le *Canard Poilu*, avec les si bonnes têtes naïves et moqueuses de ses canards à gauche, et les Boches fuyant à droite.

Comme son programme est d'une amusante crânerie!

« Le *Canard poilu* est le seul qui fasse tordre le linge, dérider les pommes reinettes et pâlir les tomates, dégeler les marrons glacés et onduler les plaques de tôle. Combattants, mes frangins, lisez le *Canard poilu* avec la même bonne humeur qui a présidé à sa confection.... »

Il vous fera connaître le motif d'une punition : Quatre jours de salle de police au soldat Lautruche : « A consommé sur des tartines une boîte de graisse d'armes et a déclaré à son supérieur que cette confiture lui avait été délivrée pour son usage personnel, etc. »

Voici encore le *Cri de Guerre* (illustré) :

Cri de guerre, journal de la 103e brigade, officiel, humoristique, littéraire et intermittent.

Abonnement remboursable en courage et en bonne humeur.

Direction : celle de l'ennemi.

Administration : rue de la Victoire.

Le *Journal des Poilus*, le *Hareng Verni*, etc., ajoutent à la bonne humeur et à la saine gaieté.

Un garçon boucher qui a perdu une jambe écrivait :

« Je m'estime bien heureux; le sacrifice de ma vie était fait, et j'en rapporte les trois quarts et demi, alors je suis content. »

Un autre chante sa jambe perdue sur l'air connu : « Mariette, ma petite gambette ». Il faudra la baptiser bien entendu. Il ajoute donc : « Inutile de vous dire que c'est l'Abbé Quille qui sera le parrain ».

Il y eut d'amusantes et bien touchantes cérémonies. Tels ces mariages célébrés sur le front. Les mariés étaient venus : pour paysage la guerre et la tranchée ; pour décor des sacs, des fusils, des équipements; deux chaises pour les époux, un banc pour les témoins. Le secrétaire est un caporal qui lit les pièces d'usage, et celui qui marie est un véritable officier, militaire cette fois, et non plus seulement un maire officier de l'état civil.

Il ajoute un délicieux discours :

« Pendant que votre mari va rejoindre ses camarades qui, dans la tranchée, défendent l'honneur de la France, tout son passé de gloire, ainsi que les libertés conquises par nos pères, vous allez rentrer, madame, dans notre chère Bourgogne, emportant avec vous un légitime regret, celui de revenir seule dans votre foyer. Mais je suis persuadé que, comme toutes les bonnes Françaises qui attendent là-bas, vous ne voulez notre retour qu'après la victoire. C'est, madame, l'idéal commun....

« Mais comme les mères spartiates qui, en armant d'un bouclier le bras de leurs enfants s'écriaient : « Reviens dessus ou dessous »,

Cl. A. Robineau.

UN CHEF DE BATAILLON ARROSANT DES FLEURS A QUELQUES PAS DE L'ENNEMI. CETTE BONNE TERRE DE FRANCE, QUE NOS HÉROS DÉFENDENT SI BIEN, LEUR REND JOIE ET DISTRACTION.

vous ne pourrez manquer de dire, en vous séparant de votre époux : « Pour la France va vaincre ou mourir ». Ne désespérez pas, madame, car nous ne désespérons point. Nous vaincrons.... »

Cette crânerie, cette tranquillité simple et assurée dans le sacrifice est véritablement l'héroïsme français et le rend sublime. C'est donc avec raison qu'on l'a appelé l'Ame du front, l'Esprit des tranchées. Il se manifeste de cent manières. Un malicieux pioupiou termine ainsi sa lettre : « Je ne vous en dis pas plus long, car il faut que je nettoie Mme Lebel et que je donne un coup d'œil à ma cousine Rosalie. Ces deux personnes exigent beaucoup de soins. C'est grâce à elles d'ailleurs que nous pouvons zigouiller tant de Boches! »

Au village, on sait ce que font les combattants; on est fier d'eux. Sur la porte d'une ferme de Saône-et-Loire, le fermier a placé un petit écriteau :

Citer à l'ordre du jour :

« Notre brave vaché Louis Vornin, du 60e d'infanterie, classe 1909. Tous en sommes fiers et lui avon adressez un petit bon de poste pour qu'il régalle ses copins en cette honneur. »

Braves gens! Il les a régalés, les copains, et en parlant de vous, comme vous pensez à lui.

LETTRES DU FRONT

Il faut bien dire que les premiers contacts avec la bataille donnent de fortes émotions. Mais au lieu de brutaliser le jeune bleu, comme nos gens savent blaguer cette peur, et comme ils trouvent dans leur cœur le geste, le mot vraiment français qui enlèvent les hommes pour toujours et en font les premiers soldats et les plus étonnants du monde. Quel esprit et quel ressort! En voici un qui rappelle — après coup — ses souvenirs avec bonne humeur :

« La musique des balles n'arrêtait pas une minute; celles qui passent haut font : clac! celles qui vous frôlent, gémissent comme une corde tendue que l'on pince, une gamme variée de dzinn! qui tapent sur les nerfs et hérissent la peau. On passe au travers de cette grêle sans comprendre qu'elle ne vous touche pas. La pèlerine que je mettais pour me protéger de la pluie porte 28 trous, 14 d'entrée, 14 de sortie. Mais la quinzième balle m'a cassé la hanche et m'a envoyé à l'hôpital d'où je vous écris. »

Un autre, au milieu du grondement des obus, s'était assis sur la terre qui tremblait toute, pour manger un morceau de pain et de chocolat; une grosse marmite éclate à trois mètres et le couvre de terre : « Ces grosses bombardes, dit-il, nous secouent si fort que la mâchoire et tous les muscles sursautent pendant quelques minutes. Il y a d'ailleurs des tués, des écrasés, car ça recommence à tout instant. » Et les camarades de l'homme au chocolat au lieu de s'inquiéter de sa tragique situation plaisantent : « Mangera, mangera pas! » Ce sont des cris d'enthousiasme s'il réussit à en avaler une bouchée. Il finit par le manger tout entier... en deux heures.

Quand ça chauffe ils y vont gaillardement. En voilà qui sont parvenus à sauter dans la tranchée boche. Mais il a fallu défendre sa vie et terriblement jouer de la baïonnette. Un bon territorial a reçu un coup de crosse qui lui a mis, dit-il, l'œil droit en arc-en-ciel. Il ajoute tranquillement : « Celui qui m'a allongé cela ne s'y était pas bien pris; j'ai reçu le coup de crosse, mais au même moment je lui ai chatouillé le ventre avec ma baïonnette ». Quelques jours plus tard, il repense à l'affaire : « Je suis guéri de mon atout à l'œil. Comme vous le pensez bien, celui qui me l'a donné ne fera plus de mal à personne. Malgré tout j'aurais préféré que cela n'arrive pas, car c'était un père de famille; en lui retirant sa plaque d'identité, et en prenant les papiers qui étaient sur lui, nous avons su que c'était un réserviste, père de quatre enfants. Le sergent-major de ma compagnie, qui sait l'allemand, nous a traduit une lettre que sa femme lui écrivait. J'ai pourtant le cœur dur, mais moi et plusieurs de mes camarades nous pleurions, car depuis que je suis en campagne, j'ai pu apprécier bien des choses et je vous le dis : « Le Français n'est « pas méchant. »

Certes non il n'est pas méchant; mais il a montré au roi de Prusse qu'il ne faisait pas bon l'attaquer.

Un vieil adjudant de cinquante-six ans, ancien contremaître dans une usine de Paris, et qui avait lui aussi femme et enfant, s'était engagé dès le début de la guerre. Il avait à conduire à l'assaut d'une tranchée une section de bleus, encore peu habitués aux balles. Un moment il sent ses hommes hésiter; c'est presque le baptême du feu pour eux, et quelques-uns se tâtent en voyant leurs camarades tomber. Un peu de peur est bien permise puisque Turenne, au début d'une bataille, commandait à sa carcasse tremblante, et puisqu'un général qui avait fait toutes les guerres de la Révolution et de l'Empire, disait : Je voudrais bien qu'on me montre le bougre qui peut se vanter de n'avoir jamais eu peur.

Notre adjudant connaissait cela, mais il connaissait aussi le moyen de guérir la peur.

Avisant un repli de terrain qui formait abri, il commande :

— A plat !

Et tous de s'y blottir.

Mais lui se met sur le haut, bien exposé aux balles qui l'enveloppent de leur vilain sifflement, bourre une pipe, l'allume, tire quelques bouffées, se retourne vers ses hommes, tranquille comme au champ d'exercice :

« Allons! les amis, êtes-vous un peu reposés ? »

Il avait toutes les délicatesses, même celle de ne pas leur dire qu'il avait vu leur peur. Il tomba frappé d'une balle, mais ses hommes étaient à jamais guéris de la peur : transportés d'ardeur ils se précipitent sur la tranchée et l'enlèvent.

Nos Français savent ainsi regarder la mort en face ; leur sacrifice est d'autant plus sublime qu'il est conscient et voulu.

M. Jean Chatenay, ancien élève de l'École normale supérieure, savant de grande valeur, marié et père de famille, écrivit à sa femme quelques jours avant la bataille qui devait lui coûter la vie.

Sur l'enveloppe : A faire parvenir en cas de mort.

Dans la lettre :

« Ma chérie, j'écris à tout hasard cette lettre, car on ne sait pas.... Si elle t'arrive, c'est que la France aura eu besoin de moi jusqu'au bout. Il ne faudra pas pleurer, car, je te le jure, je mourrai heureux s'il me faut donner ma vie pour elle.

« Mon seul souci, c'est la situation difficile où tu te trouveras, toi et les enfants.... Comment pourras-tu assurer le sort des bébés et le tien? Tu peux heureusement compter sur ton ancienne situation de professeur et sur l'entier concours de tous les miens. Que je voudrais donc être sûr que l'on pourra trouver un arrangement possible.

« De l'éducation des petites, je ne suis pas inquiet, tu sauras la diriger comme je l'aurais fait moi-même. J'espère qu'elles pourront se créer la situation indépendante que je comptais leur assurer si j'avais vécu. La seule grosse difficulté sera Zette, car il te sera difficile, sinon impossible, de vivre à Paris. Je voudrais que tu discutes la situation avec Mme L...., et je suis sûr d'avance que tu feras pour le mieux. *Tu embrasseras pour leur papa les chères petites, tu leur diras qu'il est parti pour un long, très long voyage, sans cesser de les aimer, de penser à elles, et de les protéger de loin. Je voudrais que Cotte au moins se souvînt de moi.... Il y aura aussi un petit bébé, tout tout petit, que je n'aurai pas connu. Si c'est un fils, mon vœu c'est qu'il soit un jour médecin, à moins cependant qu'après cette guerre la France n'ait encore besoin d'officiers. Tu lui diras, lorsqu'il sera en âge de comprendre, que son papa a donné sa vie pour un grand idéal, celui de notre Patrie reconstituée et forte.*

« Je crois que j'ai dit l'essentiel. *Au revoir*, ma chérie, mon amour. *Promets-moi de n'en pas vouloir à la France, si elle m'a voulu tout entier.* Promets-moi aussi de consoler maman et papa, et dis bien aux petites filles que leur père, si loin soit-il, ne cessera jamais de veiller sur elles et de les aimer. Nous nous retrouverons un jour réunis, je l'espère, auprès de Celui qui guide nos existences et qui m'a donné auprès de toi et par toi un tel bonheur. Pauvre chérie, je n'ai même pas le temps de longuement penser à notre amour, si grand cependant et si fort!

« *Au revoir, au grand revoir, le vrai. Sois forte.*

« Ton JEAN. »

C'est au pays qu'ils songent. C'est lui qu'ils servent avec cette bonne humeur, cette patience, ce sublime courage :

Quelle belle France va sortir de cette effroyable guerre !

Régénérée? Allons donc. Tout cela prouve qu'elle n'en avait pas besoin, qu'elle était saine et vigoureuse, et bonne! Mais améliorée, mais plus saine, plus vigoureuse et meilleure tout de même. Et plus consciente d'elle aussi. Quel admirable esprit de solidarité entre tous ces hommes qui auront vécu côte à côte pendant de si longs mois, et souffert ensemble pour le même idéal, qui auront appris tous les jours à regarder en face la mort, et cela pour leurs camarades, pour leur famille, pour leur pays! Comme les petites querelles et les petites chicanes disparaîtront! La voilà la vraie solidarité, la véritable union sacrée. Quelles amitiés vont naître des tranchées !

Et si tous ne sont pas des héros, quand même, d'avoir frôlé de si près l'héroïsme et d'avoir vécu avec lui si longtemps, cela les élève au-dessus d'eux-mêmes.

Et quel beaux exemples ils nous lèguent à tous! Comment ne pas chercher à recueillir un peu de leurs vertus, comment ne pas essayer nous aussi d'être meilleurs, de travailler davantage, de nous aimer et nous aider entre Français!

LA VAILLANCE ET L'ARDEUR DU FRONT

LE récit officiel suivant d'un des très nombreux combats de cette longue guerre, à Neuville-Saint-Vaast, donnera une idée des admirables qualités militaires de nos troupes du front :

La lutte qui s'est développée du 9 au 15 mai 1915 autour de Neuville-Saint-Vaast a eu un caractère particulier de violence et d'âpreté. Nos troupes ont attaqué avec une ardeur et une ténacité magnifiques et obtenu des résultats tactiques d'une grande valeur.

Elles ont trouvé en face d'elles un adversaire d'une réelle bravoure et une organisation défensive d'une puissance extraordinaire. Elles en ont triomphé.

La disposition du terrain. — Neuville-Saint-Vaast est un important village disposé en longueur du sud au nord, sur une route allant des environs d'Arras vers Givenchy et Liévin. A l'ouest de Neuville passe la grande route de Béthume à Arras, sur laquelle est situé le village de la Targette; à l'est de Neuville, la grande route d'Arras à Lille. Le village de Neuville, qui a 2 km. 5 de long, est à cheval sur la route de Givenchy et se prolonge vers l'est par un gros îlot d'où part un chemin qui croise perpendiculairement, aux Tilleuls, la route d'Arras à Lille. Le village, dans sa plus grande largeur, à hauteur de l'église, a environ 700 mètres; c'est donc un groupement massif de maisons très facile à défendre.

Nos premières lignes, au moment de l'attaque, étaient orientées vers le sud-est, distantes de 2 km. 5 de la lisière ouest de Neuville, et de 1 km. 5 de la lisière sud. Elles en étaient séparées par quatre lignes de tranchées, et par le village de la Targette.

Il fallait donc, pour atteindre les lisières de Neuville, enlever cinq forts obstacles, auxquels s'ajoutaient, dans chaque maison isolée, le long de chaque chemin creux, des organisations accessoires.

C'était — et nos hommes le disaient — « un gros morceau à avaler ».

Le « morceau » n'était pas moins dur au sud et au sud-est.

Outre leurs tranchées ordinaires, les Allemands avaient construit, au delà de la route de Béthune, un ouvrage de près de 2 kilomètres de côté, connu, chez nous, sous le nom de « Labyrinthe ».

Il y avait là, reliés par des kilomètres de boyaux, des ouvrages bétonnés, des canons sous coupoles, des mitrailleuses en caponnière tous les vingt-cinq mètres; bref, un point d'appui formidable, dont nos avions nous avaient révélé la puissance.

Nos hommes dans les boyaux. — L'artillerie, le 9, de six à dix heures, prépara l'attaque supérieurement. Elle lança sur les lignes allemandes des milliers de projectiles qui tous allèrent au but.

Notre infanterie, massée dans les boyaux, était, à ce moment, magnifique à observer. Elle écoutait, dans une sorte d'ivresse silencieuse, le concert des canons. De temps en temps, un poilu murmurait : « Qu'est-ce qu'ils prennent! »

Les heures passaient, les commandants de compagnie regardaient leurs montres réglées d'avance. Tout le monde savait qu'à dix heures on sortirait. A dix heures, sur un geste, sans un mot, tout le monde est sorti.

L'attaque était conduite, de l'ouest de Neuville jusqu'au sud-est du

ÉGLISE DE NOTRE-DAME-DE-LORETTE. CETTE COLLINE, QUI DOMINE LES PLAINES D'ARTOIS, AU NORD D'ARRAS, FUT UN DES POINTS LES PLUS DISPUTÉS DU NORD DE LA FRANCE.

village, par des régiments appartenant à deux divisions de l'Est. Pour ces braves, endurcis par dix mois bientôt de guerre, cette attaque, minutieusement préparée, était une joie depuis longtemps attendue.

Il n'y avait là que des gars de la frontière, les uns — les plus nombreux — originaires des régions interdites à l'ennemi par les beaux combats de la fin d'août et du début de septembre; les autres, nés dans les quelques parties de Meurthe-et-Moselle et de la Meuse que les Allemands occupent encore; tous soldats accomplis, formés au feu, brûlant d'une sainte passion de vengeance.

L'attaque du 9 mai. — Notre attaque de gauche, à travers une prairie, atteignit, après 150 mètres, les premières lignes ennemies. Les fils de fer, épais d'un doigt et barbelés, avaient été anéantis par notre feu. Des passerelles avaient été préparées pour franchir les tranchées. Mais, comme les Allemands ont des tranchées étroites, nos soldats, laissant là les passerelles, sautèrent d'un bond, et continuèrent.

Maintenant, les voilà sur une croupe qui les sépare de la Targette. En avant du village, deux gros ouvrages avec de l'artillerie. Les Allemands, effarés de la brusquerie de notre assaut, sont cloués dans leurs trous. Seuls, les mitrailleurs, mieux protégés, continuent à tirer et à nous tuer du monde.

Nous atteignons les maisons de la Targette. Un combat pied à pied, dans les rues et les vergers, nous ralentirait. Comme le village n'est pas grand, nous le débordons, et, 300 mètres plus loin, nous touchons aux premières maisons de Neuville. Il est onze heures et demie.

Au centre, notre attaque, menée avec le même élan, a dépassé la route de Béthune, à hauteur du hameau des Rietz. Elle atteint bientôt les ouvrages ennemis aux lisières sud de Neuville et se prolonge vers le nord, dans la direction du cimetière.

Sur les tombes, une lutte acharnée s'engage. Deux fois dans la journée nous sommes maîtres du cimetière, et deux fois nous le reperdons. Nous nous maintenons à proximité, après avoir conquis et conservé, comme à gauche, cinq grosses lignes de tranchées.

Notre droite seule est arrêtée dans son bond en avant : elle trouve en face d'elle le « labyrinthe ». Elle y mord cependant, malgré des difficultés énormes, et s'empare de la partie sud. Mais les flanquements de l'ouvrage nous causent de lourdes pertes.

Nous gardons ce que nous en tenons; nous sommes pourtant obligés de stopper, et notre front s'allonge par là même, en adoptant la forme d'une équerre dont Neuville serait le sommet.

La physionomie de la bataille. — Tout cela s'est passé en deux heures et demie. Les témoins eux-mêmes ont peine à décrire cette ruée, tant les esprits et les yeux étaient uniquement tendus vers le but à atteindre, absorbés par la volonté de l'atteindre. On se souviendra de quelques incidents saisissants, et c'est tout.

A 11 heures 10, un bruit sourd, entre les intervalles des coups de canon, fait tourner la tête aux fantassins. Derrière eux, nos batteries, audacieusement, traversent les pentes au grand trot. Quelques-uns de nos hommes applaudissent : il y a si longtemps que l'artillerie n'a avancé!

Sous la mitraille, calmes et précises, comme à la manœuvre, les pièces se mettent en batteries aux limites mêmes de la Targette et ouvrent le feu, pour arrêter les renforts ennemis.

Puis, d'autres cris : nos fantassins poussent devant eux des officiers de chevau-légers pris dans un abri; car des cavaliers allemands garnissaient les tranchées. Jamais expression de stupeur telle que celle dont sont hébétés ces lieutenants ne se peignit sur des visages.

Ici, capture plus belle : 7 pièces de 77 profondément enfoncées

PRISE DE CARENCY. OCCUPATION D'UNE TRANCHÉE ALLEMANDE BOULEVERSÉE.

dans une casemate que nos obus ont écrasée. A côté, toujours dans des abris souterrains, 500 obus, un dépôt d'habillement, deux vaches et une cabane à lapins bien fournie.

Là-bas, sur une petite place à l'entrée de Neuville, il y a une fontaine. On voit les hommes courir, remplir leurs bidons, sous le feu des mitrailleuses, qui en abattent beaucoup.

Nos soldats sont blancs de poussière, haletants, éreintés, splendides de force et de bonheur, indifférents à la mort dont ils se jugent payés par la victoire.

Dans les chemins creux, dans les boyaux, dans les prairies, des centaines de morts allemands attestent l'étendue des pertes infligées à l'ennemi. Sur certains points, c'est un tragique entassement de cadavres, que, dès le soir, avec un ordre parfait, nous réunissons pour les ensevelir. Notre infanterie a achevé l'œuvre destructrice de notre artillerie.

La nuit du 9 au 10. — Dans la nuit de dimanche à lundi, nous organisons notre nouveau front.

Les tranchées allemandes de première ligne nous servent de boyaux et c'est les tranchées de troisième ligne que nous retournons face à l'ennemi.

Dans Neuville, nous avons, du premier élan, pris pied dans l'îlot sud, où nous nous cramponnons sous un feu d'artillerie, qui va d'heure en heure devenir plus sévère.

A l'est, nous sommes tout près du cimetière; mais nous n'avons pas pu y rester. Puis notre ligne descend au sud et, filant à l'est, entame le labyrinthe, dont nous conservons une partie, mais dont le reste est à prendre.

La conquête de Neuville. — Dans les journées suivantes, notre effort va tendre à conquérir Neuville et à le déborder si possible.

Nous savions bien que la lutte de rues, de maison à maison, serait dure. Mais notre attente a été dépassée.

Pour concevoir à quel degré peut atteindre l'art des Allemands en matière de truquage des positions, il faut avoir visité le sol et surtout le sous-sol de Neuville.

Les caves, vastes et profondes, des maisons ne leur ont pas suffi.

Ils ont commencé par en recouvrir les voûtes extérieures d'une couche de béton de un mètre au moins. Puis, partant du fond des caves, ils ont creusé, en dessous, de nouveaux abris fortement protégés. C'est là qu'ils se cachent pendant le bombardement.

Entre ces caves, ils ont établi des communications souterraines, et, d'un bout à l'autre du village, ils circulent comme des taupes, surgissant tout à coup là où on les attend le moins. L'un d'eux, muni d'un périscope, a été vu en arrière de nos lignes, et a pu s'échapper sous terre quand on l'a poursuivi.

Chaque pâté de maisons est armé de mitrailleuses, placées dans des abris bétonnés. Tels de ces abris étaient munis d'une grille fermée à clef, derrière le mitrailleur.

En outre, amenant en hâte de l'artillerie, l'ennemi avait commencé sur la partie du village occupée par nous un tir dont le réglage n'avait aucune peine à être parfait.

C'est dans ces conditions que nos fantassins, de lundi à vendredi, ont continué sans un instant d'arrêt, la conquête du village. Nos progrès ont été lents ; ils ne pouvaient pas ne pas l'être.

LA KOMMANDANTUR (SIÈGE DU COMMANDEMENT) A CARENCY. ON VOIT QUELLE SOLIDITÉ ET QUEL CONFORT PRÉSENTAIENT LES TRANCHÉES ALLEMANDES ET AUSSI QUELLE ÉNERGIE IL A FALLU DÉPLOYER POUR NOUS EN EMPARER.

Chaque groupe de maisons a été assailli successivement, et, presque toujours par les caves, en même temps que par les rues. Il s'est dépensé, dans cette lutte ingrate, des trésors d'abnégation, de patience, d'ingéniosité. Chaque soir, nos poilus ont pu enregistrer un progrès, jamais un recul.

Samedi soir, à la nuit, nous tenions la masse du village à l'exception de sa corne nord, et notre progression à l'intérieur était accompagnée et consolidée par notre progression au dehors.

La progression à l'est du village. — Les régiments qui devaient s'avancer au sud et à l'est de Neuville avaient à remplir une lourde tâche.

Leur attaque devait se développer, en effet, face aux lignes allemandes, dans une sorte de goulot de moins de 1 kilomètre, où le « labyrinthe » d'une part, les lisières est et le cimetière de Neuville d'autre part, croisaient sur eux des feux convergents.

Le mardi 11 mai, dans une charge héroïque, un de nos régiments a muselé l'un de ces deux flanquements. Traversant, au prix de fortes pertes, la redoutable zone où se croisaient les mitrailleuses ennemies, il a atteint le cimetière situé à 500 mètres est du village. Il l'a enlevé et s'y est maintenu.

Dans la nuit du 11 au 12, une contre-attaque violente a tenté de le lui reprendre ; elle n'y a pas réussi. Nos fantassins, avec un sang-froid absolu, ont laissé avancer les Allemands à trente mètres de leur ligne; puis, d'un tir sûr et rapide, ils ont, à coups de mitrailleuses et de fusils, fauché les assaillants.

Ce n'était pas assez pour eux. Bondissant du cimetière, en pleine nuit, ils se sont jetés sur ce qui restait d'Allemands et à coups de pointes, ils ont ramené prisonniers une centaine d'hommes et 4 officiers.

Depuis lors, nous n'avons pas bougé du cimetière, qui constitue pour notre progression ultérieure une base précieuse.

A droite, aux abords du labyrinthe et contre le labyrinthe lui-même, nous n'avons réalisé que de moindres progrès; l'essentiel était en effet, de nous installer d'abord dans Neuville.

Des deux attaques prononcées par notre droite, l'une a gagné du terrain grâce à la splendide vaillance de nos fantassins. On en a vu, arrêtés par les fils de fer que l'artillerie n'avait pas pu détruire en raison d'un repli de terrain, qui continuaient à répondre à coups de fusils au tir des mitrailleuses.

D'autres, armés de cisailles, ont rompu sous le feu le réseau ennemi. Les officiers marchaient en tête et tombaient les premiers comme ce petit lieutenant qui, le 2, à l'attaque du cimetière, criait, frappé à mort : « Vive la France! Il nous faut le cimetière! »

C'est de tels dévouements, multipliés à l'infini, qu'est faite la longue et sanglante conquête des points d'appui nécessaires aux actions de demain. C'est de ces dévouements qu'est nourrie l'âme vaillante de nos armées, si belles et si fortes aujourd'hui dans la maturité de leur expérience guerrière.

Les résultats. — Au cours de ces six journées de combats acharnés et meurtriers, nos troupes, dans ce secteur, ont enlevé cinq lignes de tranchées, deux villages puissamment fortifiés et une partie d'un ouvrage — le labyrinthe — plus fort que ne le sont souvent les fortifications permanentes; infligé à l'ennemi des pertes énormes.

Elles ont pris, dans cette seule partie du front de combat, près de 2 000 hommes, une quarantaine d'officiers, 7 canons, une trentaine de mitrailleuses, des obus et des cartouches, une grosse quantité de matériel.

L'ennemi retranché, qu'elles ont trouvé devant elles, s'est très bien battu. Mais elles lui ont imposé le sentiment indiscutable de leur supériorité. Officiers et soldats ont rempli leur devoir dans un esprit de sacrifice absolu, avec une connaissance parfaite des difficultés et des dangers au-devant desquels ils allaient.

Beaucoup ont succombé; mais les autres sont aujourd'hui comme hier animés d'une invincible résolution. Et, entre les lignes successives des Allemands, désormais tenues par nous, les petites croix blanches des tombes suggèrent aux survivants, avec la piété du souvenir, le devoir de la vengeance.

Sur le sol labouré d'obus, dans les boyaux conquis, les troupes sont massées, prêtes aux attaques futures, instruites et grandies par l'épreuve victorieuse de leur force.

SOUS-MARIN ANGLAIS SURVEILLANT LA MER.

LA GUERRE MARITIME

« ... Notre avenir est sur l'eau... »
Discours de GUILLAUME II, à Hambourg.

L'ALLEMAGNE ET LA MER

PENDANT la guerre franco-allemande de 1870, il n'y eut pas de bataille navale : notre flotte militaire avait une réelle importance; celle de l'Allemagne ne comptait pas. Que l'on remonte aux luttes de la Révolution, à celles du XVIIIe siècle, au temps de Louis XIV, on ne voit aux prises que les marines anglaise, française, hollandaise, etc., mais jamais de marine allemande. Il était presque universellement admis que l'Allemagne, ou les Allemagnes, avec la plus grande partie de ses côtes sur la mer Baltique, ne disposant que d'un petit débouché vers la mer du Nord, devait rester un pays essentiellement terrien. Bismarck lui-même l'organisait pour dominer l'Europe par la force militaire, mais ses visées n'allaient pas plus loin.

Et cependant d'autres ambitions sommeillaient au cœur de beaucoup d'Allemands; il est bien certain que l'une des principales causes de la guerre de 1914 est la question de la mer. Rappelons-nous que les légendes de la Germanie ancienne, qui ont tant agi sur l'imagination de la Germanie actuelle, placent toujours quelque événement au bord de la mer, généralement vers les bouches du Rhin, de la Meuse, de l'Escaut (aujourd'hui Rotterdam, Anvers) et que les héros de légende arrivent ou s'en vont dans des barques mystérieuses. Pendant le moyen âge, aux beaux temps de Venise, alors que la France et l'Angleterre regardaient à peine au delà de leurs côtes, il existait en Allemagne une association maritime puissante, la *Hanse*, allant du Rhin à l'Elbe, et même au delà, dont les centres principaux étaient Lübeck, Hambourg, Brême, Cologne, qui faisait par bateaux un commerce considérable; l'Empire favorisait les villes hanséatiques en leur accordant de nombreux privilèges; par delà les Alpes, il était fier de toucher l'Adriatique — Venise, Trieste — s'ouvrant ainsi sur les principaux pays commerçants de la Méditerranée du sud de l'Europe en même temps que sur ceux de la Méditerranée du nord.

Jamais ce souvenir ne s'effaça de l'esprit des Allemands. Après 1870, le sentiment de la force retrouvée exalta l'orgueil de tous; ils voulurent agir dans le monde entier; l'augmentation de leur population leur fit chercher des établissements lointains; nombre d'entre eux s'en allèrent faire du commerce, fonder des colonies; ils jalousèrent la situation qu'avaient l'Angleterre et la France en Asie, en Afrique, en Océanie; l'extraordinaire développement de leurs industries exigeait des débouchés toujours plus nombreux. Ils avaient la richesse en minerai de fer qui permet de construire des vaisseaux, la richesse en mines de houille pour les faire marcher, la richesse en hommes pour former des équipages. Lorsque Guillaume II proclama que l'avenir allemand était sur l'eau, il réveillait des souvenirs et des désirs qui n'avaient pas cessé de couver au fond de l'âme germanique. Dans tout le pays se créèrent des ligues navales, comme il s'était créé des ligues militaires; la construction des vaisseaux de guerre marcha de pair avec celle des bateaux marchands.

Trente ans après 1870, par une improvisation presque fabuleuse, la flotte allemande égalait la flotte française, et dès lors elle aspirait à rattraper la flotte britannique : ce n'était plus seulement l'hégémonie militaire en Europe que voulait l'Allemagne, c'était la suprématie maritime qu'elle prétendait arracher à l'Angleterre.

Si activement toutefois qu'elle se soit mise à l'œuvre, elle ne pouvait en si peu de temps réaliser son rêve. La constitution d'une *grande flotte de guerre* est affaire de longue haleine. Rappelons brièvement quels en sont les éléments principaux.

DE QUOI SE COMPOSE UNE MARINE DE GUERRE

Tout d'abord il faut des chantiers et des arsenaux pour la construction et l'armement, des ports de mer comme base d'instruction et d'opérations. Nous avons comme principaux ports militaires Brest, Toulon, Bizerte; les Anglais ont Plymouth, Portsmouth, Gibraltar, Malte; les Italiens, la Spezzia; les Russes, Reval, Cronstadt. Les Allemands ont Stettin, Kiel, Cuxhafen, Wilhelmshafen; les Autrichiens ont Pola, les bouches de Cattaro. Nous possédons, nous et nos alliés, une très grande longueur de côtes, ainsi que de vieilles traditions qui nous procurent d'excellents marins, habitués à la dure vie de l'Océan, connaissant bien toutes les choses de la mer, ayant la navigation dans le sang. Mais les Allemands ont aussi de bons marins, obéissant à des officiers savants, habiles, audacieux, dont beaucoup malheureusement portent, ici comme ailleurs, le manque de scrupules et la férocité de leur race.

Sur les côtes, à tous les endroits bien placés pour leur importance stratégique, sont installées des fortifications et des batteries qui doivent interdire à l'ennemi d'approcher. C'est là que l'on trouve, outre les canons ordinaires, les pièces les plus formidables et de plus longue portée. Les Allemands n'avaient-ils pas rêvé de prendre Calais pour y installer une artillerie capable de bombarder les côtes anglaises?

Au loin, des points d'appui pour la flotte, tels que Bizerte, Dakar, Diego-Suarez aux Français, Gibraltar, Malte, Aden, etc., aux Anglais.

Examinons enfin la composition même d'une flotte de guerre. Il faut y distinguer un assez grand nombre de types de vaisseaux, mais on peut les ramener à deux principaux : 1° les cuirassés et les croiseurs; 2° les torpilleurs, contre-torpilleurs, sous-marins et submersibles.

GROS CUIRASSÉS

Le grand navire, capable de bien tenir la mer, portant un nombreux équipage et une puissante artillerie, a toujours été considéré jusqu'ici comme l'élément principal d'une marine de guerre. C'est lui qui dans la bataille navale proprement dite décidait du succès. Tout récemment encore, au cours de la guerre russo-japo-

LE CUIRASSÉ FRANÇAIS « COURBET ».

naise, la bataille de Tsoushima fut gagnée par la supériorité des navires japonais. Véritables villes flottantes, comparables à nos meilleures forteresses de terre, mais à des forteresses qui se déplacent, les gros cuirassés sont des merveilles de mécanique et de force. Trois choses les caractérisent essentiellement : 1° l'artillerie pour l'*attaque*; 2° la cuirasse pour la *défense*; 3° la puissance des machines, pour la *vitesse* et la *manœuvre*.

Il faut plusieurs années pour construire un cuirassé, et cependant, comme l'industrie maritime utilise continuellement les inventions les plus récentes de la science, le plus beau, le plus perfectionné des bateaux de guerre est démodé et sans valeur au bout de trente ans. Il est même vieilli dans un espace beaucoup plus court. Le type *Dreadnought* (sans peur) qui paraissait le nec plus ultra de la construction maritime lorsqu'il apparut il y a une dizaine d'années, a déjà été remplacé par un type supérieur, le *superdreadnought*. C'est qu'en effet le moyen d'attaque, le canon, s'améliore d'année en année. Le dreadnought portait des pièces de 305 millimètres, lançant des obus de 400 kilogrammes, et cela paraissait formidable; mais bientôt vint la pièce de 343, puis celle de 381, et le poids de l'obus atteignit 700 à 800 kilogrammes, le double du 305; il fallut donc augmenter l'épaisseur de la cuirasse du navire; or le gros canon pèse davantage, sa provision de munitions également; voilà le navire alourdi et sa marche ralentie, précisément au moment où l'on aurait besoin d'une vitesse plus grande, car plus la portée des nouveaux canons est considérable — avec le dreadnought, tir utile à une douzaine de kilomètres; avec le superdreadnought, tir utile à 18 et 20 kilomètres — plus la manœuvre des vaisseaux doit pouvoir être rapide. D'où nécessité d'augmenter la vitesse. Ainsi chaque invention en exige une autre correspondante; la lutte du canon et de la cuirasse se répercute sur toute la construction. On a donc perfectionné les machines (système des *turbines*), jusque dans les moindres détails, et l'utilisation d'un nouveau combustible, qui pour le même poids chauffe beaucoup plus que le charbon, a permis de développer une puissance incomparablement plus grande, c'est-à-dire de regagner de la vitesse. Ce nouveau combustible s'appelle *mazout* nom russe appliqué aux résidus des pétroles qui ont été distillés. La masse d'un navire, sa grandeur, son poids total, s'exprime en milliers de tonnes; la puissance de ses machines en milliers de chevaux-vapeur. On a une idée de la valeur combative d'un navire de guerre lorsque l'on connaît ses dimensions, son *tonnage*, son *artillerie*, sa *cuirasse*, la *force* en chevaux-vapeur de ses machines, sa *vitesse*.

D'une manière générale, on a appelé *dreadnought* un gros cuirassé d'au moins 15 000 tonnes de déplacement, 20 à 22 nœuds de vitesse (37 à 40 km. à l'heure) dont toute la grosse artillerie, soit 8, 12 ou 16 canons du même calibre de 305 millimètres est enfermée dans des tourelles blindées et mobiles ; il y a aussi des canons plus petits, de 150, 140, 100, etc., destinés à tirer contre les torpilleurs, les sous-marins, les dirigeables, hydravions, aéros. Les tourelles blindées renferment chacune deux, trois ou quatre canons; elles sont recouvertes, tout autour et par-dessus, d'une épaisse cuirasse d'acier de la meilleure qualité, qui protège la partie vulnérable des canons, ainsi que les servants, les appareils délicats de chargement et de pointage. La tourelle est mobile ; elle s'élève pour le tir et s'abaisse immédiatement ensuite, sur la commande d'un bouton électrique,

CUIRASSÉ EN MARCHE.

avec une docilité merveilleuse. Tout s'y fait mécaniquement; le pointage est obtenu par deux séries de machines : l'une pour le pointage en hauteur, l'autre pour la direction horizontale. Les ponts blindés ont une épaisseur de quelques centimètres; la cuirasse proprement dite ou ceinture d'acier, épaisse de 30 centimètres environ au milieu, s'amincit un peu vers les extrémités; elle règne sur toute la longueur du navire; elle a 4 mètres de hauteur, au-dessus et au-dessous de la ligne de flottaison. Un blockhaus élevé, cuirassé, abrite et protège le commandement. Sous l'eau, des filets d'acier, à mailles très fortes, appelés *filets Bullivant*, peuvent être tendus quand le navire est au repos, ou quand il marche à très petite vitesse, afin de le protéger contre les torpilles. Car l'ennemi du cuirassé n'est pas seulement l'obus, qui vient par le chemin des airs; c'est aussi la torpille sous-marine. Au reste, le cuirassé lui-même peut user de cette seconde arme, et il porte plusieurs tubes lance-torpilles.

Telle est la moderne forteresse flottante, puissamment armée, puissamment défendue, chef-d'œuvre de force et de mécanique ingénieuse. Elle a un équipage de plus d'un millier d'hommes. C'est elle qui, dans la bataille navale, forme la masse principale; elle qui peut le mieux protéger un débarquement, attaquer avec le plus d'efficacité et à plus longue distance les fortifications de terre, comme cela eut lieu aux Dardanelles.

On réserve habituellement le nom de *superdreadnoughts* pour les cuirassés plus récents, construits depuis trois ou quatre ans, ayant un déplacement de plus de 20 000 tonnes, munis de canons de 340 et au-dessus; ou bien on le donne, par extension, aux grands croiseurs très rapides. Ils sont chauffés au mazout. Un dreadnought revenait à une cinquantaine de millions de francs; un superdreadnought coûte de 80 à 100 millions.

A côté des dreadnoughts, il faut citer, comme très puissante unités de combat, les croiseurs cuirassés, ou mieux les *croiseurs de bataille*. Ils coûtent aussi cher, et il leur faut des machines qui développent autant de force: l'anglais *Queen Mary* arrive à 75 000 chevaux, l'allemand *Seydlitz*, à 63 000. La grande différence entre le véritable cuirassé et le croiseur de bataille, c'est que ce dernier est moins lourd; il porte généralement d'aussi gros canons, mais en moins grand nombre; il a une cuirasse moins épaisse; cette légèreté relative, avec une forme plus allongée, lui permet une vitesse plus grande : 27 nœuds en moyenne au lieu de 21, soit 6 nœuds ou 11 kilomètres de plus à l'heure.

Il y aussi de petits croiseurs de trois à quatre mille tonnes, très légers, pour lesquels on a surtout recherché la vitesse et la possibilité d'aller très loin sans refaire de charbon; ils ont pour mission de chasser les navires de commerce et de les capturer ou de les couler en cas de résistance ; ils sont pourvus d'une bonne artillerie moyenne, et les meilleurs d'entre eux peuvent faire jusqu'à 30 nœuds, soit 55 kilomètres à l'heure. Les *contre-torpilleurs* ou *destroyers* sont encore plus petits, plus mobiles et plus rapides; chargés d'attaquer un ennemi très agile, ils sont capables de faire plus de 60 kilomètres à l'heure, avec des machines développant jusqu'à 20 000 chevaux de force. Chaque grand État transforme en outre en *croiseurs auxiliaires* les meilleurs bateaux de sa flotte marchande; à la vérité ils ne portent pas de cuirasse, mais ils ont la vitesse, le bon aménagement intérieur. Pourvus d'artillerie, ils vont à travers les océans chasser au loin les paquebots, cargo-boats et voiliers sans défense.

C'est surtout par le moyen des croiseurs que les alliés, les Anglais principalement, qui avaient une énorme supériorité, ont détruit au début de la guerre les navires allemands de même type, isolé complètement les colonies de l'Empire et interdit les mers au pavillon allemand. Les grandes unités, ainsi que les torpilleurs et les sous-marins sont plutôt restés dans les mers d'Europe, épiant l'ennemi, cherchant la bataille navale, et contribuant d'ailleurs à assurer le blocus de plus en plus étroit dans lequel on enfermait l'Allemagne, l'Autriche et la Turquie.

Voici quels étaient les types les plus remarquables des bateaux de guerre en 1914 :

Angleterre, *Queen Elisabeth*, déplacement 27 500 tonnes, vitesse, 25 nœuds, longueur 200 mètres, largeur 29 mètres, cuirasse 34 centimètres d'épaisseur; 8 canons de 381 millimètres, 16 de 152, force développée 58 000 chevaux-vapeur; chauffage au pétrole.

France, *Bretagne*, 23 500 tonnes, 30 000 chevaux, 20 nœuds et demi; 165 mètres de longueur sur 27 de largeur, cuirassement de 32 centimètres, 12 canons de 343 millimètres, chauffage houille et pétrole.

Russie, *Sevastopol*, 28 000 tonnes, 42 000 chevaux 26 nœuds et demi, 180 mètres sur 26, cuirasse de 23 centimètres, 12 canons de 350, chauffage à la houille et au pétrole.

Allemagne, *Ersatz Wœrth*, 28 000 tonnes, 60 000 chevaux, 25 nœuds, 175 mètres sur 28; cuirasse de 28 centimètres, 18 canons de 380, houille et pétrole.

Les chantiers ont construit avec énergie depuis le commencement de la guerre ; notre supériorité était très grande ; elle a dû s'accroître encore.

LES ENNEMIS DU CUIRASSÉ. LES MINES

Ainsi le gros navire de guerre a atteint un extraordinaire degré de force et de perfection. Il est en état de résister assez bien à l'artillerie. Peut-il également résister à ses ennemis sous-marins?

Ceux-ci sont de deux sortes : la *mine* et la *torpille*, tous deux extrêmement redoutables, tous deux agissant, pendant la guerre de 1914, principalement au voisinage des côtes européennes.

La mine terrestre, ou *fougasse*, est connue et employée depuis longtemps pour la défense des endroits fortifiés : c'est elle, par exemple, qui rendit si tragique les assauts de Constantine, de Sébastopol : une masse de poudre enfouie dans la terre, munie d'une mèche dissimulée aux yeux, qu'un poste éloigné peut allumer au moment voulu, telle était la disposition la plus habituelle de la fougasse; aujourd'hui on remplace la poudre par un explosif plus puissant, et l'allumage se fait soit par une mèche appelée *cordon Bickford*, soit par un fil électrique. La mine terrestre est d'usage constant aux tranchées.

La mine marine n'a fait sérieusement son apparition que pendant la guerre russo-japonaise. Le propre vaisseau amiral de la flotte russe, le *Pétropavlosk* sauta dans les eaux de Port-Arthur, à quelques milles du port, lorsqu'il heurta une mine sous-marine, et il coula tout entier en quelques minutes. On connaissait dès lors la valeur terrifiante de cet engin. Pendant la guerre des Balkans, les Turcs en placèrent autour des côtes d'Asie Mineure contre la flotte grecque, et celles qui restèrent firent sauter, plusieurs mois après la signature de la paix, d'inoffensifs bateaux de commerce.

Les Allemands, dont la flotte était incapable d'affronter la flotte anglaise, ne manquèrent pas, au début de la guerre, d'en poser tout autour de leurs côtes, et le plus loin possible dans la mer du Nord, dans le Pas de Calais, jusqu'au nord de l'Écosse et dans les mers avoisinant l'Irlande. Les poseurs de mines opèrent sournoisement, comme des malfaiteurs, la nuit, ou à la faveur du brouillard, ou encore en se couvrant d'un pavillon neutre, en arborant le drapeau sacré d'un navire hôpital, etc. On les coule impitoyablement quand

DRAGAGE DES MINES SOUS-MARINES. DEUX BATEAUX PEU ÉLOIGNÉS L'UN DE L'AUTRE, TRAINENT UNE CHAINE, QUI RAMASSE, EN QUELQUE SORTE, LES MINES PARTOUT OU ELLE PASSE.

on les rencontre. Les vieux navires peu utilisables, les bateaux de pêche sont aménagés pour la pose des mines; les sous-marins mêmes réussissent à en placer dans des endroits qui seraient inaccessibles par tout autre moyen. Bien entendu, les abords immédiats des grands ports de mer, militaires ou marchands, sont barrés par d'innombrables lignes de mines, au travers desquelles ont été laissés libres quelques chenaux tortueux pour la manœuvre des vaisseaux du port.

Il y a trois principales sortes de mines marines, ou mieux de mines sous-marines.

Les unes sont placées dans des endroits peu profonds, à proximité des côtes, et reliées à un poste de la côte par fil électrique : si le navire ennemi vient à passer exactement au-dessus de la mine, un guetteur du poste n'a qu'à appuyer sur un bouton électrique pour le faire sauter.

Les autres sont placées entre deux eaux, à plusieurs mètres au-dessous de la surface, et rattachées au fond par une chaîne que retient un poids très lourd appelé crapaud; ce sont les plus nombreuses, ce sont celles des fameux *champs de mines*. Rien n'indique leur présence au bateau naviguant dans les environs. Malheur à lui si, de sa carène, il vient à toucher la partie supérieure de la mine, sorte de fusée semblable à celle de l'obus ordinaire! Le moindre choc sur cette fusée brise un tube de verre, qui verse à l'intérieur une substance chimique, et l'explosion de tout l'engin se produit instantanément, faisant au navire une énorme blessure toujours mortelle, et communiquant le feu à ses soutes à poudre. C'est ainsi que l'*Amphion*, croiseur anglais, fut détruit le 20 août 1914, dès le début des hostilités; c'est ainsi que disparurent des centaines de navires marchands anglais, français ou même neutres, hollandais, scandinaves, etc. Le plus gros cuirassé ne peut échapper à l'engloutissement s'il vient à toucher une mine. Quelquefois les mines sont reliées deux à deux par une chaîne tendue sous l'eau : tout bateau qui passe entre les deux traîne la chaîne, les deux mines viennent se coller à ses flancs et éclatent simultanément.

Enfin, il y a les *mines dérivantes*, utilisées dans les courants marins. Elles sont surtout dangereuses pendant la nuit ou par les temps d'épais brouillards, ou encore dans les goulets trop étroits pour que les navires puissent les éviter. Il y a, dans le détroit des Dardanelles, un courant assez rapide, qui va de la mer de Marmara vers la Méditerranée. Lorsque la flotte franco-anglaise pénétra, le jeudi 18 mars 1915, dans la partie resserrée du détroit, les Turcs lancèrent des mines flottantes reliées deux à deux par des chaînes; on put, par d'habiles manœuvres, en éviter beaucoup, mais quelques-unes, malheureusement nous causèrent des pertes cruelles, telle la perte du *Bouvet* et de ses héroïques marins, à deux heures et demie de l'après-midi.

Les mines sont-elles un obstacle invincible à la navigation partout où elles sont posées?

Non. D'abord les sous-marins peuvent passer plus bas sans grand danger. Ainsi les sous-marins anglais et français ont réussi à franchir les Dardanelles mêmes et à porter la guerre dans la mer de Marmara, jusqu'aux quais de Constantinople.

NOUVELLE MINE SOUS-MARINE
DE LA FLOTTE ANGLAISE
TRANSPORTÉE SUR UN CHARIOT

Mais outre ce moyen, il en existe un autre, qui est la destruction des mines. On fait sauter à coups de canon les mines flottantes ou dérivantes, et quant aux mines sous-marines, on les drague à l'endroit que l'on a besoin de traverser. Pour cela, deux bateaux de petit tonnage, dont, par conséquent, le fond ne descend qu'à une faible profondeur, s'avancent parallèlement, reliés par un câble qui traîne et qui, en quelque sorte, ramasse les mines existant entre les deux bateaux : il n'y a plus ensuite qu'à les désarmer ou à les faire exploser. Ce travail, toutefois n'est possible que si l'on n'a pas à craindre le canon des côtes voisines, c'est-à-dire si l'on opère à quelques milles des forts et batteries ennemies.

TORPILLEURS

Bien plus meurtrière que la mine est la *torpille marine*. Sa blessure, elle aussi, est toujours mortelle, et son action ne se borne pas aux abords immédiats de la côte : on doit la craindre à des centaines, à des milliers de kilomètres.

La torpille n'est autre chose qu'un très gros obus, de 50 à 60 centimètres de diamètre, allongé en forme de cigare, et rempli d'une grande quantité d'explosif violent. Elle se lance sous l'eau, par des tubes spéciaux, lorsqu'il a été possible d'approcher le vaisseau ennemi à bonne portée, soit moins d'un kilomètre environ. Sa vitesse au départ n'est pas très grande; l'on peut suivre des yeux son sinistre sillage, aux bulles d'air, et au remous qu'elle produit un peu au-dessous de la surface de l'eau; mais la manœuvre d'un vaisseau est si lente qu'on n'a presque jamais la possibilité d'éviter le choc. Elle est munie à l'arrière d'un mécanisme à turbine qui la fait avancer par ses propres moyens; à l'avant, elle porte une espèce de forte cisaille destinée à couper le filet d'acier dont se protège le cuirassé, et une fusée qui la fait éclater en touchant la paroi. L'explosion produite est terrifiante, la coque est déchirée sur 10 ou 20 mètres; les gaz asphyxient l'équipage, l'incendie se déclare à bord, le plus beau navire coule en dix minutes.

La plupart des bateaux de guerre, cuirassés, croiseurs, sont munis de tubes lance-torpilles; mais rarement ils peuvent s'approcher assez du but pour utiliser cet engin. Aussi a-t-on de petits bâtiments, très peu visibles à cause de leurs dimensions et de leur couleur grise, extrêmement rapides — ils font plus de 60 kilomètres à l'heure — dont le rôle est plus spécialement le lançage des torpilles. Pour cette raison ils sont appelés *torpilleurs*. Jusqu'à ces derniers temps, ils étaient le plus redoutable ennemi des cuirassés. Mais ils ont perdu de leur valeur parce que les projecteurs du bord permettent de les découvrir malgré l'obscurité, et de les canonner, et surtout parce que l'on a imaginé d'autres petits bâtiments, tout aussi rapides, appelés *contre-torpilleurs*, ou *destroyers* (destructeurs) qui leur font la chasse.

SOUS-MARINS

On arrivait donc à peu près à se défendre contre la torpille que portaient les bateaux de surface. L'étonnante invention des sous-marins lui rendit tous ses terribles avantages.

Si l'on veut trouver des ancêtres au sous-marin, il faut remonter, par delà le *Nautilus*, dont l'imagination prophétique de Jules Verne berça nos rêves romanesques, jusqu'au temps de l'Américain *Fulton*, l'un des principaux inventeurs des bateaux à vapeur (1800), et même un peu au delà. Fulton proposa son invention à Napoléon, qui ne l'apprécia nullement.

Plus d'un demi-siècle se passe. Les inventeurs travaillent dans tous les pays. Pendant la guerre américaine de Sécession (1862-64) les Sudistes réussissent à couler, avec de petits sous-marins, un navire du parti adverse. Mais ces machines sont encore bien imparfaites. Ce n'est qu'en 1885 que les Français MM. *Goubet* et *Gustave Zédé* arrivent, en utilisant les récents progrès électriques, à construire des sous-marins vraiment capables de plonger, d'avancer sous l'eau, de remonter à la surface, et dès lors quelques esprits audacieux entrevoient l'avenir de l'engin nouveau. L'État français en commande plusieurs pour sa marine de guerre; les autres suivent. Au milieu

EMBARQUEMENT D'UNE TORPILLE.

des catastrophes qui marquent toujours la réalisation des inventions humaines — on se souvient de l'agonie des 28 marins du *Lutin* en rade de Bizerte il y a dix ans, — le nouvel engin se perfectionne. Il ne pouvait d'abord se risquer en haute mer; il restait dans un rayon de quelques kilomètres aux environs des ports, ne développant sous l'eau qu'une vitesse de 3 à 4 nœuds, c'est-à-dire 6 ou 7 kilomètres. Bientôt il atteint 6 nœuds, 8 nœuds, 10 nœuds, autant qu'un cargo-boat; on l'agrandit, on lui donne les moyens de tenir la haute mer en naviguant à la surface, et il devient le submersible, pourvu de canons, capable d'aller à plusieurs milliers de kilomètres de distance, moitié nageant, moitié plongeant, se ravitaillant en route, bombardant ou torpillant lorsqu'il en trouve l'occasion.

L'Allemagne attendit que nous ayons fait des essais coûteux, et quand l'invention fut à peu près au point, elle commença la construction de ses flottilles sous-marines, en 1905. N'ayant pas connu les déboires des longs et pénibles perfectionnements, elle attribua même tout de suite au sous-marin plus de valeur qu'il n'en avait réellement; elle crut tenir, avec cela et les Zeppelins, le moyen de maîtriser l'Angleterre. Elle oubliait que l'Angletterre et la France travaillaient de leur côté, comme aussi la Russie, l'Italie. La guerre a surexcité toutes les énergies et l'on a fait en quelques mois des progrès pour lesquels on aurait cru que des années fussent nécessaires.

Les sous-marins allemands ont paru d'abord dans la mer du Nord et dans la Manche, où ils ont fait subir à la flotte anglaise des pertes douloureuses (il faut dire que celle-ci s'est rattrapée amplement) — puis dans la mer d'Irlande, et enfin, grâce à des complicités qui leur permettaient de se ravitailler, ils ont pu atteindre les eaux turques. Mais les sous-marins franco-anglais ont fait de bonne besogne dans l'Adriatique; leur passage dans la mer de Marmara, à travers les 75 kilomètres minés des Dardanelles, et leur venue dans la Baltique malgré les mille difficultés des îles danoises, le torpillage d'un grand croiseur de bataille allemand devant le golfe de Riga, sont des exploits presque fabuleux.

Au reste, si le petit sous-marin, grâce à sa torpille, est l'ennemi le plus dangereux du gros cuirassé, lui-même a une existence extrêmement pénible, une existence d'angoisse et de périls continuels. Il y a bien peu de place à bord, et par conséquent l'équipage est réduit au strict nécessaire pour la manœuvre : dans les plus grands sous-marins (30 à 40 hommes) chacun a donc beaucoup de travail, beaucoup de responsabilité, nulle distraction; tous les mouvements doivent se faire dans le minimum de place; pendant le temps des plongées, il faut vivre dans un air confiné qui donne mal à la tête, enlève l'appétit, use les forces. La navigation en surface, qui seule permet de respirer de l'air pur, est fatigante par mer houleuse, à cause de la petitesse de l'embarcation violemment ballottée. Aux difficultés d'évolutions qu'ont les navires ordinaires, s'ajoutent celles d'équilibre en hauteur, de plongée et de sortie de l'eau. Si le périscope permet de se diriger, il ne donne pourtant pas la large vue que l'on aurait au grand air, et l'on ne peut avancer qu'avec mille précautions, sachant que la moindre erreur risque d'être mortelle.

Sous l'eau, le sous-marin est presque aveugle; on ne voit par les hublots qu'un ou deux mètres d'eau glauque de chaque côté, et rien au-dessus, rien au-dessous; lorsque l'on navigue dans des parages peu connus, on doit craindre à chaque instant de toucher le fond et de s'échouer; une fois échoué, si l'on ne peut remonter par ses propres forces, c'est la mort lente, par asphyxie progressive, qui centuple les souffrances pendant deux ou trois jours et autant de nuits; si l'on parvient à regagner la surface, on risque d'y trouver l'ennemi qui vous attend et vous massacre sans pitié, comme ce fut le cas pour les héros du sous-marin anglais E-13 : ils eussent dû être doublement sacrés, puisqu'ils étaient naufragés, sans défense, et qu'ils abordaient sur la côte danoise, pays neutre; un navire allemand était à portée; il leur lança d'abord une torpille puis les assassina lâchement à coups de canon.

Nous ne connaissons pas tous les drames qui se passent au fond de la mer, parce que dans mainte circonstance, aucune victime ne survit pour en faire le récit, mais nous pouvons les imaginer par quelques exemples.

Au commencement des hostilités, deux sous-marins français tentèrent d'aller torpiller la flotte autrichienne qui se cachait au fond de la baie de Pola, en Istrie. L'entrée de la baie était fermée par un filet métallique dans lequel ils vinrent buter. Ils réussissent à se dépêtrer; ils descendent plus bas; ils passent; l'un d'eux torpille un cuirassé autrichien; l'autre rencontre un filin métallique qui s'enroule autour de son hélice, et qui le fait prendre.

Près du rivage d'Ancône, au mois de juillet 1915, un sous-marin autrichien était venu bombarder le chemin de fer italien; on riposta; il plongea et disparut. Un sous-marin italien se mit à sa poursuite et lui décocha une torpille, mais perdit vite sa trace. Quelque temps après, on retrouva au fond de l'eau le sous-marin autrichien près du lieu du combat, mais il garda le secret du mystère de sa ruine, car l'équipage était mort tout entier.

Les Allemands ont trouvé le moyen de faire une guerre sous-marine moins dangereuse pour eux : au lieu de s'en prendre aux vaisseaux de guerre qui savent leur échapper, ou qui les canonnent, ils attaquent les bateaux de pêche ou les navires marchands sans défense. Besoin de faire du mal, et espoir de démoraliser l'adversaire par la terreur. A partir du mois de février 1915, les principaux exploits de leur flotte sous-marine sont contre les chalutiers et les paquebots. Chaque semaine, ils « envoient ainsi par le fond » une douzaine de bâtiments dont les équipages et les passagers sont en partie noyés. Sur mer comme sur terre, ils font la guerre aux civils, aux femmes, aux enfants.

Et pourtant, le baron Marschall von Bieberstein le représentant de l'Allemagne à la Conférence de la Haye, en 1907 avait fait la théâtrale déclaration suivante :

« Les faits militaires ne sont pas seulement réglés par les stipulations du droit des gens et de la loi internationale. Il y a d'autres facteurs : conscience et bon sens. La conscience des devoirs qu'imposent les principes de l'humanité sera le meilleur guide pour la conduite des gens de mer et formera la plus puissante garantie contre les obus. Les officiers de la marine allemande, je le dis avec insistance, rempliront toujours avec la plus grande correction les devoirs que leur prescrit la loi non écrite de l'humanité et de la civilisation. En ce qui concerne les sentiments d'humanité et de civilisation, j'atteste qu'aucun pays, qu'aucun gouvernement n'est au-dessus du pays que j'ai l'honneur de représenter. »

Mais que vaut la parole de l'Allemagne ?

Les deux crimes les plus célèbres ont été ceux du *Falába* et du *Lusitania*. Le 28 mars 1915, le vapeur anglais *Falaba*, qui avait à bord 120 passagers et 144 hommes d'équipage, fut rattrapé par un sous-marin allemand qui vint se ranger à ses côtés; un officier dit en anglais : « Nous allons couler votre bateau; vous avez dix minutes pour le quitter ».

Aucune panique ne se déclara à bord, mais dix minutes ne suffisent pas pour lancer toutes les chaloupes de sauvetage à la mer. Néanmoins, avant l'expiration du délai, pendant qu'une chaloupe de 18 passagers était encore suspendue entre le ciel et la mer, la torpille vint faire son œuvre de destruction. Le sous-marin allemand s'était éloigné de cent mètres à peine pour pouvoir la lancer. Non seulement il ne porta secours à aucun passager, mais « il fit le tour de la scène sinistre, au milieu des épaves et des malheureux appelant à l'aide »; on vit même des matelots allemands qui riaient et faisaient des grimaces aux naufragés s'enfonçant dans les flots. La moitié à peine purent être sauvés par un chalutier à vapeur.

Cet acte a toute la férocité des plus sombres pages des *Nibelungen*. Et les pirates ont agi par ordre. La responsabilité remonte au grand amiral Tirpitz, et à Guillaume II.

Le *Lusitania* était le plus grand et le plus beau transatlantique. Il revenait de New-York, ayant à bord un grand nombre de passagers des familles américaines les plus considérables. Son départ avait été signalé par un poste de télégraphie sans fil que les Allemands possédaient près de la côte américaine à Sayville; sa vitesse

LE PONT D'UN DREADNOUGHT.

était connue; on pouvait donc l'attendre à coup sûr, comme le rôdeur embusqué dans l'ombre qui sait le moment exact où sa victime doit rentrer chez elle. Et en effet. le *Lusitania* fut torpillé le 7 mai 1915 près des côtes d'Irlande. Douze cents passagers inoffensifs, des femmes et des enfants, coulèrent au fond de l'eau. C'était le digne pendant des atrocités tudesques en Belgique et dans le nord de la France. Un long frémissement d'horreur courut à travers le monde; l'Allemagne de Guillaume II ne se lavera jamais de ces crimes que l'histoire attachera à sa mémoire comme elle a fait pour Néron.

Crimes qui n'ont même pas l'excuse d'une utilité militaire quelconque, car les ports anglais continuèrent de recevoir comme par le passé leurs treize ou quatorze cents navires chaque semaine, amenant, du monde entier, voyageurs et marchandises.

LA DÉFENSE CONTRE LES SOUS-MARINS

Il existe d'ailleurs des moyens de se défendre contre les sous-marins, et on les employa. Une fois avertis, les Anglais et les Français prirent des précautions. Nombre de bateaux de commerce mirent en fuite les sous-marins simplement en fonçant dessus, et plus d'un réussit à en couler par éperonnage avant que le pirate ait pu plonger assez profondément. D'autres surent échapper à la torpille par d'habiles zigzags. La station de télégraphie sans fil de Sayville fut reprise par le gouvernement américain. De rapides torpilleurs et contre-torpilleurs montèrent une garde vigilante le long des côtes dans les endroits les plus exposés, ou escortèrent pendant un certain nombre de milles nos paquebots. On a trouvé le moyen, à l'aide de filets d'acier placés sous l'eau, de déterminer la marche des sous-marins, et de les faire suivre par des bateaux bien armés qui les détruisent à la première apparition du périscope. Enfin, on a aménagé de vieux bâtiments presque hors d'usage, et on en a construit d'autres d'une forme aussi nouvelle qu'étrange, qui sont à peu près invulnérables aux coups des brigands de la mer. Les sous-marins alliés, les avions, les hydravions, construits en très grand nombre, les dirigeables, les chalutiers et bateaux de commerce armés de canons firent une chasse incessante et fructueuse. L'Amirauté allemande n'a pas publié la liste de ses pertes, mais elle les a ressenties amèrement.

Dans la Méditerranée, les pirates réussirent également à faire circuler leurs sous-marins. Italiens, Français et Anglais se défendirent contre eux par les moyens que nous venons d'indiquer, et surtout en recherchant et détruisant leurs dépôts de pétrole ou de benzine dont ils avaient absolument besoin pour se ravitailler.

Au total la *maîtrise de la mer* fut toujours assurée aux Alliés.

Dans leur œuvre de police, ceux-ci éprouvèrent quelques surprises cruelles, comme la police en éprouve toujours contre les malfaiteurs, mais le résultat obtenu par eux était d'un prix incomparable. Voici en effet ce que signifie la maîtrise des mers :

Du côté allemand, autrichien, turc : impossibilité absolue de communiquer par mer l'un avec l'autre; des centaines de vaisseaux immobilisés; à Hambourg, à Brême, à Trieste, la ruine et les faillites; les empires du centre ne pouvant plus exporter les produits de leurs usines, se ruinant peu à peu lentement et sûrement, parce qu'ils sont quand même obligés de faire venir d'Amérique, par vaisseaux hollandais, scandinaves, espagnols, les choses qui leur sont nécessaires et qu'ils doivent payer en or, très cher; difficulté pour eux de se procurer du blé, de la viande, et aussi le cuivre, les nitrates, le coton que réclament leurs usines de guerre.

Du côté des Alliés, transport des voyageurs et trafic des marchandises continuellement maintenus; toutes les matières utiles à l'alimentation, à l'industrie circulant comme à l'ordinaire ; la population disposant de toutes les denrées courantes : café du Brésil, bananes et fruits d'Afrique, cacao, thé, riz des colonies, viande d'Afrique, d'Amérique, d'Australie; et spécialement pour la guerre, armes et munitions d'Amérique, incessants transports de troupes et de matériel entre la France et l'Algérie, le Maroc, la Tunisie, l'Afrique orientale, entre l'Angleterre et le Canada, l'Égypte, l'Australie, les Indes, surtout entre les alliés eux-mêmes, France, Angleterre, Italie, Russie, Serbie; possibilité de porter la guerre en Turquie, en Bulgarie, sur l'Euphrate, de conquérir tranquillement et sûrement les colonies allemandes.

Voilà ce qu'est la maîtrise de la mer : liberté dans le monde entier, communion avec le reste de l'humanité, pendant que l'ennemi s'affaiblit peu à peu sous le terrible encerclement qui l'étreint. Ironie du destin : cette guerre que l'Allemagne avait voulue pour s'assurer l'orgueilleux empire de la mer, c'est par la mer qu'elle en a d'abord et le plus souffert!

DÉPART D'UN FARMAN EN RECONNAISSANCE.

LA GUERRE DES AIRS

.... Un point vague et confus apparaît; dans le vent,
Dans l'espace, ce point se meut; il est vivant;
Il va, descend, remonte; il fait ce qu'il veut faire;
Il approche, il prend forme, il vient.....

V. HUGO, *Plein ciel.*

LES DÉBUTS DES AÉROPLANES

Qui aurait cru, il y a quelques années, lorsque nous allions voir les premiers essais de l'homme volant, que nous nous trouvions en présence d'un redoutable engin de guerre?

Sceptiques et enthousiastes à la fois, aux champs d'aviation du Mans, de Juvisy, d'Issy-les-Moulineaux, nous attendions toute l'après-midi jusqu'à ce que la brise fût tombée, un peu avant le coucher du soleil, pour voir un aéro faire à la hauteur des arbres, un tour de piste — qu'il n'achevait pas toujours — au milieu de bravos frénétiques. Débuts pénibles et qui cependant nous paraissaient tenir du prodige!

Le premier appareil qui put quitter le sol par ses propres forces ne date que de 1897 : moteur imaginé par le Français Forest et machine construite par le Français Ader. Il fallut ensuite dix années d'expériences, de perfectionnements continuels pour que parût le premier homme volant. En 1907, essais mémorables des Américains Wright, des Français Santos-Dumont (Brésilien devenu Français), Delagrange, Farman, etc.... Le 30 octobre 1908 l'un des frères Farman vole avec un biplan pendant une demi-heure, en pleine campagne. Puis Blériot accomplit la fameuse traversée du Pas de Calais, unissant par un coup de génie deux pays qui devaient l'être bientôt plus intimement, la France et l'Angleterre. Au printemps de 1910, Paulhan gagne le prix de la course Londres-Manchester. En 1910-1911, les Français vont dans les capitales de l'Europe : Bruxelles, Madrid, Rome, Londres, portant au milieu de l'enthousiasme des peuples le génie radieux et plein d'espoir de la France.

Et voilà qu'au bout de quelques années à peine, cette étonnante invention française retournée contre nous, nous vaut sur Paris, la capitale des arts, ces ignobles taubes qui viennent furtivement tuer femmes et enfants!

Ainsi la méchanceté de l'homme utilise pour le mal les plus belles créations de son génie, et l'invention d'un Blériot, le martyre d'un Delagrange ou d'un Chavez auront servi l'infernale cruauté des Germains.

Aussitôt qu'ils eurent connu notre invention, qui nous séduisait surtout par son côté poétique et idéal, qui était l'élégante solution d'un problème cherché depuis des milliers d'années, le merveilleux jouet d'une humanité restée grande enfant, et adorable de naïveté, eux ne songèrent qu'à l'utiliser dans la plus détestable de leurs industries, l'industrie nationale de la Prusse, la guerre. L'invention de l'aéroplane eut pour nous toutefois un effet bienfaisant, que nous avons connu plus tard : elle retarda de deux ou trois années la guerre qu'ils étaient depuis longtemps dans l'intention de nous faire. Ils eurent peur tout d'abord, ne connaissant pas toutes les ressources du mystérieux engin nouveau. Et puis il leur fallut le temps de se préparer.

Ils fréquentèrent nos aérodromes pour apprendre à voler; et bien vite, dans le plus grand secret, leurs pilotes initiés allèrent chez eux former des aviateurs... à peu près exclusivement militaires. Le

Kaiser les encourageait spécialement : « Allons mes faucons! » A toutes nos expositions on voyait ces hommes à monocle et moustache blonde, à pardessus kaki, tourner soigneusement dans le hall, dès l'ouverture, alors qu'il n'y avait encore presque personne, un calepin et un crayon à la main, prendre des multitudes de notes, mesurer minutieusement. Tout était aussitôt reporté à l'industrie allemande, à l'armée allemande.

Certes, malgré leurs mystères et leurs cachoteries, nous le savions. Mais comment notre tempérament chevaleresque pouvait-il accepter l'idée que cette belle invention aboutirait à laisser tomber du haut des airs d'affreuses bombes explosives? Pour nous, l'oiseau n'était pas l'émouchet qui sème l'effroi sur les cailles et les moineaux. Après le plaisir de s'élever dans l'air et d'y faire de merveilleuse voltige, nous ne pensions qu'à la destination assignée par la nature, celle de messager du ciel, et l'oiseau français ne pouvait servir qu'aux reconnaissances aériennes. Aller au-dessus des fronts, examiner l'arrivée des régiments ennemis et les compter pour savoir par quelles forces on allait être attaqué, relever l'emplacement des pièces d'artillerie qui se disposaient à cracher sur les nôtres les explosifs et la mort, telle était l'œuvre de prévoyance et de protection qui nous paraissait devoir rester celle de la cinquième arme.

C'est ainsi que nous préparions les grandes manœuvres, et que nous commençâmes la guerre. Mais pour les bandits d'en face, cette belle invention était autre chose qu'un jéu gracieux ou un moyen de protection. Leur méthode est d'effrayer par le carnage. De l'avion de reconnaissance, ils ont fait une arme meurtrière, spécialement dirigée contre les non belligérants, contre les grandes villes. Paris a été bombardé presque dès le début de la guerre, par un lieutenant boche, ancien habitant du Sentier, doublement ignoble puisqu'il retournait contre nous une invention française et l'hospitalité française.

Il fallut se rendre à l'évidence et prendre des mesures. Cela ne tarda guère. L'invention et l'héroïsme français n'étaient pas à bout. De mois en mois on perfectionna l'aéro militaire. On le rendit plus robuste; on augmenta la force des machines; on lui donna une vitesse plus grande; on arma les aviateurs; on les protégea par un blindage.

L'AVION MILITAIRE

Les reconnaissances militaires se faisaient autrefois par les patrouilles à pied et à cheval, principalement par la cavalerie. Certes les patrouilles en font encore. Mais avec la précision et la longue portée des armes modernes, bien peu échapperaient dans les reconnaissances les plus nécessaires, celles qui vont au loin. Et puis la guerre souterraine les arrête. Des tranchées, un rideau de troupes. Par derrière, impossible à un éclaireur à pied ou à cheval de savoir ce qui se passe : l'ennemi peut enterrer et masquer des canons, amener 2000 hommes ici et 50000 plus loin, sans que l'éclaireur soit en mesure de les découvrir. Le génie divinatoire de Napoléon n'y suffirait pas, et ses belles manœuvres ne seraient plus possibles, parce qu'il ignorerait la place et la force des armées ennemies.

Aujourd'hui le commandement ne peut être renseigné d'une façon complète que par l'avion.

Il y a des monoplans, des biplans, des avions à une et à deux personnes, surtout à deux personnes : un mécanicien qui dirige, un observateur armé de puissantes lunettes, qui examine, note, photographie tout ce qu'il voit. Il est armé encore d'autre chose pour attaquer ou pour se défendre, s'il y a nécessité.

Tout le jour, et souvent la nuit, les avions fouillent chacun une petite région qui leur devient bien vite familière, et dans laquelle le moindre changement, sitôt qu'il se produit, attire leur attention. Ils sont obligés de voler presque toujours à plus de 2000 mètres pour éviter les bombes lancées contre eux. De là-haut les objets paraissent bien petits, et il faut une extrême attention pour distinguer un canon véritable d'un tronc d'arbre peint, avec trou simulé pour la gueule; pour découvrir une formation qui se défile au milieu des bois ou des maisons, en partie cachée dans les boyaux de communication; pour reconnaître à quel régiment, à quelle division, à quel corps appartiennent des soldats que l'on voit massés quelque part; pour s'assurer que tel groupe d'automobiles qui arbore le pavillon de la Croix-Rouge est bien une ambulance, et non une file de voitures de munitions qui ont voulu se protéger par ce moyen sacrilège.

D'où nécessité d'examiner bien attentivement et longtemps, de vérifier ses propres observations; c'est-à-dire de revenir plusieurs fois, de regarder de face et de côté, de descendre au milieu des obus qui éclatent et de ne remonter que lorsqu'on est suffisamment renseigné ou que le danger devient trop grand. Une fois le renseignement utile obtenu, on va le porter au chef et on recommence l'instant d'après. C'est dangereux et fatigant. Les meilleurs aviateurs peuvent voler jusqu'à une moyenne de six heures par jour, trois le matin et trois l'après-midi.

Quand ils ont reconnu un but pour l'artillerie, quelle danse du 75! Au signal donné, un premier coup : l'aviateur cherche où tombe l'obus; trop long de 20 mètres, ou trop court de 15, ou un peu à gauche, ou légèrement à droite; il le fait savoir à l'officier d'artillerie qui rectifie le tir. Si c'est une batterie ennemie, elle sera vite hors de combat, avec ses servants tués, ses affûts brisés, les roues en morceaux; si c'est une colonne qui se massait pour donner ou soutenir un assaut, dispersée elle rentre dans ses terriers; si c'est un groupe d'officiers, ils iront finir leur conversation plus loin, et plusieurs d'entre eux ne la finiront jamais. Une gare de chemin de fer, un dépôt de munitions, une infâme usine à gaz asphyxiants, un réservoir de pétrole, un rassemblement d'auto-mitrailleuses prêtes à fondre sur les nôtres, etc., que l'éloignement ou des plis de terrain permettent de soustraire à la vue des meilleurs observateurs montés sur les arbres, sur les toits de maisons en ruines ou sur les tas de charbon : tout cela l'aviateur le voit et le signale. La plupart des ruses de l'ennemi, il les déjoue. Il est l'œil des chefs toujours ouvert sur les endroits les plus cachés. Ce que le génie de Napoléon devinait, lisant en quelque sorte la pensée de son adversaire, il l'aperçoit réellement et le fait connaître. Il compte les corps d'armées qui se massent en arrière ou qui évoluent, les brigades, les régiments, les sections, et leurs approvisionnements. Il sait où l'on entreprend des travaux de défense ou de repli.

Certes l'ennemi en fait autant, et pour cette raison même, il n'y a plus de grande stratégie possible, plus de ces étonnantes manœuvres de surprise, d'encerclement, que préparait le génie des chefs d'autrefois. Mais il y a des accumulations de forces et de matériel, des combinaisons mathématiques très compliquées et très minutieuses avec utilisation des chemins de fer, des routes, des

l'aviateur dans l'impossibilité de tirer, ou qu'une panne de moteur au-dessus des lignes ennemies l'oblige à diriger son appareil en le faisant glisser sur les ailes pour rentrer dans les lignes françaises!

L'un des plus extraordinaires exploits fut celui de Pégoud, le boucleur de la boucle, la veille de Pâques 1915.

C'était aux environs de Sainte-Menehould. Les avions allemands ne venaient plus depuis qu'ils connaissaient la présence de Pégoud. Cependant le samedi vers neuf heures et demie, volant à une grande hauteur, un aviatik réussit à s'approcher de la voie ferrée où il laissa tomber 9 bombes. Pégoud s'éleva aussitôt du champ d'aviation pour lui donner la chasse. Mais l'avion allemand l'ayant aperçu, s'enfuit au plus vite et Pégoud dut atterrir. Il allait bientôt avoir sa revanche. Vers quatre heures et demie, un autre avion ennemi fut signalé. Pégoud prend son vol, mais au lieu de se diriger vers l'avion allemand, il oblique sur la droite. L'aviatik ne l'aperçoit pas d'abord, et continue à se rapprocher de nos lignes. Lorsqu'il devine la manœuvre, c'est trop tard; Pégoud, qui a fait un long crochet, lui barre la route et le force à accepter le combat. Fusillade nourrie. Tout en se défendant de son mieux, l'Allemand cherche à s'échapper. Enfin Pégoud se précipite droit sur lui, tirant sans discontinuer. Tout à coup l'aéroplane allemand semble s'incliner; le pilote essaie de le redresser, mais malgré tous ses efforts, il pique vers le sol et vient s'abattre dans une prairie. Les deux aviateurs allemands, officiers décorés de la Croix de fer, ne sont pas blessés. Un détachement qui suivait des yeux l'action et qui est accouru les conduit à l'état-major, pendant que Pégoud, satisfait, reprend de la hauteur et exécute une de ses meilleures « boucles ».

Nos avions ont aussi lancé des fléchettes extrêmement efficaces pour disperser, à l'arrière des lignes ennemies, des groupes de cavalerie ou des formations d'infanterie que notre artillerie ne pouvait atteindre, et qui se préparaient à soutenir contre nous une attaque de front (par ex. : à Neuville près d'Arras). Les fléchettes sont de petits cylindres d'acier pointus, gros comme des crayons, qui tombant de très haut, arrivent la pointe en bas avec une vitesse terrible, transperçant casques, cavaliers, chevaux, fantassins.

Mais là où nos aviateurs se sont particulièrement distingués, c'est en groupes d'escadrilles ou flottilles aériennes. Partant à 20 ou 30 — à Zeebruge ils étaient 34, à Dillingen, 62, — chargés de bombes, au milieu de la nuit ou le matin de bonne heure, ils vont malgré la canonnade vers un but bien déterminé, prennent leurs précautions, visent avec soin et causent des dégâts militaires formidables. Tantôt, c'est à une très grande distance de nos lignes, pour détruire les hangars à zeppelins de Friedrichshafen (sur le lac de Constance)

COMBAT D'UN AÉRO FRANÇAIS CONTRE UN TAUBE.

et, avec les hangars, un zeppelin, deux avions, des locomotives, des armes, des munitions, au total plusieurs millions de dégâts; tantôt pour aller bombarder la base des sous-marins à Zeebruge (février 1915); tantôt, c'est la gare de Saint-Quentin (avril) à moitié détruite, 150 wagons brûlant, dont plusieurs contenaient du benzol, des munitions, des obus; l'incendie dure 14 heures et les projectiles explosent pendant toute la nuit, une énorme accumulation de matériel de guerre est anéantie; tantôt ce sont les immenses usines chimiques pour fabrication d'explosifs et de gaz asphyxiants à Ludwigshafen (juin) loin sur le Rhin, et la vie sauvée ainsi à des milliers de nos soldats; tantôt encore, par représailles contre les innombrables attentats que leurs avions, leurs zeppelins, leurs sous-marins, leurs soldats ont commis contre nos monuments, nos femmes, nos enfants, c'est l'attaque brusque, à six heures du matin, d'une capitale ennemie, Karlsruhe (Grand-Duché de Bade), où l'on incendie le palais d'un de nos plus féroces ennemis, et où, en une heure et demie, nos petits avions font sur les casernes, sur la gare, sur la ville, avec leurs 158 terribles bombes de 90 et de 155, vingt fois plus de dégâts que les deux zeppelins précédents n'en n'avaient fait sur Paris, où pourtant le but était assez grand!

Quels cris d'orfraie, dans toute l'Allemagne, quand ils virent qu'on leur répondait dans leur langue!

DIRIGEABLES: ZEPPELINS

Nous avons eu la bonne fortune que l'orgueil des Allemands, avec son besoin de kolossal, s'est plus engoué des zeppelins que des aéros. Cela convient à leur imagination; cela convient aussi à leur tempérament parce que l'on peut aller dans la nacelle en plus grand nombre, tandis que l'audace individualiste française s'accommode mieux de l'aéro.

Les principaux organes du dirigeable sont également une invention française : ce sont les frères Montgolfier qui construisent les premiers ballons vers 1783; ce sont les Français Pilâtre des Roziers et Charles, qui munissent l'appareil des engins encore en usage aujourd'hui; en 1863, Nadar et sa femme accomplissent un vol de plus de 600 kilomètres; en 1900, le comte de la Vaulx va de France en Russie, par-dessus l'Allemagne (1 925 km.), et quant au record de la hauteur (8 600 m. avec le *Zénith*, en 1875) il appartient à Gaston Tissandier.

Deux autres Français, Krebs et Renard, ont adapté l'hélice au ballon, et ont enfin créé le vrai dirigeable, que nos officiers et nos ingénieurs ont continuellement perfectionné, depuis cette époque.

Mais nous ne nous en sommes pas beaucoup servis pendant la guerre, et ils n'ont pas eu un rôle comparable à celui des aéros : quelques belles reconnaissances, quelques audacieuses destructions de ponts et de voies ferrées sont à leur actif. Quant aux ballons captifs, ils restent à l'arrière; munis du téléphone, ils forment de bons postes d'observation pour régler le tir de l'artillerie.

Les Allemands ont prétendu faire du dirigeable le croiseur des airs, le destructeur de Paris et de Londres, le vainqueur de l'Angleterre et de sa flotte. Ils y ont consacré des efforts et des sommes considérables.

Le comte *Zeppelin* qui a donné son nom au dirigeable allemand fut longtemps célèbre par ses retentissants échecs; l'explosion des gaz et le vent lui anéantissaient l'une après l'autre toutes ses meilleures unités; et tandis que nous pensions que le dirigeable ne ferait jamais grand'chose à cause de ses dimensions énormes qui donnent trop de prise au vent, Zeppelin a multiplié les tentatives avec une rare obstination pendant plus de vingt ans. Guillaume II qui dès longtemps préparait la guerre contre l'Angleterre, l'encourageait de toutes ses forces.

Le centre de fabrication est à Friedrichshafen, sur le lac de Constance, loin des ennemis français ou anglais, mais près des usines allemandes et suisses d'aluminium. Il y avait en outre, dès avant la guerre, plusieurs stations de dirigeables auprès de la frontière française (Metz, Mulhouse), auprès de la frontière russe, et dans l'île d'Héligoland, point de départ contre l'Angleterre. Au commencement de la guerre, l'Allemagne possédait une quinzaine de zeppelins; d'autres étaient en construction.

Ce sont des machines formidables, mesurant 150 à 200 mètres de longueur, 15 à 20 mètres de diamètre, ayant une armature d'aluminium, métal très léger, divisés en un grand nombre de cloisons étanches, marchant au moyen d'hélices, généralement 4, cubant de 20 à 30 000 mètres cubes, et pouvant faire de 70 à 100 kilomètres à l'heure par temps calme et sec. Les machines des petits zeppelins développent 450 chevaux de force et celles des grands jusqu'à 800 et 1 000 chevaux. Il y a de chaque côté des ballonnets qui donnent plus de stabilité. Une nacelle très allongée peut porter de 30 à 40 officiers et hommes d'équipage; un zeppelin dispose d'une force ascensionnelle de 5 000 kilogrammes environ pour le lest, les tubes de gaz, le combustible, l'huile, l'eau, les hommes, les armes, ce qui fait qu'il peut emporter environ 2 000 kilogrammes d'explosifs.

Toutes les stations ont été aménagées avec le plus grand soin, et les derniers perfectionnements tenus très secrets. Le dernier voyage sensationnel d'un zeppelin, avant la guerre fut exécuté de Stettin à la côte suédoise, et de là sur Riga en Russie, avec retour à Stettin, au total 976 milles allemands, par temps assez mauvais; il y avait 25 hommes d'équipage.

Une fois la guerre commencée, les zeppelins ont essayé de faire parler d'eux, mais il y eut assez vite un fort déchet par suite du vent et de la canonnade, tant du côté Pologne que du côté Belgique. On les perfectionna encore, on les rendit plus puissants pour résister à la tempête; on les fit monter plus haut et aller plus vite pour échapper aux canons; les longues nuits calmes du printemps et de l'été étant venues, on commença les fameuses expéditions où l'Allemagne mettait de si grands espoirs.

Tant qu'il ne s'était agi que d'Anvers ou de Varsovie, non préparées contre des attaques, on eut beau jeu à jeter des explosifs sur la population civile. Pour l'Angleterre ou Paris, ce fut autre chose. Les flottilles ne purent s'aventurer que vers les endroits sans défense, c'est-à-dire sans valeur militaire. Les zeppelins ne pouvaient produire qu'un effet d'épouvante sur la population civile, effet qui ne dura guère et n'eut aucune influence sur la guerre. Le premier raid des zeppelins sur les villes anglaises non défendues, côte Est, fit 5 à 600 victimes en tués et blessés, les autres beaucoup moins.

On voulut aussi venir sur Paris. Quoiqu'on en fût tout près, à 85 kilomètres, une heure de chemin, l'opération n'allait pas sans dangers. A la surprise d'une nuit calme, — la première du printemps (1915), ils arrivèrent du Nord-Ouest, lancèrent leurs bombes sur n'importe quoi et s'enfuirent au plus vite. Paris ne les attendait pas; l'alarme fut longue à donner; on craignait, en tirant, de les abattre sur les agglomérations et de causer, par leur chute, de graves accidents; ils purent repartir, salués par la canonnade des forts; l'un d'eux, touché, alla s'échouer en Belgique.

Aucun résultat militaire. La seconde fois, ils n'approchèrent même pas de Paris quand ils virent que c'était bien gardé. Ils revinrent en 1916.

La masse énorme du zeppelin le rend plus vulnérable aux coups de canon que l'aéro. Néanmoins, si l'on réfléchit un peu, on verra qu'il a bien des chances d'échapper. Il ne faut pas trop nous laisser aller à la comparaison avec l'oiseau et le plomb du chasseur. Au plus habile tireur, donnez comme but un émouchet volant très haut, et un fusil à balles. Il tirera pendant toute la matinée sans l'atteindre. C'est qu'un but mobile dans l'air n'est jamais repéré, et c'est aussi qu'une balle ou un obus ne va pas droit, mais décrit une courbe; pour apprécier le point à frapper, il faudrait savoir très exactement où il se trouve. On ne connaît jamais d'une façon parfaite la hauteur ni par conséquent la distance d'un but qui se déplace dans l'air. Et si gros qu'il soit, le zeppelin, à 3 000 mètres de hauteur et plusieurs kilomètres d'éloignement, forme un point

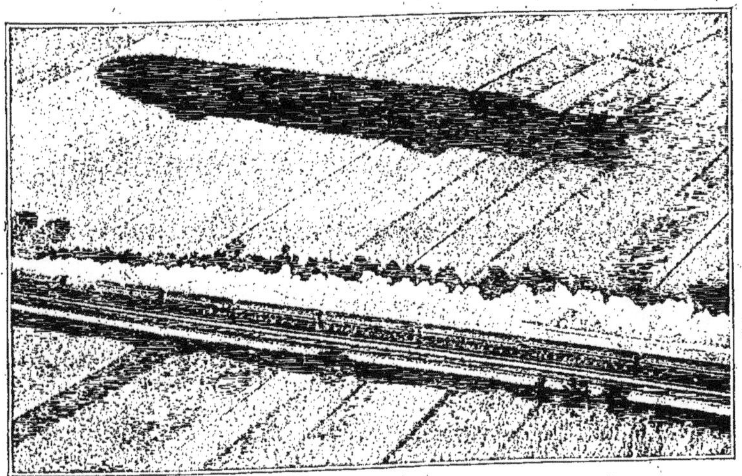

OMBRE D'UN ZEPPELIN PROJETÉE SUR LES CHAMPS A COTÉ D'UN EXPRESS.

presque imperceptible sur la hausse d'un canon; il faut des milliers d'obus explosifs pour l'atteindre; on réussit cependant quelquefois : exemple, à Brabant-le-Roi, au commencement de la bataille de Verdun, février 1916. Le principal ennemi du zeppelin, c'est un autre habitant de l'air, un autre dirigeable ou mieux un avion.

Le zeppelin est armé pour sa défense. Dans la nacelle, il a des mitrailleuses ou petits canons, très précis, très dangereux. Il a même à la partie supérieure une plate-forme, portant une mitrailleuse pour tirer sur l'ennemi qui vient d'en haut. Néanmoins, c'est par en haut qu'il est vulnérable et que l'aéro l'attaque. Car les minuscules aéros, moucherons contre le vautour, ne manquent jamais d'engager la lutte. La difficulté pour eux n'est pas de le combattre, c'est de l'approcher. En vain nos avions se mettent, comme ils le disent, à l'affût derrière les nuages, le zeppelin [illegible] de sortir par les nuages. S'ils sont à terre, il a le temps de fuir d[illegible] qu'il les voit s'élever ; il faut une demi-heure à l'avion pour monter à 3 000 mètres ; pendant ce temps le zeppelin a fait 40 kilomètres, l'avion ne peut plus le rattraper avant qu'il soit rentré dans ses lignes. Mais gare à lui si l'avion peut lui couper la route et le forcer au combat ! C'est la chasse aérienne la plus grandiose qu'on puisse rêver. Témoin le duel du 8 juin 1915, où, pour la première fois, un zeppelin se trouva directement aux prises avec des avions.

Le zeppelin, un des plus nouveaux et des plus puissants de la flotte allemande venait de reconnaître les vaisseaux des alliés croisant vers les côtes de Belgique, quand il fut pris en chasse par un avion français et un anglais. Aussitôt qu'il les vit, il s'éleva le plus haut possible et força de moteur pour regagner son hangar, aux environs de Gand. Les minuscules aéros ne le lâchèrent pas. Sans souci du danger qu'ils couraient au-dessus d'un territoire occupé par l'ennemi, ils l'attaquent au moment où il descendait vers son refuge. Le zeppelin riposte de ses mitrailleuses et de ses canons ; l'artillerie de terre se met de la partie ; mais les avions réussissent à monter au-dessus du ballon colossal et lui jettent leurs bombes avec une si grande précision que des explosions se produisent dans plusieurs compartiments ; bientôt l'appareil s'enflamme tout entier ; les 28 hommes de l'équipage étaient presque tous tués.

La chute du monstrueux engin fut terrifiante ; elle écrasa quelques maisons d'un béguinage belge, causa un incendie et tua plusieurs personnes. L'explosion fut si violente que l'ébranlement de l'air se propagea à une grande hauteur et retourna complètement le monoplan du principal vainqueur, du pilote anglais Warneford, qui réussit néanmoins, par un prodige de sang-froid et d'habileté, à se remettre en équilibre.

Le lieutenant Warneford n'avait que vingt-trois ans ; il se tua malheureusement un peu plus tard dans un aérodrome.

Au total, le zeppelin est peu maniable et peu efficace ; il craint la tempête qui le déchire, la pluie qui l'alourdit, le brouillard et les nuages qui le rendent aveugle, le vent qui retarde sa marche, l'avion qui l'attaque crânement. S'il réussit un raid, c'est tout à fait par surprise ; il lui faut un temps assez clair et léger, un vent favorable pour le retour. Alors il peut laisser tomber deux tonnes [illegible] hommes asphyxiés [illegible] comme à [illegible], [illegible] enflammé [illegible] [illegible] [illegible] [illegible] vagues [illegible] en proportions considérables [illegible] de femmes et d'enfants, le zeppelin n'a presque [illegible] point de vue militaire pendant plus d'une année.

Il y a encore un organe important de la guerre de l'air, c'est l'*hydravion*, l'avion d'eau, l'aéro muni de flotteurs, pouvant s'élever de la mer comme un oiseau aquatique et s'y reposer comme un bateau. Les Anglais se sont particulièrement distingués dans la construction des hydravions, et ils les manient avec une belle maîtrise. L'hydravion accompagne le grand cuirassé, il le renseigne sur ce qu'il voit plus loin; les sous-marins, même complètement immergés, lui apparaissent sous l'eau comme des points sombres jusqu'à une assez grande profondeur. Il intervient dans la lutte partout où il le faut. La bataille navale, avec le tonnerre des cuirassés, les mouvements rapides des croiseurs et torpilleurs, le mystère et l'effroi des sous-marins, avec dans l'air les hydravions et les cerfs-volants, est le spectacle le plus étonnant que l'imagination puisse rêver : (exemple celle de Cuxhaven en 1914).

Telles ont été les causes et tels sont les principaux aspects de cette guerre immense qui se fait à travers le monde entier, dans l'air, sur mer et sous la mer, sur terre et sous la terre, et qui est pour la vieille Europe la plus grande crise depuis la chute de l'empire romain.

Contre notre civilisation montent à l'assaut, à quinze ou vingt siècles de distance, tous les descendants de ceux qui ont semé la terreur lors des grandes invasions barbares. Ce n'est point un hasard, c'est l'instinct profond des races destructives et oppressives qui a groupé pour la conquête brutale, pour le pillage et le massacre les petits-fils des Teutons et des Huns, des Suèves et des Vandales, des Hongrois, des Bulgares et des Turcs. Ils ont détruit d'abord les petites nationalités : belge, polonaise, serbe, arménienne. Avec la même férocité que leurs ancêtres, mais armés des redoutables engins de la science moderne, ils voulaient ensuite détruire les autres.

Le monde ne s'y est pas trompé : tous les amis de la dignité humaine, qu'ils soient Américains du Nord ou du Sud, Suisses, Hollandais, Danois, Norvégiens, Suédois, Espagnols, Grecs, Roumains, nous ont envoyé leurs précieuses sympathies, leurs encouragements, souvent leur aide directe.

Ce sera l'éternel honneur des Alliés : France, Grande-Bretagne, Russie, Italie, Belgique, Serbie-Monténégro, Portugal, secondés par les Canadiens et les Australiens, par les Japonais d'Asie, par les Hindous et Indo-Chinois, par les vaillants contingents de l'Afrique, d'avoir sauvé la liberté des peuples.

Si nous payons du meilleur de notre sang cette épreuve effroyable, songeons que nous sommes les champions du droit et que nous défendons le trésor de plusieurs milliers d'années de civilisation; songeons que c'est nous qui empêchons le monde d'être soumis à une intolérable domination, et que nous fondons une ère nouvelle pour une humanité meilleure; songeons aux vertus que le sang de nos héros avive en nous : esprit de sacrifice pour une belle cause, amour de la concorde et de l'union, conscience profonde de notre grandeur.

TABLE DES MATIÈRES

[illegible]

[illegible] — Coulommiers. Imp. PAUL BRODARD. — [illegible]

www.ingramcontent.com/pod-product-compliance
Ingram Content Group UK Ltd.
Pitfield, Milton Keynes, MK11 3LW, UK
UKHW021045220726
13924UKWH00005B/2024

9 782019 227456